민족과 국민, 정체성의 재구성

Formation and Re-formation of Korean National Identity

Kim, Young Hee · Kim, Dong-No · Shin, Myoung-Jik
Yoon, In-Jin · Kim, Kyung-Mee · Chung, Yong-Hwa
Kong, Im-Soon

이 저서는 2005년도 한국학술진흥재단의 지원에 의하여 연구되었음
(KRF-2005-005-J01303)

연세국학총서 104

분단체제하 남북한의 사회변동과 민족통일의 전망 3

민족과 국민, 정체성의 재구성

김영희 · 김동노 · 신명직 · 윤인진 · 김경미 · 정용화 · 공임순 공저

혜안

책머리에

한국의 현대사는 세계사적으로 '압축적 성장'의 대표적 사례로 꼽히고 있다. 이것은 단지 경제적 측면에만 한정되는 의미가 아니라 정치적, 사회문화적 측면까지 포함한다. 식민지 유산과 한국전쟁의 고난 속에서 경제대국으로 성장해 가는 경제력뿐만 아니라 자력으로 달성한 정치민주화의 성공적 사례로서, 또한 '한류'로 표현되는 문화수출국으로서, 여기다가 탈냉전과 남북 교류협력의 분위기로 인한 북한/반공주의 콤플렉스에서의 해방이 겹쳐져서, 1990년대 이후 한국사회는 대내외적으로 주목할 만한 여러 변화가 나타나고 있다.

한국이 근대화에 일정한 성과를 거두는 동안 세계는 '탈근대' '탈민족' '세계화' '정보화'라는 새로운 패러다임으로 전환하고 있었다. 이러한 탈민족/세계화 등의 새 조류에 조응하기 위해서는 한국사회의 근대화의 결실뿐만이 아니라 부작용을 치유하는 차원에서 근대화 과정을 비판적으로 재검토해 볼 필요가 있었다. 연세대학교 국학연구원에서는 2001년 10월부터 '근대화 · 세계화와 한국사회의 발전논리'라는 대주제 아래 3단계, 6개년에 걸친 연구를 시작하여, 제3단계 작업을 2007년 9월까지 수행했다. 각 단계별 연구는 시기별로 제1단계 개항기, 제2단계 일제하, 제3단계 해방 후로 나누고, 정치 · 사회 · 경제 · 문화 분야에서 한국 근현대사의 핵심 화두인 근대화와 세계화, 민족통일의 문제를 구명하기 위해 다음과 같이 진행했다.

대주제 : '근대화 · 세계화와 한국사회의 발전논리'
제1단계 2개년 연구주제 : '개항전후 한국 전통사회의 변동과 근대화의 모색'
제2단계 2개년 연구주제 : '일제하 한국사회의 근대적 변화와 전통'
제3단계 2개년 연구주제 : '분단 체제하 남북한의 사회변동과 민족통일의 전망'

이 가운데 제3단계 주제인 '분단 체제하 남북한의 사회변동과 민족통일의 전망'을 수행하기 위해, 다음과 같이 3개 세부가 연구 분담을 했다.

제1 세부과제 : 해방 후 사회경제의 변동과 일상생활
제2 세부과제 : 전통의 근대적 창안과 문화변용
제3 세부과제 : 민족과 국민 : 정체성의 재구성

제3 세부는 '민족과 국민 : 정체성의 재구성'이란 소주제 아래, 한국사회에서 구별되고 긴장 관계 속에 있는 민족과 국민의 개념을 어떻게 창조적으로 결합 혹은 재구성할 수 있을지를 모색하기 위해 아래 문제들을 검토했다.

① 해방 후 국민국가의 건설과 다원적 민족주의
② 국민동원체제와 식민지 유산
③ 반공주의와 일상생활

④ 한국자유주의의 전개와 그 속성
⑤ 한국사회에서 보수와 진보에 일 성찰
⑥ 남북한 교과서 속의 민족과 국민
⑦ 재일조선인 영화로 본 재일조선인의 정체성
⑧ 한민족 이산(diaspora)과 한민족공동체 형성방안

이 책('민족과 국민 : 정체성의 재구성')은 해방공간에서 분단체제로 연결되는 시점에서 이데올로기의 지형이 국가주의, 반공주의로 재편되는 과정, 국가와 정권의 목적에 맞게 구성원이 '국민'과 '민족'으로 호명되고, 이를 관철시키기 위해 물리적 폭력과 함께 동의 기제를 활용했음을 밝힘으로써, 개인과 시민사회를 단일한 중심과 위계를 향해 억압해 온 구조의 모습과 그 해체의 가능성을 모색하는 것을 목표로 했다. 또한 분단체제에서 정체성이 어떻게 형성되고 왜곡되는지를 민족과 국민 개념을 통해 고찰해 보고자 했으며, 끝으로 남북한의 통일을 전망하면서 남북한의 평화공존체제의 조건으로 어떤 것을 도출할 수 있을지, 다원화 시대에 한민족의 정체성이 어떻게 재구성될 수 있는지를 구명해 보고자 했다.

김동노는 「해방공간의 국가 건설과 다원적 민족주의」에서, 해방정국에서 새로운 국가 건설에 참여한 다양한 주체들이 제시한 민족주의 담론이 어떻게 서로 다른가를 살펴보고, 왜 이러한 차이가 나타났으며, 왜 민족주의 담론의 광범위한 확산에도 불구하고 민족적 통합은 이루어지지 못했는가를 검토하려고 했다. 이러한 문제의 연구에 있어 특히 중요한 검토의 대상이 되는 것은 당시 정국을 주도했던 우익의 이승만과 김구, 그리고 중도 좌익의 여운형과 공산계열의 박헌영이 제시했던 민족주의이다. 이들의 민족주의가 당시의 정치적 사회적 상황과 맞물려 어떻게 서로 다른 모습의 민족주의로 발전했는지를 살펴보려고 했

다.

민족주의에는 혈통이나 문화적 유산을 공유하는 인종적 범주의 중요성을 인정하지 않고 정치적 이념이나 계급적 이슈에 따라 민족을 재구성하려는 시도가 있을 수 있으며, 이와는 반대로 정치적 이념을 가로질러 민족의 통합을 강조하는 입장이 있을 수 있다. 그런 점에서 이 연구는 해방공간에서 제시된 정치적 주체의 민족주의 담론을 크게 국가주의적 요소를 띤 민족주의(국가주의적 민족주의)와 계급적 기반에 근거한 민족주의(계급적 민족주의), 그리고 인종과 문화적 바탕의 공유에 근거한 민족주의(인종적 민족주의)로 구분하고, 이 민족주의 담론들이 서로 경합하는 모습과 통합될 수 없었던 내적 차별성을 확인하려고 했다.

인종적 문화적 범주로서 민족의 중요성을 이차적인 것으로 간주하는 국가주의적 민족주의의 대표적인 경우는 이승만에서, 그리고 계급을 민족에 우선시하는 계급적 민족주의는 박헌영 등의 공산주의에서 찾을 수 있다. 반면에 정치적 이념의 경계선을 넘어 같은 혈통과 문화적 기반의 공유를 중요시하며 남북한의 민족적 통합을 강조하는 인종적 민족주의의 대표적인 경우는 김구의 민족주의 담론에서 찾을 수 있다. 이들 양 극단 사이에서 정치적 이념의 중요성을 인정하면서도 여전히 민족적 통합을 강조하는 입장은 여운형 등의 중도파가 보여주었다.

김영희는 「국민동원체제와 식민지 유산」에서 해방 후 이승만 정권에서 대중동원방식으로 작동된 국민동원체제의 조직체계와 논리를 해명하려고 했다. 이를 위해 국민동원체제를 구축하기 위해 생산된 ‘국민동원’ 텍스트를 분석하고, 전국적인 관변조직이었던 국민회-청년회와 지방행정말단으로서 국민반이 정립되는 과정을 살펴보기로 했다. 또 국민동원체제의 위상과 특징을 구명하기 위해 일제 말기 조선연맹의 총력체제와 관련지어 연속성과 단절, 변형 등을 알아보려고 했다.

일제는 전시체제기에 '국민재조직' '국민운동' '국민총력운동'이라 하여, 전 사회와 조선 민중을 망라한 거대한 조직의 틀을 확립했다. 이런 전시동원체제가 분단국가에서 국가와 정권의 목적에 맞게 개인과 사회를 재조직함으로써 국민적인 통제를 구축하고 동원하는 데 원용되었다. 한국사회는 북한과 체제 경쟁을 하면서 다양한 제도적 장치와 매체를 앞세워 국민 정체성을 강화해 갔다. 이승만 정권은 반공과 반북을 명분으로 국가형성과 국민적인 것을 강화하기 위해 국민조직/국민운동을 재구축, 작동했다. 1957년 이후 국민회의 조직력과 내무부 계통의 행정말단인 국민반이 결합한 형태로 국민동원체제가 완성되었다.

그러나 1950년대 국민동원체제는 이전보다 조직력이 강력하지 못했다. 일제 말기 조선연맹의 경우, 총재가 조선총독이고 도 이하 부군도-읍면의 행정라인에 따라 지방연맹이 설치되었으며, 지방행정의 장이 해당 지방연맹의 장을 겸임했다. 반면 국민회의 경우, 이승만 대통령이 총재를 맡았지만, 지방조직이 동리까지 그쳐 말단 촌락이 조직화되지 못했고, 지방행정의 장이 겸직하지도 않았다. 이를 만회하기 위해 조선연맹의 애국반에서 재편된 국민반이 가동되었지만 이것은 내무부의 지방행정 라인에 위치하였다. 조선연맹은 총독부에서 동리-촌락-애국반-개개인에 이르는 일원적 조직망을 구축했고, 이것을 지방행정에서 활용하는 구조였다. 그러나 이 시기 국민회는 이 같이 강고한 조직력을 확립하지 못했고, 별도의 지방행정 라인인 국민반의 기능과 활동을 지원받은 모습을 띠었다.

1950년대 한국사회가 혹독한 전쟁을 경험하고 북한과 대치하는 전시/준전시체제가 지속되는 가운데, 국민동원체제는 충분히 강력하지는 못했지만, 국가주의적 요소를 내걸고 구성원을 민족보다 국민으로 통제하고 있었다.

이어 김영희는 「반공주의와 일상생활」에서 반공주의가 한국전쟁을 전후하여 한국사회의 모든 부문과 수준을 규제하면서, 일상생활의 하나의 규범이 되고 집단심성의 한 갈래로 형성되는 구조의 일단을 구명하려고 했다.

반공주의가 한국사회와 개개인의 일상과 의식에 파고 들어가는 방식을 해명하게 되면, 의식/사상의 집단성과 획일성, 국민동원적 심리와 행동이 작동하는 데 주된 요인이었던 반공주의와 국민동원의 연계 메커니즘을 확인하고, 이를 넘어설 수 있는 실마리를 탐색할 수 있을 것이다. 이를 위해 반공체제에 자발성을 강제하는 기구와 조직, 동원방식을 검토한 뒤, 전쟁을 거치면서 남한사회를 뒤덮었던 반공대회, 문예, 전람회, 구호/표어 속에 전쟁의 공포, 북한의 폭력성이 어떤 방식으로 재현되어, 반공주의가 집단적 기억으로 구조화되었는지를 검토했다.

반공 이외의 다른 대안적 이념이 뿌리내리지 못했던 경직된 이념적 현실은, 이성과 논리가 아닌 감성과 편견으로 북한과 공산주의에 대한 적대감을 형성케 하는 데 근간적인 조건이었다. '공포'와 '전율'의 어휘들이 국민운동/국민대회, 언론방송 매체, 반공텍스트 등에 넘쳐났다.

이 같은 어휘들이 전쟁 경험과 결합되어 체험은 구체성과 지속성을 띠었고, 동일한 용어와 문구(표어/구호 형태)가 반복되면 될수록 반공주의는 무의식 세계에까지 각인되어 행동의 변화를 유도했다. 이러한 속성의 언어들은 서적, 언론 매체 등 반공텍스트를 통해, 또는 각종 국민운동, 국민대회, 강연, 성명, 구호 등으로 대중에게 전달되었다.

시각적 매체는 언어적 매체보다 의심을 일축하고 재현의 사실성을 실증하며, 인식의 재구성에 강하고 직접적인 영향을 미쳤다. 전람회/전시회 공간에서 남과 북은 '자유국가의 모습'(/발전상)과 '강제 노역의 공산괴뢰의 죄악상'(/학정)으로 대조 진열되어, 한 눈에 남한체제의 우위를 확인해 주었다.

정용화는 「한국자유주의의 전개와 그 속성」에서 한국 정치이념의 핵심중 하나이자 정치 논쟁의 주요 의제가 되고 있는 자유주의 논쟁과 그 성격을 이해하기 위해서 한국에서 자유주의의 '역사적' 전개과정을 살펴보고 있다. 자유주의는 단지 이념 자체가 아니라 구체적인 정치적 맥락과의 상호관계 속에서 파악되어야 한다는 전제하에 한국에서 자유주의가 구체적으로 어떠한 정치적 과제를 해결하기 위해 활용되었는가에 주목하고 있다. 필자는 한국의 자유주의는 '근대의 충격'과 함께 서구로부터 수용되었지만 한국의 역사적 경험 속에서 나름대로 특성을 가지게 되었다고 판단한다. 특히, 식민지배하의 민족해방운동과 민족통일운동(Nationalism), 개발독재에 대항한 민주화운동(Democracy), 그리고 최근의 신자유주의(Globalization)라는 역사적 과제에 대응하는 과정에서 그 '보편성'과 함께 한국의 '고유한' 속성을 형성하였다고 주장한다.

이 글은 19세기 후반 자유주의가 수용되면서 정치적 정당성을 획득해가는 과정에서부터 식민지 시기에 자유주의의 변용, 정부수립기의 자유주의의 제도화 과정, 민주화운동 시기의 자유주의, 그리고 민주화 이후의 자유주의를 위와 같은 이론 틀로 분석하고 있다. 필자는 이러한 역사적 검토를 거쳐 다음과 같이 결론을 내고 있다.

한국 근현대사에서 자유주의의 발전과정 뿐만 아니라 개인의 사회적 책임을 강조하는 한국인의 정서를 고려할 때, 한국자유주의의 속성은 시장자유주의보다 사회적 자유주의에 더 가까운 것으로 보인다. 하지만, 오랫동안 민주화운동과 결합하는 과정에서 한국의 자유주의는 '평등'의 가치에 압도되어 '비자유'적인 경향을 내포하고 있었던 것도 사실이다. 민주화 이후 '민주주의'와 분리를 시도하면서 본래의 '자유' 가치를 회복하고자 하고 있는 한국의 자유주의는 질적 심화와 재구성의 단계에 있다고 할 수 있다. '세계화'의 대세에도 불구하고 한국자유주의의 역사성을 고려할 때 시장자유주의가 주류가 되기는 어려울 것으로 보인다. 한국자유주의는 '민족주의'와 결합 또는 분리되는 이중의 모습을 식민지 시기 이래 보여주고 있다. 한국자유주의는 '민족'의 가치와 '자유'의 가치 사이에서 항상 어려운 선택을 요구받고 있다. 민주화는 자유주의의 의제와 활동영역을 확장시켰지만, 시민사회 내의 갈등을 노출시키고 확대하는 결과도 초래하였다. 시민사회 내의 복잡한 이해관계의 대립과 갈등을 합리적으로 조정하지 못하면 그것은 곧 자유주의의 위기이자 민주주의의 위기를 몰고 올 수 있다. 시민사회 내의 가치관과 이해관계의 다양성을 인정하고 그들 간의 공존과 협력을 가능하게 하기 위해서는 자유주의의 기본 덕목인 관용의 문화가 필수적이다.

공임순의 「한국사회의 진보와 보수에 대한 일 성찰」은 1960년 4·19를 전후한 신세대/구세대와 보수/혁신의 첨예한 양분법적 지형에서 박정희의 군부가 신세대와 혁신을 전유할 수 있었던 초기 메커니즘을 규명하는 데 그 목적을 두었다. 박정희에 대해서는 이미 많은 선행 연구들이 존재하는 만큼, 이 글은 박정희의 군부체제에 대한 전반적인 분석과 해명에 주력하기보다 박정희의 군부가 신세대와 구세대의 인정투쟁이라는 선(先)정치적인 담론 자원을 어떻게 활용하여 자기화하고 있는지에 초점을 맞추었다. 이는 재현과 대표성의 문제와 관련하여 한국사회의 전반적인 정치문화적 헤게모니와 역사인식에서 간과할 수 없는 의미를 지니고 있는데, 국민이라는 일반의지의 대표/재현은 곧 '지도자상'에 대한 한국사회의 뿌리 깊은 갈망과 희구에 직결되어 있기 때문이다. 따라서 대표/재현과 지도자상은 한국사회의 진보와 보수가 구축되는 사회역사적 전개양상을 비판적으로 고찰하려는 이 논문의 입론에서 중요한 위치를 차지하고 있다고 하겠다.

박정희의 군부는 1960년 4·19의 지적 구조와 담론 체계에서 한국사회의 후진성을 압축적으로 표상하는 '특권계급'에 대한 대다수 지식인들의 환멸과 부정을 등에 업고 구성원들 간의 동등한 협조와 단결을 우선시하는 집단지도체제의 수평적 동지애를 전면에 내세웠다. 국민의 대표자/대변자로 정당성을 확보하려는 이러한 지도자론의 내적 논리는 박정희의 경우 집단적인 것에서 개인적인 것으로 전환되는 특징을 지니고 있는데, 이것은 4·19혁명의 계승자로 5·16을 자리매김하려는 그의 영구혁명론과 제3혁명에 대한 차단으로 이어지게 된다. 또한 박정희의 군부는 1960년 지식계의 동향에서 로스토우와 콜론 보고서에서 제시된 미국의 자기 예언적 전망을 내화하여 후진사회의 아시아적 특수성에서 군부의 참신성과 선진성을 특화하며, 군부의 등장을 한국사회의 필연적인 정황으로 재구축하는 일련의 움직임을 드러낸다. 이후 박정희는 이 아시아적 특수성을 절대화하여 식민지적 오리엔탈리즘의 복합적 영향을 지우고, 유신체제를 전후해 '한국적 민주주의'를 주창하며 대의정치를 부정하는 독백의 체계로 나가게 되는데 이 과정에서 한국적인 전통의 모범적인 사례로 새마을 운동이 제창되었다. 이러한 점에서 새마을 운동의 한국적인 것과 유신체제와 식민지적 오리엔탈리즘이 착종된 한국사회의 진보와 보수의 유동적인 변주상은 현재까지도 우리의 사고를 지배하는 뜨거운 쟁점거리로서 여전히 비판적 개입과 성찰을 요구하고 있다.

김경미는 「남북한 교과서 속의 민족과 국민」에서 해방 직후부터 1950년대까지 남북한 국사교과서에서 '민족'의 개념을 '국민'의 정체성 형성에 어떻게 사용했는지를 분석하였다. 남한의 교과서는 민족을 주체로 하여 역사를 기술하면서 민족의 단일성을 강조하고 민족 분열을 죄악시함으로써, 민족이 곧 국민이 되며 국민은 오로지 단결해야 한다는 관점을 주입하였다. 그러나 한국전쟁을 거치면서, 민족은 멸공을 위한 국민동원의 구호로 이용되어 이승만 정권 유지의 중요한 수단이 되었다. 북한의 교과서는 생산수단을 소유하지 못한 '인민' 계급을 역사의 주체로 기술했다. 계급투쟁론의 관점에서 계급이 민족보다 앞서며, 민족은 외래 침략자와 관련되어 사용되었을 뿐이다. 그러나 '민족'의 대체 용어라고 할 수 있는 '조국'과 '애국'이라는 용어를 '외적'에 대한 대항 개념으로 사용하고 김일성을 일제강점기 유일한 투쟁의 지도자로 내세우면서, 인민은 점차 지도자에 대해 복종해야 하는 위치로 전락하였다. 즉 남한과 북한 모두 '민족'의 수난을 막는다는 역사적 책임감을 강조하며 '국민'으로서 지배체제를 중심으로 한 단결과 지도자에 대한 복종을 요구하였다.

신명직은 「재일조선인 영화로 본 재일조선인의 정체성」에서 식민지 조선으로부터 일본으로 건너와 정착한 재일조선인의 정체성을 재일조선인 영화를 중심으로 살펴보고자 했다. 재일조선인 영화들은 특히 제1세대와 2, 3세대 영화가 크게 차이가 나는데, 그것은 '이주'에서 '정주'로 그들의 삶이 변모해왔기 때문이다. 제1세대가 주로 '피해자'의 입장에서 그들의 '한'을 중심으로 아픔을 토로하는 영화로 비쳐지는 반면, 2, 3세대에 이르러서는 '코리안'이자 '일본인'이라는 이중적 정체성의 혼돈을 영화의 주된 테마로 삼고 있다. 재일조선인, 재일한국인, 혹은 재패니즈 코리안, 코리안 재패니즈 등등 자신의 정체성을 표현하기 위한 다양한 수식어들이 등장하기 시작한 것은 제2세대를 넘어 제3세대에 이르러서이다.

이 글에서는 한국과 일본 모두에 속하기도 하고, 또한 그 모두에 속하지 않는 재일코리안에 대한 새로운 위치정립을 시도하고 있는 재일코리안의 정체성을 살펴보려고 했다. 재일코리안은 한국과 일본이라는 피해자와 가해자의 이항대립적 시각이 아닌 그것을 넘어서 자신의 내면을 살펴보기 시작하면서, 한국인이나 일본인의 일부로서가 아니라 그 자체로서 나름의 정체성을 모색하고 있음을 드러내려고 했다. 나아가 재일필리핀인 등 또 다른 이주자들과의 연대를 시도하면서, 그들의 정체성이 변모해가고 있음을 해명하려고 했다.

윤인진은 「한민족 이산(diaspora)과 한민족공동체 형성방안」에서 세계 여러 지역에 거주하는 재외한인들의 다양한 경험을 총체적으로 이해하는 데 디아스포라라는 개념을 적용하였다. 그러나 1960년대 이후로 미주와 유럽 등지로 이민을 떠난 '신이민자'들의 특성과 거주국에서의 적응 유형과 정체성은 원래의 디아스포라 개념으로 설명하기 어려운 부분들이 많았다. 이 같은 새로운 현상을 설명하기 위해 원래의 개념을 지나치게 확장하기보다는 초국가주의라는 새로운 개념으로 설명하는 것이 바람직하다고 보았다. 초국가주의는 민족국가의 국경을 뛰어 넘어 기원국과 거주국 간에 형성되는 경제적, 사회적, 문화적 관계망과 다원적 정체성을 설명하는 데 적합하다는 것이다.

이 글에서는 한민족 이산의 역사와 과정을 개관하고 디아스포라와 초국가주의를 통해 한민족 이산의 경험을 이론화하고자 하였다. 아울러 중국 조선족의 이주, 적응, 정체성에 관한 사례연구를 통해 초국가주의 개념의 유용성을 설명하고, 본 연구 결과에 기초하여 한민족공동체 형성과 발전 방안을 모색할 것을 제안하고 있다.

이 책은 해방 후 국민국가 형성, 국민동원체제, 자유주의와 반공주의, 보수와 진보, 남북한 교육/교과서, 재일동포를 포함한 해외 동포의 이산 문제 등을 다루었다. 그리고 이러한 주제를 관통하는 분단체제 아래 '민족'과 '국민'의 정체성 형성/재구성 문제도 살펴보려고 했다.

해방 후 민족/국민국가 설립의 다양한 시도가 있었고 정치적 주체들은 여러 종류의 이데올로기를 제출했으며, 이들 이데올로기의 밑바탕에는 민족주의가 관통하고 있었다. 그러나 정치적 주체들이 민족주의를 강조함에도 불구하고 당시의 정치적 사회적 상황과 맞물려 서로 다른 모습의 (국가주의적, 계급적, 인종적) 민족주의로 발전하여 민족적 통합은 이루어지지 않고 분단체제가 구축되었다.

이런 점에서 보면, 자유주의 역시 한국의 역사적 경험 속에서 나름대로 특성을 가지게 되었다. 자유주의가 민족주의/민주주의와 결합되어 '자유'는 서구 사회보다도 '민족' '평등'과 같은 가치에 압도당하거나 국가주의와 연결되어 정치사회적 모순을 은폐 왜곡하는 데 대의명분으로 이용되기도 했다.

그리고 한국전쟁으로 남한의 이데올로기 지형은 반공주의로 단순화되었고, 국민대회/국민운동이 전쟁 경험과 공포・전율의 표어/구호 등과 결합되어 참여자/참관자들의 감성적 분노와 결속력을 이끌어내면서 반공주의는 무의식 세계에까지 내재되었다. 이렇듯 반공주의는 민족공동체의 범주를 분열시키고, 남북한의 분단고착 혹은 반북한 논리로 작용했다.

그러나 민족과 국민의 정체성은 초역사적이거나 변하지 않는 어떤 것이 아니라 당대의 정치적 목표와 조건에 의해 변모하고 유동하는 성질을 나타냈다. 식민지 시기 독립운동은 민족을 주체로 민족의 단일성을 강조하면서 전개되었고, 해방 후 국가건설운동은 민족/국민을 내걸었고, 정부수립 후 국민의 개념은 민족보다 우위에서 오로지 단결하여 체제수호의 주체로 요청되었다.

체제경쟁에 몰두한 남북한 사회에서 '민족'은 멸공을 위한 국민동원의 구호 혹은 외래침략자에 대한 적개심을 고취하는 주체로 호명되었다. 또한 표면적으로는 '민족' 앞의 역사적 책임감을 강조하지만 각기 구성원들에게 국가에 대한 귀속성을 강화하기 위해 '국민'으로서의 자기정체성을 형성하도록 다방면에 걸쳐 공작을 했다. 이 과정에서 국가에 의해 전유된 집단기억이 (재)생산되고 소비되는 상황이 반복되면서, 한국인은 민족과 국민의 불일치 혹은 긴장 관계 속에서 독특한 정체성을 형성해 왔다. 일제시대에 이어 분단국가라는 특수한 존재 조건은 민족/국민의 정체성에 혼란을 가져오는 한편, 근대화의 모델로 일본에 이어 미국을 모방하는 상황에서는 더욱 복합적인 정체성 형성 문제에 직면해야 했다. 이러한 모순은 남북한에 사는 사람에게만 국한된 것이 아니라 해외에 사는 한민족에게도 투영되었다.

한편 1990년대부터 세계사적으로 전개된 탈냉전, 다원화의 흐름 속에서 종래 한국사회의 국가(중심)주의에 대한 문제제기가 있었다. 그러나 다른 한편 구성원들 스스로 국가공동체에 대한 자긍심과 애국심에 바탕을 둔 국민 정체성을 보이기 시작하는 주목할 만한 변화가 있었다. 이 같은 현상은 압축적 산업화와 경제력 신장, 문화적 자부심, 북한과의 체제경쟁의 자신감 등이 복합적으로 작용한 결과였다. 이 시점에서 민족/국민의 범주의 재구성 문제가 본격적으로 부각되었다.

국민이란 대한민국이라는 국가공동체와 결부되어 사용되고, 북한을 배제하는 정치적 정체성이다. 반면에 민족은 남한과 북한을 하나의 범주로 포괄하는 개념이다. 분단체제에서 민족은 당위적으로 통일의 대상이지만 국민은 분단국가의 현실을 전제로 각각의 정치공동체에 대한 동일시, 애국심, 충성을 요구하기 때문에, 민족/국민의 논리는 상호 모순 되기도 한다. 남북한 모두 민족과 국민 개념이 야기하는 모순과 긴장 관계를 발전적으로 해소하는 데 요청되는 지적 실천적 작업을 진행해야 한다.

또한 '민족'의 범주는 기본적으로 혈통을 공유하는 집단으로, 우리에게는 단일민족이라는 생각이 강하다. 이러한 원리는 세계 각지에 흩어져 살고 있는 모든 한인들을 '동포'로 인식하게 만드는 근거가 되기도 한다. 그러나 미주, 일본, 중국, 러시아 등지에 거주하는 한인은 각기 거주국 사회에 통합되어야 하고, 소수 종족/민족으로서 정체성을 지키고자 분투하고 있다. 나아가 해외 한인들은 한국인/조선인과 거주국 국민적 정체성 사이에서 양자를 넘어서 자기 내면 자체로서 정체성을 모색하는 단계에 와 있다. 아울러 국내 외국인 노동자, 결혼이민자들이 한국사회에 통합되면서도 소수 종족/민족으로서 자신의 정체성을 지키고자 노력하는 사실도 유의해야 한다. 따라서 한국사회는 다종족, 다문화 사고의 진전을 수용하면서 남북한의 통일을 추구해야 하는 상황과 국가/국민적인 통합성을 증진시켜야 하는 현실을 인정하면서 민족/국민의 정체성의 재구성 문제를 재검토해야 할 과제를 안고 있다.

이 공동연구가 책으로 간행될 수 있었던 것은 글을 쓴 저자들의 기여가 무엇보다 크지만 이에 못지않게 여러 도움을 받았다. 이 연구 과제를 기획하는 데 참여한 김도형, 홍성찬, 김동노 교수 등과 연구교수들이 연구 운영과 구체적인 진행에 많은 노력을 기울였다. 또 연구 활동을 지원하기 위해 대학원 석박사 과정생이 보조연구원으로 참여했으며, 변함없이 국학총서를 간행해 주는 도서출판 혜안의 오일주 사장님과 편집진에게도 진심으로 고마움을 표한다.

2009년 12월

목 차

CONTENTS

해방공간의 국가 건설과 다원적 민족주의

김 동 노

1. 들어가는 말

일제의 36년 압제에서 벗어난 해방공간은 새로운 국가를 세우려는 희망의 시기였다. 물론 그 이전에도 상당히 오랫동안 국가가 지속되어 온 것은 사실이지만 조선시대의 국가는 표면적 중앙집권화에도 불구하고 실제 운영에 있어서는 臣權이 강화된 분권화된 특징을 지니고 있었기 때문에 현대적 국가로 간주되기에는 한계가 있었다. 이러한 문제를 인식한 일제는 조선의 식민지화 이후 국가구조의 중앙집권화를 일차적 과제로 삼아 적극 추진했고 어느 정도 성과를 거두었다. 이른바 국민국가(the national state)의 틀이 잡혀가기 시작한 것이다. 정치제도의 측면에서 규정한다면, 국민국가의 가장 중요한 특징에는 중앙집권화된 권력구조와 한정된 영토의 경계선 그리고 국가에 의한 물리적 폭력수단의 독점 등이 포함될 수 있다.[1] 이러한 특징을 지닌 국민국가가 이미 일제시대에 자리 잡기 시작했던 것은 분명하지만, 해방 이후의 새로운 정치적 공간 속에서 일제에 의한 국민국가를 넘어 우리 민족이

---

1) 국민국가에 대한 이러한 규정은 베버에 의해 처음 제시되었고 이 전통을 이어받은 현대 사회과학자들에게서 공통적으로 발견된다. 이에 관해서는 Mann, Michael, "The Autonomous Power of the State : Its Origins, Mechanisms and Results," John A. Hall (ed.), *State In History*, Basil Blackwell, 1986 참조.

주체적 입장에서 새로운 국민국가를 수립하려는 시도가 이루어졌다.

일제시대에 국민국가의 모습이 나타나기 시작했다고 하더라도 이는 우리 민족이 아니라 외래 민족에 의해 수립된 식민국가였기 때문에 새로운 국민국가 수립은 해방과 함께 자연스럽게 시도되었던 것이다. 이 새로운 국민국가는 일제시대와는 달리 우리 민족이 민족의 정통성 위에 새롭게 건설하려는 국가였다는 점에서 민족국가(the nation state)의 특징을 동시에 담고 있었다.[2)] 이렇게 하여 식민지 시기에 나타난 민족과 국가의 분리, 즉 국가의 주체로서 일본과 민족의 주체로서 조선 사이의 분리를 극복하고 민족과 국가의 주체를 일치시키려는 노력이 시작되었다. 이렇게 하여 근대적 국가로서 국민국가와 정치의 주체인 민족을 결합시키려는 새로운 국가건설의 목표가 세워진 것이다.

민족국가의 특징을 지닌 국민국가를 건설하려는 시도는 실로 다양한 주체에 의해 이루어졌다. 일제시대에 항일투쟁을 통해 정통성을 획득한 세력은 물론이며, 일제에 협조했던 지주 및 자본가계급도 이러한 흐름에 동참하고 있었다. 김구와 이승만이 전자를 대표한다면, 한민당 계열이 후자를 대표할 것이다. 이러한 우익 진영의 시도 외에도 밑으로부터 국가를 재구성하려는 시도가 농민을 중심으로 하는 인민위원회와 건국준비위원회, 그리고 이들을 조직화한 여운형 등의 세력에 의해 추진되었다. 또한 일제시대 지하로 잠복했던 좌익의 공산당 계열도 북한의 사회주의화에 호응하는 사회주의 국가를 남한에도 세우려는 시도를 꿈꾸고 있었다.

해방 이후 새로운 국민국가 형성을 위한 시도에 있어 흥미로운 사실

---

2) 국민국가가 주로 제도적 특징에 근거하여 규정된다면 민족국가는 국가를 구성하는 주체의 문화적 인종적 특성에 근거하여 규정된 국가의 개념이다. 민족국가와 국민국가의 이러한 차별성에 관해서는 Tilly, Charles, *Coercion, Capital and European States*, Oxford : Basil Blackwell, 1990 참조.

은 이들이 모두 민족주의의 담론을 통해 자신들을 정당화했다는 것이다. 좌익과 우익의 경계선을 넘어 이러한 현상은 발견된다. 그러나 이들이 민족주의의 담론 속에 정치적 이념을 담고 있다고 해서 모두 동일한 내용의 민족주의를 제시했던 것은 전혀 아니다. 우익에 속했던 김구와 이승만의 민족주의는 좌익에서 주장하는 민족주의와는 상당한 차별성을 가지고 있었으며 나아가 같은 우익 안에서도 전혀 다른 민족주의가 나타났다. 이들 사이의 차이는 정치적 지배계급이 주장하는 민족담론과 피지배계급이 제시한 민족담론 사이의 차이만큼이나 컸다.

이러한 배경에 근거하여 이 연구는 해방정국에서 새로운 국가 건설에 참여한 다양한 주체들이 제시한 민족주의 담론이 어떻게 서로 다른가를 살펴보고, 왜 이러한 차이가 나타났으며, 왜 민족주의 담론의 광범위한 확산에도 불구하고 민족적 통합은 이루어지지 못했는가를 검토하려고 한다. 이러한 문제의 연구에 있어 특히 중요한 검토의 대상이 되는 것은 당시 정국을 주도했던 우익의 이승만과 김구, 그리고 중도 좌익의 여운형과 공산계열의 박헌영이 제시했던 민족주의이다. 이들의 민족주의가 당시의 정치적 사회적 상황과 맞물려 어떻게 서로 다른 모습의 민족주의로 발전했는지를 살펴보려고 한다.

이 검토에 있어 중요한 이론적 바탕이 되는 것은 민족주의를 구성하는 두 요소인데, 그 하나는 민족과 민족 밖의 '경계선 긋기(boundary making)'이며 다른 하나는 민족 내부의 '결속성(solidarity) 강화'이다. 결국, 민족주의의 핵심은 누구를 '우리' 민족으로 인식할 것인가에 관한 집합적 정체성 형성과 민족이라는 집합체 속에서 결속성은 어떻게 확보할 수 있는가의 문제로 모아진다.[3] 민족주의의 이 두 요소를 인식함에 있어 다양한 정치적 주체들은 서로 다른 모습을 보여주고 있으며

3) 이러한 민족주의의 이론적 논의에 관해서는 김동노, 「한국전쟁과 지배 이데올로기」, 『아시아문화』 16, 2000 참조.

이러한 차이는 결국 모든 정치적 주체가 민족주의를 강조함에도 불구하고 민족적 통합이 이루어지지 못했던 중요한 이유가 되었다. 한편에서는 민족의 범주를 국가와 일치시키려 한 반면 다른 한편에서는 정치적 이념이나 계급적 인식에 따라 민족의 일부만을 선택적으로 국가의 주체로 삼으려는 경향이 나타났다. 민족주의를 둘러싼 이러한 분열이 곧 새로운 국민국가의 건설이라는 희망으로 시작했던 해방공간이 분단체제의 구축이라는 절망의 공간으로 전환된 이유이기도 할 것이다.

이러한 이론적 바탕에 입각해보면 민족주의에는 혈통이나 문화적 유산을 공유하는 인종적 범주의 중요성을 인정하지 않고 정치적 이념이나 계급적 이슈에 따라 민족을 재구성하려는 시도가 있을 수 있으며, 이와는 반대로 정치적 이념을 가로질러 민족의 통합을 강조하는 입장이 있을 수 있다. 그런 점에서 이 연구는 해방공간에서 제시된 정치적 주체의 민족주의 담론을 크게 국가주의적 요소를 띤 민족주의(국가주의적 민족주의)와 계급적 기반에 근거한 민족주의(계급적 민족주의), 그리고 인종과 문화적 바탕의 공유에 근거한 민족주의(인종적 민족주의)로 구분하고, 이 민족주의 담론들이 서로 경합하는 모습과 통합될 수 없었던 내적 차별성을 확인하려고 한다.

인종적 문화적 범주로서 민족의 중요성을 이차적인 것으로 간주하는 국가주의적 민족주의의 대표적인 경우는 이승만에서, 그리고 계급을 민족에 우선시하는 계급적 민족주의는 박헌영 등의 공산주의에서 찾을 수 있다. 반면에 정치적 이념의 경계선을 넘어 같은 혈통과 문화적 기반의 공유를 중요시하며 남북한의 민족적 통합을 강조하는 인종적 민족주의의 대표적인 경우는 김구의 민족주의 담론에서 찾을 수 있다. 이들 양 극단 사이에서 정치적 이념의 중요성을 인정하면서도 여전히 민족적 통합을 강조하는 입장은 여운형 등의 중도파가 보여주었다. 이런 맥락에서 이 글은 서로 다른 민족주의가 형성되는 과정과 함께 해방과 한국전쟁으로 이어지는 내적 갈등의 요소가 어떻게 서로 다른 주체에 의해 서로 다른 민족주의로 표면화되었는가를 살펴보려고 한다. 이 검토의 출발점은 민족주의가 어떻게 서로 다른 요인을 포함하는 다원적 민족주의로 발전되었는가를 살펴보는 것이다.

2. 민족주의에 있어 민족과 국가의 통합과 분리

널리 알려져 있듯이, 민족주의는 계급과 젠더, 세대 등을 초월하는 통합의 힘으로 작용할 수 있다.[4] 그러나 민족주의가 이러한 통합의 힘으로 작용하는 것은 자연스러운 현상이 아니라 일정한 사회적 조건이 충족되었을 때 가능하다. 특히 이 조건 가운데 중요한 하나는 민족과 국가의 단위가 일치해야 한다는 것이다. 민족과 국가를 일치시키려는 시도는 서구의 민족주의가 발생하는데 있어 중요한 조건으로 작용했다. 서구에서 중앙집권화된 국민국가가 형성될 때 해결해야할 중요한 과제는 이전에 다양한 민족의 이름으로 존재했던 집단들을 보다 큰 새로운 민족으로 묶어내는 것이었다. 가령, 독일이라는 새로운 국가의 영토 안에 살았던 다양한 민족들은 이제 독일 민족이라는 새로운 이름으로 통합되어야 했던 것이다.

서구의 침략에 대한 대응으로 나타난 제3세계의 민족주의도 이와 크게 다르지 않았다. 서구의 침략에 맞서기 위해서는 다양한 종족들이 국가라는 틀 속에서 하나의 민족으로 결속되어야 강력한 제국주의의 침략에 효과적으로 대응할 수 있었던 것이다. 이러한 결속이 일어나지 않았던 많은 제3세계의 민족들은 서구 제국주의의 식민지로 전락해갔다. 그런 점에서 민족과 국가의 일치와 불일치는 민족주의가 효과적인

4) Nairn, Tom, *The Break-Up of Britain*, London : NLB, 1981.

정치적인 힘으로 작용하는 데 있어서나 민족주의 담론의 민중적 지지 기반을 확보하는 데 있어 상당히 중요한 요인이 될 수 있다.

이런 관점에서 볼 때 한국의 민족주의에서는 상당 기간 민족과 국가가 일치하지 않는 모습이 나타난다. 한국에서 민족주의가 언제 생기기 시작했는지에 관해서는 논란의 여지가 있지만 현재 우리가 사용하는 의미로서 민족의 개념이 생기기 시작한 것은 그리 오래되지 않은 것 같다.[5] 물론 이전부터 조선이라는 민족의 개념을 사용한 경우도 있었지만 민족주의가 사회적 영향력을 가진 형태로 나타난 것은 바깥으로부터 압력이 가해진 19세기 후반부터였다. 서구나 일본으로부터 오는 외적 압력에 맞서 국가적 위기를 극복하려 했던 다양한 시도들이 나타나면서 민족주의도 사회적 힘으로 작용하게 되었다. 그러나 이 시기에 나타난 다양한 민족주의의 시도는 엄격한 의미의 민족주의이기보다는 원형적 민족주의(proto-nationalism)에 가까운 것이었다.[6]

이는 당시의 지배층을 구성했던 전통적 유학자들이나 이들과는 대립되는 관점에서 서구적 근대화를 추구했던 개화파에 공통되는 특징이다. 이 두 세력이 서로 다른 전략에 근거하여 외부로부터 오는 압력에 대응하려 했지만 민족주의의 관점에서 보면 이들은 동일한 태도를 보여주었다. 이들은 공통적으로 '우리' 민족이라는 특정적(specific) 민족의식을 가졌다기보다는 문명과 야만이라는 이분법적 세계관을 가졌던 것이다. 전통적 유학자들은 華夷의 세계관에 입각하여 세계의 중심에 문명의 주체로서 중화국과 이에 근접한 소중화로서 조선, 그리고 그 바깥에는 야만의 세계인 변방국으로 구성된 것으로 보았다. 외세에 맞

5) 해방 이전 민족주의의 발전 과정에 관한 설명은 김동노, 앞의 논문, 2000의 내용 일부를 발전시킨 것이다.

6) 원형적 민족주의에 관해서는 Hobsbawm, Eric, *Nations and Nationalism since 1780*, Cambridge : Cambridge University Press, 1990, Ch.2를 참조.

서는 전통적 유학자들은 '일본'이라는 이민족에 맞서는 '조선'의 개념보다는 야만에 맞서 문명을 지키려했다. 그런 점에서 이들은 일본을 비롯한 외세에 대한 투쟁을 衛正斥邪의 이데올로기로 정당화했다. 물론 최익현 등과 같이 조선이라는 민족의 이름으로 일본에 대항하려는 시도도 있었지만 대부분의 유학자들은 '우리'라는 범주에 조선인이라는 민족의 요소보다는 유학의 가르침을 깨우친 사람과 국가를 포함시키는 경향이 있었다.

유교로부터 탈피하여 서구적 근대화의 길로 접어듦으로써 국가적 위기를 극복하려 했던 개화파도 전통적 유학자들과 그리 다르지 않은 민족의식을 보여주었다. 이들도 여전히 문명 대 야만의 이분법적 구도를 가정했었는데, 단지 이들이 생각한 문명의 범주가 전통적 유학자들과는 다르게 설정된 차이가 있다. 이들에게 있어 문명은 곧 개화한 나라를 의미하는데, 개화한 나라는 이제 중국이 아니라 서구나 일본으로 바뀌었던 것이다. 그런 점에서 이들이 보여준 '우리'에 대한 인식은 여전히 조선과 외부를 구분짓는 데 있어 불특정적인 기준에 근거하고 있다. 개화파가 보여준 개화 대 미개의 대립적 구도가 유학자들이 보여준 중국과 조선의 동일시보다는 한 걸음 더 나아간 것일 수는 있지만 일본이나 다른 개화된 민족과는 구분되는 '우리'의 민족적 범주와 민족주의의 의식을 형성하기에는 부족함이 있다.[7)]

전통적 유학자나 개화파에 비해 동학은 보다 특정적인 '우리' 민족에 대한 의식을 보여주었다. 이들은 동학농민전쟁에서 적대적 세력으로 맞섰던 일본은 물론이며 전통적 유학자들이 오랫동안 조선과 동일시했던 중국에 대해서도 대립하는 태도를 드러내었다.[8)] 그러나 이들도

7) 김동노, 「한말 개화파 지식인의 근대성과 근대적 변혁」, 『아시아문화』 14, 1999, 57~58쪽.

8) 가령, 동학의 가사체 경전인 용담유사에는 일본은 물론이며 중국(漢)에 대한

민족을 통합하는 이데올로기로서 민족주의를 발전시키는데 있어서는 한계를 지니고 있었다. 이들은 전통적 유학자들이나 혹은 새로운 지배층이었던 개화파를 모두 적대적 세력으로 간주했기 때문에 이들을 모두 하나로 묶어 민족적 연합을 이루는 것은 처음부터 기대하기 힘들었다. 물론 동학의 주된 지지 세력이었던 농민들은 조선시대 줄곧 유학자들이 지배하는 사회의 희생자였으며 또한 개화파가 동학농민운동을 직접 탄압했다는 점에서 이들에 대해 배타적 감정을 가지는 것은 충분히 이해되지만 여전히 이들의 민족주의가 민족 통합에 기여하지 못했음은 분명한 한계로 지적될 수 있다.

이와 같이 조선의 전통 사회에서 민족주의가 제대로 발전되지 못한 중요한 이유는 민족과 국가의 불일치에서 찾을 수 있다. 19세기 후반 조선이 맞이한 위기를 극복하기 위해 유학자, 개화파, 농민들이 서로 다른 방향에서 사회변혁을 시도했는데, 이들이 하나의 힘으로 통합될 수 없었던 것은 이들이 상정한 '우리' 민족의 범주에서 '우리'가 서로 다르게 설정되었기 때문이다.[9] 따라서 이들이 새롭게 재구성하려고 했던 국가도 서로 다른 국가가 되었던 것이다.

민족주의에서 민족과 국가의 불일치는 일제시대에도 계속되었다. 바깥에서 강압적으로 이식된 식민국가가 수립되면서 조선인들은 이 국가에 대한 저항을 통해 민족의식을 발전시켰기 때문에 민족이 국가의 통치 주체가 아니라 저항 주체로 자리 잡게 되었다. 특히 일본 제국주의는 서구의 제국주의와는 달리 조선과 조선인을 일본화하는 동화정책을 식민지 운영의 기본방침으로 세웠기 때문에 식민국가에 대한 저

적대감이 직접 표현되어 있다. 이돈화, 『天道教創建史』, 천도교 중앙종리원, 1933, II-77쪽 참조.

9) 이 문제에 관한 보다 자세한 검토는 김동노, 『근대와 식민의 서곡』, 창작과비평사, 2009, 9장 참조.

항을 중지한다는 것은 민족 정체성을 근본적으로 포기하는 것과 마찬가지였다. 따라서 민족의 정체성을 지키겠다는 의도는 식민국가에 대한 근본주의적 저항을 수반할 수밖에 없었다. 물론 식민지배 기간이 지속될수록 일제에 대한 조선인의 저항은 약화되었지만 그럼에도 불구하고 민족주의가 근본주의(fundamentalism)의 형태로 발전될 수 있는 사회적 환경이 식민지 시기에 마련되었다.[10] 즉, 일제 식민통치를 변혁시키려는 정치적 실체로서 민족주의의 힘은 약했지만, 일제시대의 사회적 환경은 민족을 구성하는 '우리'와 타자로서 '그들'의 구분을 명확히 하기에는 한층 유리하게 작용했던 것이다.

다른 한편으로 식민지 시기에 국가와 민족이 일치하지 않았기 때문에 민족주의도 다양한 형태로 변화되어 갔다. 이는 민족이 주체가 되는 국가 건설을 계획함에 있어 어떤 국가를 세울 것인가에 대해 다양한 정치세력들이 서로 다른 이상을 지니고 있었기 때문이다. 이러한 민족주의의 다양화에 있어 중요한 요인으로 작용한 것은 사회주의나 자유주의와 같은 외래 사상의 유입이었다. 이들 사상의 유입으로 인해 민족주의도 일정한 정도로 영향을 받으면서 계급적 배경이나 정치적 이념에 따라 다양화되게 되었다. 식민국가를 대체하는 새로운 국가 건설에 있어 때로는 사회주의적 이상이 제시되기도 했고 때로는 자유주의적 국가가 대안으로 제시되었기 때문에 민족주의의 다양성과 분열이 나타나게 된 것이다. 민족주의를 둘러싼 이러한 대립은 해방 이후 민족주의의 분열을 예고하는 것이기도 하다.

---

10) 일제시대 들어 오히려 민족주의적 저항이 약화된 한 측면은 농민들의 사회운동이 식민국가를 대상으로 하는 민족주의적 투쟁이기보다는 지주를 대상으로 하는 계급투쟁의 성격이 강한 것에서 찾을 수 있다. 이에 관해서는 김동노, 「일제시대 식민지 근대화와 농민운동의 전환」, 『한국사회학』 41-1, 2007 참조.

이러한 상황에서 이루어진 해방은 곧 민족과 국가를 일치시킬 수 있는 절호의 기회를 제공해주었다. 동시에 일제시대의 사회적 조건을 근본적으로 결정지었던 민족(우리)과 국가(그들) 사이의 불일치가 해방과 함께 끝나면서, 민족주의가 본원적 요소로서 뿐만 아니라 정치적 수단으로서 다른 어떤 이데올로기에 선행하여 힘을 발휘하고 또한 정치적 정당화의 기반이 될 수 있게 되었다. 그런 점에서 해방 정국은 민족주의의 시대라고 할 수 있을 정도로 대부분의 정치 담론이 민족주의로 정당화되었다. 이는 다양한 정치적 주체의 정치적 성향이나 계급적 배경을 떠나 거의 모든 정치세력들에게서 발견될 수 있는 공통점이다. 그러나 다른 한편으로 이런 상황은 인종적 문화적 동질성을 강조하는 본원주의적(primordial) 민족주의를 넘어 민족주의가 정치적 수단으로 전용될 수 있는 가능성을 열어주기도 했다. 민족이라는 동질적 단위를 모두 포괄하는 본원주의적 민족주의와는 달리 정치적 수단으로 활용되는 민족주의는 정치적 성향을 같이 하는 일부만을 민족의 범주에 포함시키고 나머지를 배제할 수 있다. 이는 해방 이후 민족이 주체가 되는 국가를 건설함으로써 민족과 국가를 일치시키려는 시도에 있어 선택적 통합이 일어날 수 있음을 의미하는 것이다. 불행히도 민족주의가 가진 이러한 배타성은 해방 정국에서 정치적 성향에 따른 투쟁이 격화되면서 현실화되어 민족의 통합이 아닌 갈등의 근원으로 작용하게 되었다.

3. 민족주의의 분리와 다원적 민족주의의 대두11)

해방공간에서 민족주의가 본원주의적 색채를 벗고 도구적 수단으로 전환될 수 있는 계기가 된 것은 좌익과 우익의 대립이다. 이들 사이의 대립이 이데올로기 차원에서 가장 첨예하게 표현된 것은 신탁통치를 둘러싼 1946년과 1947년의 상황이다. 이미 널리 알려져 있듯이, 신탁통치에 대한 좌익과 우익의 대립은 1945년 12월 27일 모스크바에서 미국, 영국, 소련의 외상들이 모여 채택한 신탁통치안이 국내에 알려지면서 시작되었다. "조선을 독립국가로 재건설하기 위해……가급적 속히……임시 조선민주주의 정부를 수립하며," "조선 임시정부 구성을 원조할 목적으로……남조선 합중국 관구, 북조선 소련 관구의 대표자들로 공동위원회(미소공동위원회)가 설치될 것이며," "최고 5개년 기간의 4개국 후견(trusteeship)의 협약을 작성하기 위하여 미·영·소·중 제국 정부의 공동 짐작에 이바지하도록"12) 한다는 모스크바 3상회담 결과로 인해 해방정국은 걷잡을 수 없는 소용돌이 속으로 빠져들었다. 그리고 이 소용돌이의 끝에는 한국전쟁과 그에 이은 분단체제의 강화가 놓여 있었다.

신탁통치안에 대한 좌익과 우익 사이의 대립은 1947년 8월 제2차 미소공동위원회가 결렬될 때까지 지속되었다. 신탁통치안에 대해 최초에는 국내의 좌·우익 모두 반대의 입장을 표명했지만13) 박헌영이 평양

---

11) 이 장과 다음 장의 내용은 김동노, 앞의 논문, 2000의 일부를 수정·보완한 것이다.

12) 「조선에 관한 모스크바 3상회의 결정서」, 김삼웅 편저, 『사료로 보는 20세기 한국사』, 가람기획, 1997, 186쪽.

13) 신탁통치안에 대한 좌익의 반응은 시간의 경과에 따라 다른 양상을 보이는데, 모스크바 3상회의가 있기 전인 1945년 10월 미국성에서 신탁론이 제기되자 공산당은 심하게 비판했었다. 모스크바 3상회의 결과가 알려진 후 좌익의 최초 반응은 침묵에 가까웠다. 그 이후 1946년 1월에 접어들면서 찬탁의 입장을

을 다녀온 후인 1946년 1월 2일 좌익은 찬탁의 입장을 공식화했다. 조선인민공화국 중앙인민위원회는 "3상회담의 결정은 조선민족 해방을 확보하는 진보적 결정일 뿐만 아니라",[14] 당시의 내외 정세에 비추어 가장 적절한 결정이라고 공식적으로 선언했다. 이 발표는 신탁통치를 받아들일 수밖에 없는 책임이 우리 민족에게 있다는 점에서 불가피함을 밝히고, 덧붙여 신탁제도는 과도적 방안이며 을사조약이나 위임통치와는 전혀 다르다는 논리로 자신들의 선택을 정당화했다.

좌익의 기본적인 입장은 해방정국에 대해 현실적으로 접근하려는 것인데, 우선 신탁의 내용이 글자 그대로의 신탁보다는 후견에 가까운 이상 이를 통해 조선을 4국 공동관리 하에 둠으로써 어떤 한 나라에 의한 식민화를 방지할 수 있고 "신탁으로 말미암아 일제잔재 세력 소탕, 즉 파쇼세력 대두 방지에 대한 보장을 얻을 수 있다"[15]는 것이다. 좌익 진영의 통일전선으로 구축된 민주주의민족전선(민전)도 1946년 2월 15일 성명서를 발표하여 합법적 신탁통치에 대한 총체적 지지를 보내고 있는데, 이들은 신탁통치를 통해 친일파 민족반역자, 친파쇼 반동거두들을 제거[16]함으로써 결과적으로 조선의 민주독립을 보장할 수 있다는 입장을 취하였다. 그렇다면 좌익의 전략이란 곧 신탁통치를 통해 친일세력, 파쇼세력의 영향력을 약화시킴으로써 국가건설을 이끌어 갈 수 있는 주체의 순수성을 확보할 수 있기 때문에 이를 곧 해방된 국가건설의 핵심과제로 삼았던 것이다.

공식화했다. 이러한 입장의 변화에는 소련군정의 영향력이 개입한 것으로 추측되기도 한다. 이에 관해서는 민병천, 「信託安에 대한 左右派의 贊反論理」; 이기하, 「贊反託運動에 대한 역사적 평가」(이상은 한승조외 공저, 『解放前後史의 爭點과 평가1』, 螢雪出版社, 1990에 수록) 참조.

14) 『서울신문』, 1946. 1. 4.

15) 『해방일보』, 1946. 1. 6.

16) 「민전 좌우합작 5원칙」, 김삼웅 편저, 앞의 책, 1997, 190쪽.

좌익의 찬탁에 반해 우익은 격렬하게 좌익을 비난하면서 반탁의 입장을 보였다. 우익은 극단적인 민족주의 감정에 호소하면서, 신탁통치안은 결국 제국주의의 식민지 정책인 위임통치와 동일하며 따라서 일제의 식민통치와 전혀 다를 것이 없다는 선전을 펼쳤다. 대한민국 임시정부 국무회의는 12월 28일에 신탁통치안이 "민족자결의 원칙을 고수하는 한국민족의 총의에 절대 위반"되며 "연합국 헌장에도 위배"되기 때문에 무효라는 성명을 발표했다. 뒤이어 1946년 2월 8일 신탁통치반대중앙위원회와 독립촉성중앙협의회가 통합되어 대한독립촉성국민회가 우익의 포괄적 조직으로 탄생했는데, 이승만을 총재로 김구, 김규식을 부총재로 하는 이 조직에서도 좌익의 찬탁을 민족주의적 수사로 반박하고 있다. 가령, 이들은 좌익에 대해 "인공계열이 수일에 탁치를 지지한다고 반민족 행동을 하게 되었으니 이 점에 대하여는 檀祖의 피를 받고 槿域에 생을 누린 한인으로서 누구나 의분을 금치 못할 바이다"[17]라고 비판했다.

신탁통치안에 대해 좌익과 우익이 이렇게 대립했던 근원에는 멀리는 미국과 소련의 대외 정책에서부터 가깝게는 국내의 개별 정치집단의 이해관계에 이르기까지 다양한 이유가 발견된다.[18] 신탁통치에 대

---

17) 「대한독립촉성국민회 성명서」, 김삼웅, 앞의 책, 1997, 188쪽.

18) 정치집단의 이해관계에서 흥미로운 사실은 좌익에 대한 이승만의 태도이다. 이승만이 철저한 반공주의자임은 분명하지만, 해방정국에서 그가 보인 좌익에 대한 최초의 태도는 상당히 애매했다. 인공의 주석으로 추대된 후, 그는 "나는 공산주의에 대해 호감을 가지고 있는 사람입니다. 그 주의에 대하여도 찬성하므로 우리나라의 경제정책을 세울 때 공산주의를 채용할 점이 많이 있습니다"(『매일신문』, 1945. 10. 26)라고 말한 적이 있다. 그러다 신탁통치를 둘러싼 대립에서 그는 좌익에 대한 반감을 극단적으로 표현했다. 아마도 그는 해방정국에서 차지하는 좌익의 막대한 영향력을 무시할 수 없는 상황에서 미온적인 태도를 보이다 신탁통치에 대한 일반 민중의 반감을 등에 업고 반탁의 입장을 민족주의의 언어로 극대화하면서 격렬히 비판하게 된 것 같다.

한 좌익과 우익의 대립이 다양한 이유에서 비롯되었음에도 불구하고 좌익이든 우익이든 모두 민족주의의 가치와 언어를 사용하여 신탁통치에 관한 자신들의 입장을 정당화했다. 앞에서도 지적했듯이, 이것은 해방 직후의 시대적 상황과 사회적 조건이 좌와 우의 이데올로기에 앞서 민족주의의 이데올로기가 보다 큰 힘을 가질 수밖에 없었던 것과 관련되었다.

그러나 한 걸음 더 나아가서 이들의 대립을 보게 되면, 좌익과 우익의 입장이 큰 틀에서는 민족주의의 담론으로 구성되었지만 그 밑바탕에는 서로 다른 원리의 민족주의가 깔려 있음을 알 수 있다. 민족주의란 앞에서 제시한 것과 같이 기본적으로 다른 민족에 대한 구분 짓기와 우리 민족 내의 동질성 확보, 즉 외적 경계선 긋기와 내적 통합성이라는 두 요소를 필요로 한다. 좌익과 우익이 찬탁과 반탁을 정당화하는 수사에는 이 두 요소가 모두 포함되어 있지만, 실제로는 좌익이 민족 내의 동질성 확보에 더 치중한 반면 우익은 외적 경계선 확보에 더 치중하였다. 보다 구체적으로 이 두 요소가 표현되는 방식은 우익의 경우 외부 민족에 대한 '우리'의 구분 짓기가 '독립'이라는 담론으로 강조된 반면 좌익의 경우 민족 내부의 통합성을 강조하는 '통일'의 담론이 더 중요한 위치를 차지했다.

우익이 반탁을 하는 이념적 근거는 신탁통치가 또 다른 식민 상태를 가져와서 결국 독립정신에 어긋난다는 것이다. 특히 이승만은 이런 입장의 중심에 서 있었다. 가령, 그가 주도했던 독립촉성중앙협의회는 "탁치가 강요된다면 열국의 종속민족으로 우리에 대한 생사여탈의 권을 타인에게 맡겨 놓은 격"이 되는 만큼 "충애 동포는 남녀노소를 물론하고 다 한마음 한뜻으로 이러나서 어데서든지 엇던 경우에던지 독립을 위하여 각각 목숨을 내노코 싸워야"[19) 한다는 민족주의적 격려와 함께 민중의 동원을 유도하고 있다. 이들에게 있어 독립은 단순히 신탁통치에 국한되는 것이 아니라 궁극적으로 민족의 번영과 발전에 필수적 요소였다. 이들은 우리나라를 즉각 독립국가로서 승인해 달라는 요구와 함께 "우리가 즉시 독립하여 우리의 힘과 우리의 손으로 건설하여 간다면 5년 동안 우리는 얼마나 놀라운 민족적 발전"[20]을 하겠는가라고 국가건설과 민족 발전을 위해 독립이 필수불가결함을 강조했다.

이런 점에서 이들이 신탁통치를 둘러싸고 좌익을 비난하는 근거도 좌익이 독립된 국가의 모습을 버린 채 러시아라는 외세에 의존하고 있다는 것이었다. 가령, "이 분자들(좌익)은 노국을 저희 조국이라 부른다니 이것이 사실이라면 우리의 요구하는 바는 이 사람들이 한국을 떠나서 저희 조국으로 돌아가는"[21] 것이라는 노골적 비판이 제시되기도 했고, "만약 신탁관리가 실현된다면 독립방해자(좌익)만 노예가 될 뿐 아니라 독립을 위하여 분골쇄신으로 싸훈 자들도 다 같치 노예를 면치 못하려니"[22]라고 하여 좌익의 태도가 곧 노예의 종속적 상태를 가져올 수 있음을 민족주의의 언어로 경고하였다.

'독립'을 앞세우면서 민족주의의 내적 통합보다는 외적 구분을 강조한 우익에 맞서는 좌익의 논리는 내적 동질성과 통합을 강조하는 '통일'의 언어였다. 조선공산당 중앙위원회가 1946년 벽두에 민주주의 통일전선 결성을 촉구하면서, 민족적 통일을 이루지 못한 상태에 있음을 잊어서는 안 되고 따라서 친일 세력을 제외한 전 민족적 단결을 우선적으로 이루어야 함을 주장했다. 이들에 따르면, 신탁문제를 해결하고

19) 대한독립촉성중앙협의회, 「신탁통치에 대한 우리의 결의」, 심지연 편, 『해방정국논쟁사 I』, 도서출판 한울, 1986, 320쪽.

20) 중앙문화협회, 「신탁통치반대성명서」, 심지연 편, 위의 책, 298쪽.

21) 『서울신문』, 1945. 12. 21.

22) 대한독립촉성중앙협의회, 「신탁통치에 대한 우리의 결심」, 심지연 편, 앞의 책, 320쪽.

완전한 자주독립을 완수하는 방법도 민족의 통일에서 찾아져야 한다. 즉, "우리는 이 민족통일이 완결되는 날에는 세계에 대하여 완전 독립을 요구할 권리를 가졌다고 단언하여도 좋을 것"이며, 그렇기 때문에 당시의 "조선문제는 1도 통일이요, 2도, 3도 다 통일이다"[23]는 것이다. 그런 점에서 좌익이 독립을 통일에 우선되는 과제로 추구하는 우익에 대해 퍼부을 수 있는 비난도 곧 우익의 분리주의적(separatist) 입장에 대한 것이었고, 이들은 우익집단을 특징적으로 민족분열 책동가로 몰아세웠다.[24]

이와 같이 민족주의의 이데올로기는 좌익과 우익에 의해 각각 독립과 통일이라는 서로 다른 모습으로 재구성되었는데, 이는 비단 신탁통치에 관해서 뿐만 아니라 그 이후 계속되는 정국의 고비에서 항상 같은 방식으로 재연되었다. 이승만이 남한만의 단독정부를 수립하겠다는 의지의 표현도 이와 유사한 언어로 포장되었고 한국전쟁에 대한 이승만의 의미 부여도 같은 맥락에서 이해된다. 신탁통치를 둘러싼 대립 이후 좌익과 우익의 관계는 남한의 단독정부 수립으로 인해 돌이킬 수 없는 지경이 되었는데, 특히 남한의 새로운 지배집단으로 자리 잡은 우익의 입장에서는 내적 통일보다는 외적 독자성의 확보가 우선되었던 만큼 통일에 대한 고려는 상대적으로 약해졌다. 이들이 통일을 고려할 때조차도 상대를 포용하는 방식보다는 오히려 배척하는 방식이 지배적이었다. 단독정부의 구성 이후 최초로 이승만이 공식적 입장을 밝힌 대통령 취임사에서도 통일에 대한 어떠한 구체적인 제안이나 자신의 입장을 정리하지 않고 있다.[25]

---

23) 조선청년총동맹, 「막부3상회의의 조선에 대한 결정을 해설한다」, 심지연 편, 위의 책, 264쪽.

24) 「3상회의 결정을 바르게 인식하자」, 심지연 편, 위의 책, 259쪽.

25) 서중석, 「李承晩 대통령과 韓國 民族主義」, 宋建鎬·姜萬吉 편, 『한국민족주의론Ⅱ』, 창작과비평사, 1983, 261쪽.

해방공간에서 한국전쟁에 이르는 기간에서 이승만을 중심으로 하는 남한의 지배세력이 사용한 민족주의의 본질은 결국 민족 내의 통합을 추구하는 것이 아니라 민족 내의 이질적 요소를 가려내고 이들을 배제하는 것이었다. 이것은 좌익의 세력이나 북한의 지배계급에서도 유사하게 나타났는데, 이들이 사용한 민족주의의 주된 언어는 외부에 대한 독자성이 아니라 내적 통합 내지는 통일이었다. 그러나 앞으로 보겠지만 이들이 통일의 언어를 사용하면서도 실제로 통일의 대상으로 삼은 것은 민족 전체가 아니라 그 일부로 국한시켰다는 점에서 이들이 비판했던 우익의 배타적(exclusive) 민족주의와 동일한 한계와 모순을 드러냈다. 이와 같이 민족 통합의 힘으로 작용할 수 있는 민족주의의 이데올로기가 '독립'의 담론과 '통일'의 담론으로 분열되고 또한 민족 구성원의 범주화에 있어 정치적 이념과 계급적 이해관계에 따라 일부만을 선택적으로 포함시킴으로써 민족주의가 각기 다른 정치적 집단에 의해 서로 다른 방식으로 활용되게 되었다.

이것은 필요에 의해 민족주의가 다른 민족주의를 억압하는 기제로 사용될 수 있음을 예증하는 것이기도 하다. 실제로 남한의 지배집단에서처럼 민족주의의 표상이 실천으로 연결되지 않고 단순한 문화적 상징으로 남아있는 한 그 가능성은 더욱 커지는데, 남한의 지배세력은 외부에 대한 독자성을 강조하는 독립의 민족주의 언어를 사용하면서도 정치적 실행에 있어서는 미국이라는 외부의 세력과 결합되고 친일세력을 제거하지 않음으로써 민족주의의 내용을 반민족주의로 전환시켜 버렸다.[26]

26) 해방 이후 귀국할 당시 국내 지지기반이 약했던 이승만으로서는 친일파 처단을 주장하는 좌익의 주장을 따를 수 없었고, 그는 오히려 "민족 반역자나 친일파는 일소되어야 하지만……지금은 누가 친일파이고 누가 반역자인지 모른다"(『매일신보』, 1945. 11. 6)고 주장했다.

4. 국가주의적 민족주의의 발현과 강화

이승만의 민족주의는 앞에서 살펴본 우익 민족주의의 대표적인 경우에 해당된다. 해방 공간에서 민족주의 담론을 주도해 온 그는 민족 구성원의 동질성에 기반한 인종적 민족주의를 주장하기보다는 정치적 이념에 근거한 배타적 민족주의의 입장을 취함으로써 좌익을 민족의 범주에서 배제했다. 결국 배타적 민족주의는 민족보다는 국가를 우선시하여 분단국가 성립에 크게 기여했다. 이렇게 하여 민족주의를 국가주의로 변형시킬 수 있는 가능성이 열렸고 이 가능성은 분단국가 수립 이후 민족주의의 배타성이 한층 강화되면서 현실화되어 갔다. 대한민국 정부가 공식적으로 출범한 이후에도 이승만을 중심으로 하는 지배집단은 북한과는 어떤 협상도 있을 수 없으며 북한 지역에 대한 주권 회복을 위해 극단적인 방법을 선택할 수도 있음을 항상 언급했었다. 그런 극단적인 방법이 남북한 양측에 의해 추구된 결과가 곧 한국전쟁이었다. 그런 점에서 한국전쟁은 민족주의가 국가주의로 전환되면서 더 이상 인종적 민족주의를 받아들일 수 없도록 만든 결정적 계기이며, 동시에 한국사회에서 국가주의적 민족주의가 어떤 식으로 발전되어 민족주의 담론의 주도권을 장악하게 되었는가를 볼 수 있는 좋은 계기가 된다. 따라서 해방 이후 지속적으로 제시되어 온 이승만의 국가주의적 민족주의를 가장 잘 확인할 수 있는 것은 한국전쟁에 관한 그의 민족주의 담론에서이다.

한국전쟁은 상대의 파멸 위에서만 민족주의가 성취된다는 절멸주의(extremism)가 근본적 민족주의(fundamentalist nationalism)와 어떻게 연결될 수 있는가를 보여준 좋은 보기이다.[27] 한국전쟁이 발발하자, 가장

27) 박명림, 「분단시대 한국 민족주의의 이해」, 『세계의 문학』 80, 1996, 54쪽.

먼저 지배집단이 이데올로기의 차원에서 추구한 것은 ‘우리’(아군)와 ‘그들’(적)에 대한 정체성 확립이었다. 이러한 정체성 확립을 통해 민족으로서 우리를 구성하는 요소는 무엇이며, 우리와 대립되는 그들을 배척해야 하는 근원이 무엇인지를 확인하게 된다. 이 과정에서도 다시 이승만을 비롯한 남한의 지배집단은 민족주의의 이념 가운데 독립의 요소를 앞세우면서 포괄적 통합을 시도하기보다는 그들을 극단적으로 배제하는 방식으로 정체성을 확립하려고 했다.

한국전쟁 기간에 민족의 범주로서 ‘우리’와 적의 범주로서 ‘그들’을 표상하는 대표적 개념으로 제시된 것은 자유와 독립, 그리고 이에 대립되는 개념으로서 괴뢰와 야만이었다. 즉, 우리는 자유와 독립을 위해 싸우는 주체인 반면, 그들은 괴뢰이며 야만의 무리로 표현된다. 남한의 지배집단이 보는 한국전쟁은 무엇보다 우선 자유와 독립을 지키려는 전쟁이었고, 그 목표를 이루기 전에는 어떻게든 계속 되어야할 전쟁이었다. 그런 점에서 이승만은 한국전쟁 발발 일주년 기념사에서 “모든 韓人들이 한번 다시 唯一한 **獨立政府** 밑에서 한 百姓이 되어 가지고 **自由**로 살게 될 때까지는 이 戰爭을 쉬지 않을 것”(이하 강조는 모두 인용자에 의한 것임)[28]이라고 전쟁의 목표를 밝히면서 전의를 독려하고 있다. 이러한 인식의 밑바탕에는 전쟁의 패배에 따른 공산화란 곧 남한이 소련의 위성국이 되어 다른 나라의 속국이 됨을 의미하고 그것은 자유가 없는 노예의 상태와 다름없다는 생각이 깔려 있다.

그런 점에서 전쟁의 주체로서 우리 민족의 정체성은 자유와 독립의 주체임을 의미하는데, 여기서 말하는 자유란 곧 독립과 동일시 될 수 있다. 자유를 지키기 위한 전쟁이라고 할 때, 이 자유가 자유민주주의에서 말하는 개인의 인권이나 시민권의 개념을 완전히 배제하는 것은

---

28) 이승만, 「6·25事變 第一週年에 際하여」, 公報處, 『大統領李承晩博士談話集』, 1953, 56쪽.

아니지만 보다 근본적으로 이 용어는 나라가 잃어버린 속국으로 전락했을 때 개인이 처하게 되는 노예와 같은 부자유 상태에 대립되는 뜻으로 사용된다. 따라서 그것은 개인의 자유이기 이전에 국가의 자유이고 민족의 자유이다. 이를 이승만의 언어로 표현하면 다음과 같다.

> 國家의 獨立과 人民의 自由는 내가 늘 말한바와 같이 남의 禮物이나 寄附로 되는 일은 前에도 없었고, 日後에도 없을 것입니다. 그 나라와 그 사람들이 싸워서 貴重한 값을 相當히 갚어논 뒤에야 그것이 참으로 그 나라의 獨立이오 그 **民族의 自由**인 것입니다.[29]

그렇다면 민족의 자유란 나라의 독립을 통해 지켜지는 것이며 독립과 선후의 관계에 있기 때문에 전쟁을 통해 확립하려는 보다 중요한 민족정체성의 요소를 민족의 독립으로 풀이할 수 있다.

독립의 주체로서 우리와 대립되는 개념으로서 '그들'을 표현할 때 사용된 용어는 괴뢰이며, 이 괴뢰의 정체는 우리로부터 독립을 빼앗고 우리를 노예로 만들려는 세력이었다. 공산세력을 표현하면서, 이승만은 "蘇聯의 吹笛에 춤추는 金日成 一團의 赤傀들이……人面獸心의 殺人放火 掠奪破壞 등 人類歷史上 前代未聞의 野蠻的 蠻行을 계속하여……"[30]라고 하여 이들을 붉은 괴뢰와 야만의 무리로 규정하고 있다. 이 두 가지의 정체성 가운데 괴뢰로서 그들이 추구한 것은 우리의 독립에 정면으로 반대되는 속국의 확립과 자유민의 노예화였다. 즉, "共産徒輩들이 쏘련의 後援을 依支하고 大戰爭을 차려가지고 우리나라를 쏘련의 屬國으로 만들고 우리의 他國의 奴隷로 만들려고 到處에

---

29) 「李大統領, 八·一五記念辭」, 大韓民國國防部, 『韓國戰亂一年誌』, 1951, C-9.

30) 「戒嚴令宣布」, 大韓民國國防部, 위의 책, C-5.

서 殺人放火를 일삼는다"[31]는 것이다.

북한의 공산세력이 괴뢰와 야만의 정체성을 가지고 있는 만큼, 이들과 맞서는 우리는 한편으로 괴뢰를 무너뜨리고 독립국 수립을 위한 전쟁을 수행해야 하고 다른 한편으로는 야만에 대한 문명의 응징을 가해야 한다. 그렇기 때문에 남한의 지배집단이 보는 한국전쟁은 독립을 위한 전쟁이었으며, 동시에 야만을 제압하기 위한 문명세계의 단결과 협조가 필요한 것이었다. 이승만이 서방에 대해 원조와 협력을 요청하는 담론은 많은 경우에 방화와 약탈, 강간, 그리고 고문을 일삼는 야만(savages)에 대해 문명의 복수를 요청하는 것이다.[32] 같은 맥락에서, 소련이라는 외세에 맞서는 독립전쟁을 수행하는 과정에서 미국을 포함한 외세를 끌어들이려는 시도도 바로 야만 대 문명의 대립으로 정당화하면서 다음과 표현했다.

> 우리가 더욱 致賀할 것은 共産徒輩의 侵略을 停止시키기 爲해서 **世界 모든 文明한 나라들이 軍事와 物質과 誠心으로 參戰**하고 있어서 날마다 援助가 들어오는 中임으로……[33]

독립과 괴뢰, 그리고 야만과 문명의 대립이라는 측면에서 보면, 남한의 지배집단의 눈에 비치는 '그들' 공산세력은 남의 야만나라의 속국이 되기 위해 목숨을 내놓고 싸우는 꼴이었고, 따라서 그들에게 결코 같은 민족으로서의 정체성을 부여할 수 없었다. 이들이 보기에 한국전쟁에서 우리와 맞서는 그들은 또 다른 우리가 아닌 외세이거나 외세의 괴뢰에 불과했다. 즉, "共産主義 煽動에 빠져 나라를 팔고 民族을 남

31) 「南北同胞는 協助하여 國土統一에 邁進하라」, 大韓民國國防部, 위의 책, C-18.
32) 國史編纂委員會, 『大韓民國史史料集』, 1996, 321쪽.
33) 「李大統領, 八・一五記念辭」, 大韓民國國防部, 앞의 책, 1951, C-9.

의 奴隷로 만들려고 活動하는 分子들은……**同族이라고 할 수 없고** 또 人類라고도 認定할 수 없을 것임으로……"[34] 타자화 할 수밖에 없는 것이다.

그런데 이러한 인식은 비단 북한의 공산집단에 대해서만 성립되는 것이 아니라 모든 공산집단에 적용되고 있다. 이승만이 보기에 모든 공산세력은 기본적으로 소련의 속국에 불과하여 독립성을 가지지 못하기 때문에 어느 경우에나 하나의 민족으로서의 정체성을 가질 수 없는 것이다. 이들은 공통적으로 남의 노예인 상태에 있으며, 야만의 행위를 저지르고 있기 때문에 하나의 독립된 민족적 정체성을 갖기에는 부족하다는 입장이다. 즉, "美國百姓으로서 共産黨된 사람은 美國百姓이 아니요, 英國百姓으로서 共産黨된 사람은 英國百姓이 아니요, 中國사람으로서 共産黨된 사람은 中國사람이 아니며 韓人으로 共産黨된 사람은 韓人의 待接을 받을 수 없다"[35]는 것이다.

만약 공산세력을 같은 민족의 구성원으로 인정할 수 없다면, '우리'와 '그들'의 대립은 같은 민족 내의 대립이 아닌 우리와 다른 민족과의 대립이 될 수밖에 없다. 특히 북한의 배후에 소련이 있으며 소련이 이 전쟁의 실체임을 주장하는 한에 있어서는 이 전쟁은 외세에 대한 독립이라는 의미가 무엇보다 앞서는 전쟁이었고, 전쟁을 통해 확보하려는 민족 정체성의 가장 기본적인 요소도 바로 독립이었던 것으로 이해할 수 있다.

지금까지 보았듯이, 한국전쟁에서 이승만이 구성하려 했던 민족 정체성의 기본요소는 독립과 자유로 제시되었는데, 앞에서 주장된 것과 같이 자유란 민족의 독립으로부터 얻어지는 비노예화의 자유인만큼 결국 가장 핵심적인 요소는 독립으로 모아질 수 있다. 이러한 근본적

---

34) 「李大統領 對北放送」, 大韓民國國防部, 위의 책, C-1.
35) 「李大統領 平壤同胞에 告함」, 大韓民國國防部, 위의 책, C-20.

민족주의의 틀 속에서 남한의 지배집단이 이 전쟁을 보는 시각은 이전과 마찬가지로 민족주의의 구성요소 가운데 독립 혹은 외부 세력에 대한 자주성 확보를 중심으로 했다. 그런 점에서 이들의 민족주의 속에는 민족 내의 구성원을 하나로 묶는 통합보다는 정치적 이념의 필요에 따라 민족 구성원의 일부를 배제하더라도 선별된 민족 구성원들 사이의 내적 결속성을 강화하고 외부와의 경계를 분명히 하려는 의도가 들어있다.

이와 같이 민족의 일부를 배제시키는 민족주의는 민족과 국가를 일치시키려는 해방 공간의 다양한 노력들을 무산시키고 민족과 국가를 다시 불일치시키는 결과를 가져왔다. 결국 이러한 종류의 민족주의에서는 통합적 실체로서의 민족보다는 정치적 이념을 같이하는 국가 구성원으로서의 국민이 한결 더 중요성을 갖게 되어 민족주의는 지배집단의 편협한 정치적 이념을 지탱하는 도구로 활용되면서 국가주의의 성격을 갖게 된다. 이는 얼핏 민족과 국가가 일치하는 모습같이 보이지만 여기서 말하는 국가란 분단국가이므로 둘 사이에는 극복하기 힘든 괴리가 있게 된다.

5. 인종적 민족주의의 형성과 쇠퇴

이승만의 국가주의적 민족주의에 대립되는 민족주의는 민족 구성원들 사이의 혈통과 문화적 기반의 공유를 강조한다는 점에서 인종적 민족주의 혹은 민족적 민족주의로 불리어 질 수 있다. 이러한 유형의 민족주의를 가장 잘 대변해 준 것은 김구의 민족주의 사상이다. 해방 이후 김구의 민족주의 사상은 일정한 변화의 단계를 거쳐 발전된다. 앞에서 보았듯이, 민족주의는 민족과 비민족을 구분 짓는 경계선 긋기와 민족 내부의 결속성을 주요한 요인으로 삼고 있는데, 해방 이후 전자는 '민족'의 담론으로 후자는 '통일'의 담론으로 제시되었다. 그런데 김구의 민족주의 사상에 있어서는 독립과 통일의 이념이 시간의 경과에 따라 서로 다르게 사용되다 최종적으로는 독립이 곧 통일을 의미하는 방식으로 일치된다.

해방 직후 김구는 외세에 대한 순진한 인식과 국제정세에 대한 이해 부족으로 인해 친외세의 태도를 보이기도 했다. 가령, 해방 이후 개최되었던 臨政還國大會에서 "지금 우리 국토를 구분 점령하고 있는 미소 양 군대는 우리 민족을 해방해준 은혜 깊은 우군입니다"[36]라고 함으로써 국제정치에 의해 계획된 분단의 본질을 이해하지 못했고, 이들 외세의 개입이 민족의 분열과 분단을 잉태하는 씨앗임을 파악하지 못했던 것이다. 그러나 이러한 태도는 모스크바 3상회의에서 신탁통치를 결정함으로써 변화의 계기를 맞게 되고 그 이후 김구는 반외세 운동의 선봉에 서면서 자신의 민족주의 이념을 발전시켰다.

1945년 12월 28일 발표된 모스크바 3상회의의 신탁통치안은 국내의 언론에 의해 고의이든 실수이든 몇 가지 사항이 잘못 전달되면서 민족주의 감정에 불을 지피는 역할을 했다.[37] 반탁운동에 관해서는 여러 가지 해석이 가능하겠지만 김구의 입장에서 보면, 이 운동은 기본적으로 중경임시정부 추대운동의 성격을 띠고 있었다.[38] 반탁운동을 이끌어간 우익 중심의 정당사회단체대표자 연석회의에서는 "연합국에 임

---

36) 김구, 『백범어록』, 사계절, 1995, 49쪽.

37) 모스크바 3상회의에서 결의된 신탁통치안 가운데 가장 중요한 민주주의적 임시정부의 수립에 관한 내용은 거의 전달되지 않은 채 12월 29일자 신문에서는 신탁통치에 관한 온갖 자극적이고 감정적인 기사가 넘쳐나고 있다(서중석, 『한국 현대 민족운동연구 : 해방후 민족국가 건설운동과 통일전선』, 역사비평사, 1996, 309쪽).

38) 서중석, 위의 책, 1996, 3장.

시정부 승인을 요구"함이 첫 번째 요구조건으로 강조된 반면, 신탁통치 절대반대는 두 번째 조건으로 제시되었다. 이로써 임시정부측이 군정청을 대체하려는 의도가 보였고, 실제로 김구를 포함한 임시정부측 인사들은 이 의도를 행동으로 옮기기도 했다. 반탁운동이 최고조에 달했던 1945년 12월의 마지막 날에 열린 반탁시위에서 "3천만 전 국민이 절대 지지하는 대한민국임시정부를 우리의 정부로서 세계에 선포하는 동시에 세계 각국은 우리 정부를 정식으로 승인함을 요구"하는 결의문이 채택되었다.[39] 이 결의문 발표와 함께 군정청에서 일하는 한국인 공무원과 경찰에게 파업을 요구하는 등 전투적인 반탁운동이 전개되자 미군정청에서는 이를 김구의 쿠데타로 규정하기도 했다.[40]

반탁운동은 김구의 민족주의에 있어서도 중요한 변화를 가져왔다. 반탁운동이 한편으로는 임시정부 승인운동이면서 다른 한편으로는 반좌파 운동으로 발전되면서 민족주의의 중요한 요소인 민족 내의 통합이 실현되기 어려운 과제로 바뀌게 되었다. 극우파 성향의 김구로서는 좌파의 주도권 장악에 불만을 가지고 있던 상황에서 좌파가 찬탁의 입장을 보이자 결정적으로 좌파를 배격할 수밖에 없었다. 결국 이 시기 김구의 민족주의에서는 통일보다는 독립의 중요성이 훨씬 우위를 차지했던 것으로 이해된다. 외세의 배격이 당시 최대임무였던 상황에서 김구의 눈에는 외세 의존적이었던 좌파가 결코 우호적일 수 없었다.

당시 일반민중의 감정과 태도도 신탁통치를 새로운 식민정책으로 받아들일 정도로 지극히 반외세적이었던 만큼 김구의 민족주의는 쉽게 호응을 얻을 수 있었다. 그 결과, 1946년 5월 12일 독립전취 국민대회에서 수만 군중이 가두시위를 벌이면서 "부셔라 공산당", "소련을

39) 서중석, 위의 책, 1996, 312쪽.
40) 김광식, 「8 · 15 직후 정치지도자들의 노선비교」, 강만길 · 김광식 외, 『해방전후사의 인식 2』, 한길사, 1985, 54~55쪽.

타도하라"는 구호와 함께 '즉시 자주독립'을 요구하기도 했다.[41] 이와 같이 반탁운동이 반좌파운동과 결합됨으로써 분단체제의 버팀목이 된 반공 이데올로기가 민족주의의 지도자에 의해 주도되면서 민중이 이를 받아들이는 계기가 마련되었다. 동시에 김구를 포함한 우익 주도의 반탁운동이 민족자주와 독립을 강조하는 민족주의 운동으로 발전됨으로써 그 반대편에 놓여 있었던 공산계열은 정국 주도권을 상실하는 위기를 맞게 되었다. 결국, 신탁통치안을 둘러싼 좌와 우의 대립은 좌우합작을 어렵게 만들었고, 독립촉성국민회에서는 합작위원회를 반민족적 집단으로 그리고 합작운동을 반민족 행위로 규정하게 되었다.[42] 이런 방식으로 우와 좌는 민족과 반민족이라는 이분법으로 나누어지고 김구는 좌를 배제하는 방식으로 민족의 독립을 우선시함으로써 민족의 절반을 포기하는 반쪽짜리 민족주의로 방향을 바꾸고 있었다.

반탁운동이 반좌파 운동으로 발전되면서 나타난 의도치 않았던 결과의 하나는 친일파의 반탁운동 참여와 민족주의 세력과의 결합이었다. 좌파에 대해 강한 거부감을 지니고 있던 친일파들은 공산계열의 찬탁에 맞서 강하게 반탁을 주장함으로써 일부 민족주의 세력과 결합할 수 있는 기반을 마련하였고, 실제로 지방의 친일파 지주와 유지들은 독촉국민회 지부에 다수 참여하기도 했다.[43] 특히 이승만은 이들과의 결합을 적극 추진했는데, 친일 경력자를 다수 포함한 한민당이 그 중요한 파트너로 등장했다. 한민당과의 어색한 결합을 통해 이승만은 자신의 취약한 조직적 재정적 기반을 만회하여 정치적 힘을 확대해갔다.[44] 반면 김구는 극단적 반외세 이념에 근거해 이들과의 결합을 끝

41) 서중석, 앞의 책, 1996, 488쪽.

42) 모순적이게도 당시 미군정청에서는 신탁통치안의 수용을 설득하기 위해 모스크바 3상회의의 결의를 실천함으로써 남북을 통합하는 통일정부를 수립할 수 있다는 주장을 제시하였다(서중석, 위의 책, 1996, 526쪽).

43) 서중석, 위의 책, 492쪽.

내 거부하면서 현실 정치에서 영향력을 점차 잃어가는 대가를 치러야 했다.

반탁운동을 둘러싼 두 민족주의자의 대립에서 보다 분명하게 차별성이 나타나는 것은 미국에 대한 태도였다. 김구는 일관된 반외세의 입장에 근거해 미국에 대한 경계심을 가지고 있었고 미군정청이 임시정부를 승인하지 않는 것에 대해 전투적인 민족주의의 생각을 노골적으로 드러냈다. 미군정청으로서도 극단적 우익의 민족주의 사상으로 무장한 김구가 부담스럽기는 마찬가지였다. 이러한 갈등과 대립으로 인해 반좌익이라는 공통요소가 있었음에도 불구하고 김구와 미군정은 결코 친화적 관계를 만들 수 없었던 것이다. 반면 이승만은 반좌익과 친미를 동시에 주장함으로써 김구보다는 미국에 대해 훨씬 우호적 관계를 만들어갔다. 가령, 1946년 6월 10일의 국민대회에서 이승만은 “소련사람과 공산당을 이 땅에서 내보내고 미국과 합작하여 나가야 한다”고 강조함으로써 친미의 기치를 드높이면서 김구와의 차별성을 부각시켰다.[45] 결국 이러한 차이로 인해 미국으로서도 이승만이 최선의 선택은 아니었지만 최악의 선택을 피하기 위해서는 김구보다는 이승만을 협력의 대상으로 삼을 수밖에 없었다.

미국을 둘러싼 이승만과 김구의 차별성과 갈등은 이승만이 단독정부 수립의 생각을 드러내면서부터 돌이킬 수 없을 정도로 깊어졌다. 1946년 5월에 미소공동위원회가 결렬되자 6월부터 공공연히 단정수립에 대한 의욕을 보였던 이승만은 미군정의 좌우합작 시도로 인해 좌절을 경험하기도 했지만 그해 11월 미국을 방문하여 한국의 내란위기에 따른 위기감을 조성하여 단독정부 수립의 필요성을 설득하였다. 이승

44) 김광식, 앞의 책, 1985, 55쪽.
45) 이승만의 이런 입장은 『조선인민보』 1946년 6월 13일자 기사에서 확인할 수 있다(서중석, 앞의 책, 1996, 492쪽 재인용).

만의 단정수립 시도에 대해 김구는 때로는 애매모호한 태도를 취하기도 했지만 최종적으로는 단정수립이 임시정부의 권위를 부정하는 것인 만큼 이를 거부했다. 두 민족주의자 사이의 간극이 직접 확인된 것은 1947년 들어서였다. 이승만은 임시정부의 권위를 부인하고 임정과의 결별을 밝혔다. 오히려 그는 남조선에서 총선거를 반대하는 것은 건국대업의 전도를 막는 空談일 뿐이라고 하였다.[46] 이렇게 하여 그는 민족의 통합보다는 남한에서의 국가건설이 가장 중요한 민족의 과업임을 보여주었고 따라서 그가 추구하는 민족주의도 국가주의적 민족주의임을 드러내었다.

이러한 이승만의 국가주의적 민족주의에 맞서 김구는 민족의 범주를 새롭게 설정함으로써 또 다른 종류의 민족주의를 제창하게 되었는데, 이러한 범주의 재설정에 있어 핵심적인 부분은 좌파에 대한 태도의 변화였다. 여전히 김구는 좌파의 이념에 동조적이지 않았으며 자신의 극우적 이념을 포기하지도 않았지만 좌파를 정치적 이념집단으로서가 아니라 민족의 일부분으로서 포용하는 보다 포괄적인 민족의 범주를 설정하게 되었다. 김구는 임정법통론이 좌절되면서 좌우의 대립과 분단이 지닌 민족문제에 주목하게 되었다.[47] 이승만이 1946년 6월 정읍발언을 통해 단독정부 수립의 의지를 보이자 김구는 석달 뒤 좌우합작을 지지할 것이라는 성명을 발표한 적도 있었다.[48] 그러나 김구가 좌우합작에 대한 흔들림 없는 의지를 보인 것은 1948년 들어서였다. 단독정부 수립을 둘러싼 갈등으로 인해 김구와 이승만은 1948년 1월이 되면 결별을 분명히 했다. 이승만은 유엔임시위원단에 의한 남한 단독

46) 『조선일보』, 1947. 9. 4.

47) 도진순, 「해방직후 김구・김규식의 국가건설론과 정치적 의미」, 한국사연구회 편, 『근대 국민국가와 민족문제』, 지식산업사, 1995, 382쪽.

48) 백기완, 「김구의 사상과 행동의 재조명」, 송건호・오익환 외, 『해방전후사의 인식』, 한길사, 1980, 293쪽.

정부 수립을 주장한 데 반해 김구는 미소 양군 철수와 그에 뒤이은 총선에 의해 통일정부를 수립해야 함을 주장했다.

마침내 김구는 통일이라는 새로운 이념에 입각한 민족적 민족주의를 주장하게 되었고, 이는 좌익을 배제했던 이전의 민족주의적 태도에서 좌익을 민족의 필수불가결한 구성요소로 인정하는 민족주의로 전환하게 되었음을 의미한다. 뒤이어 미소 양군의 즉각 철수와 남북지도자회의 소집을 요구하면서 중도파인 김규식과 합작을 추진하였다. 좌우를 하나로 묶어 민족의 통일을 이루려는 그의 민족주의 담론은 다음과 같이 표현되었다.

> 과연 무엇을 가리켜 좌라고 하며 우라 하며 또 누구를 가리켜 애국자라고 하고 반역자라 하는가……그러나 나의 흉중에는 좌니 우니 하는 것은 개념조차 없다……조국의 완전한 독립과 동포의 진정한 자유를 위하여서는 삼천만이 단결하여 일로 매진할 뿐이다.[49]

이런 방식으로 김구는 반외세의 민족주의를 주장할 때 가장 중요한 핵심어로 사용했던 '독립'을 민족의 내적 통합을 강조하는 핵심어인 '통일'과 일치시키고 있다.

좌와 우를 통합하려는 김구의 인종적 민족주의에 대한 가장 강력한 반대는 우파의 경향의 친일세력으로부터 제기되었다. 김구가 단정 반대운동을 펴면서 남북회담을 주장할 즈음에 한민당에서는 아래와 같은 성명을 발표하면서 김구의 통일지향적 민족주의에 대한 이념적 배경을 문제 삼고 있다.

> 저 남북협상이란 무엇입니까. 남에서의 주동자는 홍명희, 김규식, 김

49) 김구, 『백범어록』, 사계절, 1995, 75~76쪽.

> 구의 3씨인데 그들이 북에 가서 얻어온 것이 무엇입니까. 신탁통치 조항이 포함되었기 때문에 우리 민족이 수년간 결사반대하여 격파한 모스크바 3상회의 결정을 다시 얻어오지 않았습니까.……홍명희씨는 본래 조선공산당이었고, 김규식씨 역시 공산당 당원이었으니 그 태도가 공산당과 동일한 것은 필연의 귀결로 볼 수 있는 바이고, 김구씨는 한독당의 토지정책이 국유를 원칙으로 한다는 점에 있어서 그 경제정책이 공산당과 통할 가능성이 있는데다가…….[50)]

이 성명이 잘 입증하듯이, 한민당은 김구를 신탁통치 결정을 인정하는 반민족주의자이며 동시에 공산당과 통할 수 있는 이념을 가진 사람으로 치부하였다. 결국 이들에게 있어서는 민족이라는 통합체보다는 좌와 우의 정치적 이념이 더 중요한 요소로 받아들여졌으며 자신들의 친일 경력을 제거하는 방법으로 반탁과 반공을 결합시킴으로써 민족주의자들을 오히려 반민족주의자로 만들었다. 이러한 경향은 이승만에게서도 그리 다르지 않게 나타난다. 이승만은 민족보다는 좌와 우의 정치적 이념을 우선시하여 같은 민족이라고 하더라도 이념을 달리한다면 같은 민족의 구성원으로 인정될 수 없다는 입장을 보여주었다. 그러나 김구는 좌와 우의 이념은 일시적인 것이며 이러한 사상적 차이는 민족이라는 보다 큰 범주 속에서 용해될 수 있는 것으로 여겼다. 그에게 있어서는 후천적으로 습득된 외래의 사상보다는 선천적으로 타고난 혈통이 더 중요한 의미를 지녔다. 최소한 그가 통일지향의 민족주의를 주장하고 있는 한에서는 분명 그러했음을 다음의 글을 통해 알 수 있다.

---

50) 이 성명은 1948년 5월 1일 한민당에서 발표한 것이다(백기완, 『항일 민족론』, 한마당, 1982, 176쪽에서 재인용).

일부 소위 좌익의 무리는 혈통의 조국을 부인하고 소위 사상의 조국을 운운하며 혈족의 동포를 무시하고 소위 사상의 동무와 프롤레타리아트의 국제적 계급을 주장하여 민족주의라면 마치 이미 진리권 외에 떨어진 생각인 것같이 말하고 있다. 심히 어리석은 생각이다. 철학도 변하고 정치·경제의 학설도 일시적이거니와, 민족의 혈통은 영구적이다.[51]

6. 좌익의 민족주의 연합전선과 계급적 배타성

지금까지 살펴보았듯이, 해방정국에서 우익의 두 대표적인 정치세력을 구성했던 이승만과 김구는 서로 다른 민족주의 담론으로 민족 범주의 배타성과 통합성을 각각 보여주었다. 인종적 문화적 공동체로서 '민족'과 새롭게 형성되는 '국가'의 주체를 일치시키려는 김구의 통합적 민족주의에 맞서 이승만은 단독정부 수립을 위한 정치적 이데올로기로서 민족주의를 활용하면서 국가주의적 민족주의를 발전시켰다. 이런 식으로 민족주의에서 '우리'의 범주를 어떻게 설정할 것인가에 대해 우익 입장의 두 민족주의자는 현격한 차이를 보여주었다. 그러나 민족 범주 설정에 나타난 이러한 차별성은 좌익 내부에서도 확인된다는 점에서 당시 민족주의가 얼마나 복합적이었는지 그리고 얼마나 다양한 정치적 목적을 위해 활용되었는지 알 수 있다.

민족주의 담론에 있어 좌익 내부의 차별성을 가져온 가장 중요한 요인은 계급문제였다. 이승만의 민족주의에서 자유주의 사상이 민족을 가로지르는 경계선으로 작용하여 이를 공유하지 못하는 집단을 민족의 범주에서 제외한 것과 마찬가지로 좌익에서도 계급문제를 어떻게

51) 김구, 『백범일지』, 돌베개, 1997, 255쪽.

인식할 것인가에 따라 민족의 범주는 서로 다르게 설정되었다. 중도좌파에 가까운 정치세력들은 계급에 우선하여 민족의 통합을 강조한 반면 극좌파에 가까울수록 민족보다는 계급의 경계선이 보다 중요해져 계급을 넘어서는 민족적 통합에 대해 비판적인 태도를 보여주었다. 좌익 내부의 이러한 차이는 좌익에서 배제의 대상으로 삼았던 유산계급과 '친일파쇼'로 불렸던 우익 세력을 민족의 울타리 안으로 포함시킬 것인가의 문제와 직결된다. 좌익의 한편에서는 이들을 포함하는 민족적 통합을 주장하는 반면 다른 한편에서는 이들을 배제함으로써 민족을 가로지르는 계급적 경계선이 우선되어야 함을 주장한 것이다.

좌익에서 계급의 경계선을 넘어서는 민족적 통합의 필요성을 강조한 것은 무엇보다 여운형의 민족주의에서 찾을 수 있다. 여운형은 해방 직후 건국준비위원회(건준)를 설립하면서부터 민족의 통합을 강조하는 입장을 여러 차례 보여주었다. 해방 직후의 상황을 고려하면 당시의 가장 중요한 시대적 사명은 우리 민족이 주체가 되는 독립국가를 수립하여 민족과 국가가 일치하는 민족국가를 형성하는 것이었음은 분명하다. 따라서 앞에서 본 이승만이나 김구와 마찬가지로 여운형도 독립을 민족주의 담론의 핵심어로 사용하고 있다. 그러나 이승만이 '독립'의 담론으로 국가주의적 민족주의를 정당화했던 것과 달리 여운형은 '독립'을 이루기 위한 수단으로서 민족의 '통일'을 동시에 강조함으로써 국가주의를 넘어서는 민족적 통합의 민족주의를 내세웠다. 그런 점에서 건준은 독립국가 수립을 위한 민족적 통일전선을 추진했는데, 이러한 여운형의 입장은 건준의 창립선언문에서도 확인된다. 그는 이 선언문에서 건준의 설립취지를 다음과 같이 설명했다.

> 우리의 당면과제는 **완전 독립**과 진정한 민주주의의 확립을 위하여 노력하는 데 있다.……국내의 **진보적 민주주의 세력은 통일전선의**

> **결성을 갈망**하고 있으니 이러한 사회적 요구에 의하여 우리의 건국준비위원회는 결성된 것이다.[52)]

이러한 원칙에 입각하여 건준은 일제시대에 친일의 경력이 분명한 일부의 소수를 제외한 모든 정치세력과 사회계급을 포괄하는 조직으로 자리 잡으려 했다.

그러나 이러한 원칙과 시도에도 불구하고 민족적 통합을 이루는 것이 결코 쉬운 일은 아니었다. 극단적 우익과 좌익은 물론이며 중도적 입장에 가까운 세력들조차도 이러한 통합에 회의적이거나 비판적인 태도를 보이는 경우가 많았다. 우선 건준에서 가장 중요한 협력자로 주목했던 송진우도 여운형의 통일전선 결성에 협력하지 않았으며, 보수적 입장의 우익이 혁명적 이념을 지닌 좌익과 협력하거나 연합할 의지도 그리고 그럴 필요성도 없었다. 한때 김병로, 백관수 등의 우익 인사를 건준에 합류시키려는 시도가 있었지만 건준 내부의 좌익계가 반대함으로써 무산되었고 결국 건준은 인공의 수립과 함께 해체하는 운명을 맞게 되었다.

이러한 좌절에도 불구하고 여운형은 이념을 넘어서는 민족적 통합을 계속 시도했는데, 그가 주축이 되어 설립한 인민당도 이러한 노력의 일환이었다. 인공이 점차 공산당에 의해 장악되면서 인공으로서는 민족적 통합이 불가능함을 인식하고 여운형은 인민당을 설립하게 되었는데, 인민당은 "조선 민족의 총역량을 결집하여 진정한 민주주의 국가를 건설"하려 한다는 강령을 발표함으로써 민족 통합의 의지를 강하게 드러냈다. 창당 대회에서 여운형은 "일제 통치 36년 동안 우리 민족에서 씻을 수 없는 민족적 죄악을 저지른 극소수만을 제외하고 우리

---

52) 이동화, 「8 · 15를 전후한 여운형의 정치활동」, 『해방전후사의 인식』, 한길사, 1979, 348쪽.

는 다 같이 굳게 손을 잡고 건국 대업에 매진해야 한다"는 취지의 연설을 했다.[53] 이 연설에 나타나듯이, 그는 극단적 친일파를 제외한 전 민족의 구성원을 포괄하는 총체적 연합을 구상하면서 인민당을 계급적 이념적 경계를 넘어서는 민족적 정당으로 발전시키려는 포부를 보여주었다.

민족적 통합을 추진한 여운형의 시도는 한때 중도연합을 추진했던 미군정의 정책과 맞아 떨어져 힘을 얻기도 했지만 결국 현실적 한계에 부딪히게 되었다. 1946년 들어 나타난 신탁문제를 둘러싼 좌익과 우익의 대립은 단순히 민족주의적 감정에 호소함으로써 해결될 수 있는 문제가 아니었기 때문에 민족적 통합에 있어 결정적 걸림돌로 작용했다. 이로 인해 좌우익을 아우르는 통합보다는 우선 좌익 내부의 통합을 이루는 것이 선결과제가 되었는데, 이를 위해 1946년 민주주의민족전선(민전)을 결성하게 되었다. 여운형도 준비위원으로 민전에 참여하였지만 이 조직은 처음부터 좌익 내부의 여러 분파가 서로 경쟁하는 모습을 띠어 당파성을 극복하기 어려운 문제를 지니고 있었다. 민족적 통합을 위한 여운형 마지막 시도는 1946년 10월 평양을 방문하고 돌아와 좌우합작 7원칙을 제시한 것이다. 이전에 좌익이 제시한 좌우합작의 5원칙과 우익의 8원칙을 절충한 이 시도를 통해 여운형은 "남북을 통한 좌우합작으로 민주주의 임시정부를 수립"하려고 했음에도 불구하고 오히려 좌익과 우익 모두로부터 비판받고 거부당했다. 특히 이승만 중심의 극우 세력과 박헌영 중심의 극좌 세력은 공히 여운형의 시도를 거부했는데, 이는 좌와 우를 넘어 극단적 입장을 지닌 정치세력들이 보여준 좌우합작에 대한 부정적 태도를 입증해준다. 민족적 통합을 이루려는 여운형의 지속적인 시도도 마침내 그의 암살로 인해 종결되었

53) 이기형, 『여운형』, 창작사, 1988, 231쪽.

는데, 그의 열성적 의지와는 달리 그가 민족적 통합을 이룰 수 있는 역량을 지녔는지에 대해서는 분명 의문이 제기될 수 있다.

여운형보다는 한결 더 좌익의 입장을 강하게 띠었던 박헌영 등의 공산계열도 자신들의 정치적 지향을 민족주의의 언어로 표현하기는 마찬가지였다. 또한 공산계열이 가진 극단적 편향성에도 불구하고 일정 시점까지는 이들도 민족적 통합과 좌우익 사이의 연합 혹은 다른 좌익 세력과의 연합을 추구하지 않을 수 없었다. 1946년 1월까지만 해도 박헌영이 주도한 조선공산당은 한민당이나 국민당과 협동전선을 구축하려는 시도도 보임으로써 민족통일전선을 추진하였고, 민전 결성대회에 참여하여 좌파 내의 연합전선 구축에도 성의를 보였다. 특히 민전 결성대회에서 박헌영은 "공산당은 공산주의자만으로 운동하려는 것이 아니요 역사적으로나 실증적 사실로나 민주주의 노선을 통해 투쟁해 온 것이 사실"[54]이라고 하여 반민주세력을 제외한 민족적 통합을 주장하기도 했다. 박헌영 등의 공산계열이 이러한 태도를 보인 이유는 해방 직후 이들이 가진 현실적 역량의 한계 때문인 것으로 여겨진다. 특히 좌익 내부에서도 여운형의 상징적 실제적 동원 능력에 비해 박헌영 등의 공산주의자들이 가진 정치적 영향력은 상대적으로 제한적이었기 때문에 유연한 전략을 취하지 않을 수 없었던 것으로 이해된다.

그러나 공산계열이 이와 같이 표면적으로 민족적 통합을 추진하는 이면에는 여전히 계급문제에 대한 지대한 관심이 놓여있었다. 공산주의자들을 공산주의자답게 만드는 기본 요인이 계급문제에 대한 인식이었던 만큼 이는 필연적으로 요청되는 것이기도 하다. 공산당은 통일전선을 추진함에 있어서도 공산당의 주도권 장악과 함께 하층 통일을 기본원칙을 삼기 때문에 계급적 기반을 결코 떠나지 않았고,[55] 하층계

54) 김남식, 『남로당연구 I』, 돌베개, 1984, 200쪽.
55) 김남식, 위의 책, 1984, 191쪽.

급을 포섭할 수 있는 유일한 방안은 계급 이슈를 조직의 기본 방향으로 삼는 것이다. 그런 점에서 해방 직후에 발표된 공산당의 8월테제에서 가장 중요하게 다루고 있는 안건도 계급적 이슈인 토지 문제였음은 자연스러운 현상이었다. 즉, 공산당은 8월테제에서 다음과 같이 주장했다.

> 금일 조선은 부르주아 민주주의혁명의 계단을 걸어가고 있나니, 민족적 완전 독립과 **토지문제의 혁명적 해결**이 가장 중요하고 중심 되는 과업으로 서 있다. 즉, 다시 말하면 일본의 세력을 완전히 조선으로부터 구축하는 동시에……근로 인민의 이익을 옹호하는 혁명적 민주주의 정권을 내세우는 문제와 동시에 토지문제의 해결이다.[56)]

토지문제를 해결하기 위해 공산당이 제시한 해결책은 물론 급진적이다. 지주의 토지를 보상 없이 몰수하고 이를 경작자인 농민에게 무상으로 분배하며 토지는 기본적으로 국유화함을 원칙으로 하였다. 해방 당시 소작농이 엄청나게 증가해 있었기 때문에 토지문제에 관해서는 비단 공산당뿐만 아니라 모든 정치세력들이 관심을 보이면서 해결책을 제시했다. 가령, 1946년에 좌우합작을 추진했던 중도파는 좌우합작 7원칙 가운데 토지개혁의 방안으로 체감률에 따른 국가의 토지매입과 매입된 토지의 무상분배를 제시했다. 이런 중도파의 입장은 당시 제시된 여러 방안들 특히 우익에서 제시한 방안에 비해서는 나름 급진적으로 평가되기도 했으나 공산계열은 이에 대해 가혹하게 비판했다. 그들이 보기에 중도파의 토지개혁은 국가의 체감매입과 농민에 대한 무상분배 사이의 차액을 보존하기 위해 엄청난 재정적 부담을 감당해

---

56) 조선공산당중앙위원회, 「8월테제」, 김남식 편, 『南勞黨硏究資料集 I』, 고려대 출판부, 1974, I-10쪽.

야 하기 때문에 한민당 안과 그리 다르지 않았다.57)

공산계열의 중도파 비판은 결국 계급적 색채를 분명히 하여 정치적 이념의 순수성을 확보하려는 의도로 해석된다. 그런 점에서 공산당은 8월테제에서 극단적인 대립의 정치적 구도를 제시했다. 자본주의 대 사회주의, 진보적 민주주의 대 반동적 민주주의의 이분법적 대립 가운데 하나를 선택하도록 강요하는 8월테제에는 어떤 형태의 중간적 정치 구조나 정치세력들 사이의 타협과 연합의 가능성은 무시되었다. 이러한 배타적 태도의 민족통일전선은 민족보다는 계급의 이익이 우선시될 수 있음을 보여주는 것이기도 하다. 이들이 보기에는 민족적 통합도 계급의 경계선을 넘어서지 않는 범위 안에서 이루어져야 하며, 따라서 이 원칙을 지키기 위해서는 계급적 경계를 넘어서는 집단 특히 이른바 '우익 반동'과는 연합이 불가능함을 분명히 했다.

물론 1945년 10월을 전후하여 장안파 공산당은 민족부르주아지의 반동성을 강조하면서 이들을 적대시하는 것은 부당하다는 입장 표명과 함께 민족통일전선을 제의했다. 이들은 한민당, 국민당과 함께 임시정부를 지지한다는 공동성명을 발표함으로써 이전과는 다른 태도를 보여주기도 했다.58) 그러나 결국 신탁통치를 둘러싼 좌익과 우익의 극단적 대립을 계기로 이 입장을 계속 견지할 수 없게 되면서 이들은 또 다른 반전을 보여주었다. 신탁통치의 대립 구도 속에서 이루어진 좌우합작의 시도에서도 공산계열은 대체로 소극적이거나 적대적이었다. 중도개혁 세력을 편입하려는 미군정의 의도에 따라 실시된 좌우합작에 있어 공산당은 우익은 물론이며 중도파도 배척하는 태도를 취했다. 또한 이들은 미소공동위원회의 지지부진함도 우익의 횡포에서 비롯된

---

57) 윤민재, 「한국의 현대 국가형성과정에서 중도파의 위상에 관한 연구, 1945~1950」, 서울대학교 사회학과 박사학위논문, 1999, 238쪽.
58) 서중석, 앞의 책, 1996, 247~248쪽.

것으로 파악했으며, 따라서 좌우합작을 추진함에 있어서도 이승만과 김구로 대표되는 '친일파 파시스트'의 제거를 합작의 선결조건으로 내걸기도 했다.

오히려 이들이 최종적으로 추진한 것은 남한 내에서의 통합이 아니라 북한의 좌익과 남한의 좌익을 연결하는 이념적 통합이었다. 특히 1946년 박헌영이 북한을 다녀오고 북한의 노동당이 남한 내 다양한 좌익 분파 가운데 박헌영 계열의 지지를 보이면서 이러한 태도는 더욱 강화되었다. 그 이후 공산당은 더 이상 이념의 경계선을 넘어서는 민족적 통합을 추진하지 않게 되었다. 이렇게 하여 계급을 넘어서려는 민족주의의 연합전선은 이념의 벽에 부딪히면서 무너져갔다. 마침내 공산계열의 모든 시도들은 1946년 후반 공산당의 신전술과 미군정의 극단적 억압이 정면으로 마주치는 상황에서 공산당이 정치적 영향력을 잃어가면서 더 이상 유효하지 않게 되었다.

7. 끝내는 말

지금까지 살펴보았듯이, 민족주의의 형성에 있어 가장 기본적인 문제는 누구를 민족의 구성원으로 범주화할 것인가이다. 이 문제는 표면적으로 보이는 것만큼이나 간단하지 않다. 단일민족의 혈통과 역사를 지닌 우리로서는 다민족 국가를 이루고 있는 다른 나라에 비해 상대적으로 간단한 문제일 수도 있으나 같은 혈통을 공유하고 같은 언어와 문화적 유산을 공유한다고 해서 반드시 같은 민족으로 분류되지는 않는다. 민족의 범주를 가로지르는 몇 가지 요인 가운데 가장 강력한 것은 아마도 좌와 우의 정치적 이념일 것이다. 좌우의 정치적 이념은 일제시대부터 아주 교묘한 방식으로 민족주의와 교차하고 있었다. 흔히 반민족적이며 초국가적 계급연대를 주장하는 사회주의 사상이 제국주의에 대한 저항의 논리를 제공하면서 우리 역사에서는 좌익의 이념과 민족주의는 우연적으로 결합하게 되었다. 그러나 이 결합이 역사적 우연성에 기반하고 있는 만큼 이 결합에는 둘 사이의 갈등도 내재해 있었다.

이러한 갈등은 해방을 맞으면서 한층 더 복잡한 방식으로 표출되었다. 해방 이후 민족주의가 우파의 논리로 자리 잡고 특히 친일 경력을 가진 일부 세력이 반탁운동에 참여하면서 반탁과 반공을 결합시킴으로써 좌익을 반민족적 세력으로 밀어내게 된 것이다. 김구와 이승만은 일제 때부터 민족주의를 대표하는 인사였음에도 불구하고 이러한 우연적 결합에 동참하게 되었다. 두 지도자가 모두 반공의 우익 성향을 지녔고 동시에 반탁의 민족주의를 이끌어 나갔다. 그러나 이승만이 결국 민족의 통합보다는 국가건설에 더 관심을 가지면서 이승만과 김구는 다른 종류의 민족주의를 주장하게 되었다. 남한만의 단독정부를 수립하기 위해서 이승만은 민족의 통합보다는 민족의 범주를 필요한 범위 내에서 조정하고 이 범위에 들어오지 않는 민족의 구성원을 오히려 적대적 관계로 설정할 필요가 있었다. 이 필요를 만족시키는 수단이 바로 그의 국가주의적 민족주의였다. 그가 주장하는 국가주의적 민족주의를 형성하는 데 있어 가장 기본이 된 것은 바로 좌우의 이념적 대립이었다. 이 이념에 따른 민족의 구분과 적대적 관계는 그가 한국전쟁을 치르면서 분단을 고착화하고 분단체제의 유지를 위해 미국이라는 외국의 힘에 의존하게 됨에 따라 더욱 강화되었다. 결국 그의 국가주의적 민족주의는 민족의 범주에 일부 민족 구성원을 배제하고 이를 다른 민족의 구성원으로 채움으로써 가능했던 것이다.

이에 반해 김구는 몇 차례의 굴곡과 변화를 거쳐 최종적으로는 민족의 범위를 더 포괄적으로 적용하는 인종적 민족주의를 발전시켰다. 해방 이후 그는 처음에는 민족과 외세의 대립적 관계를 설정하면서 독립을 강조함으로써 이승만과 마찬가지로 좌익 세력을 민족의 범주에서 제외시키려 했다. 그러나 시간이 지나면서 이러한 민족주의가 가진 한계를 인식하면서 오히려 모든 외세를 배척하고 민족 구성원을 통합하는 민족의 범주를 설정하고 이를 바탕으로 좌와 우를 아우르려고 시도했다. 물론 김구의 좌우합작 시도가 성공적으로 완수될 수 있는 가능성은 처음부터 그리 크지 않았다. 김구는 1946년에 대북타격정책과 관련되어 있었고, 그 이후 그가 민족적 통합을 주장했음에도 불구하고 여전히 강한 우익의 성향을 버리지 않았다. 또한 북한에서도 김구를 타도대상으로 설정하고 있었기 때문에 이들 사이의 합작은 氷炭不相容의 결합으로 비유되기도 했다.[59] 결국 이념의 장벽을 넘어 민족을 하나로 통합하려는 김구의 민족주의적 노력은 현실정치의 벽에 부딪혀 실패로 돌아가고 이승만의 국가주의적 민족주의가 정치의 전면에서 주도권을 장악해갔다.

우익에서 이승만과 김구가 서로 다른 민족주의를 발전시켰던 것과 마찬가지로 좌익에서도 또 다른 민족주의를 제시했다. 앞에서 보았듯이, 해방 공간에서 우익 특히 이승만은 독립의 언어로서 민족주의 담론을 구성했고 좌익은 이에 맞서 통일의 언어를 사용했다. 이와는 달리 인종적 민족주의자였던 우익의 김구와 여운형을 포함한 중도 세력은 독립과 통일의 민족주의 담론을 통합함으로써 민족과 국가를 일치시키려 노력했다. 그러나 좌익의 공산계열은 표면적으로 통일의 민족주의를 주장했음에도 실제로는 상당히 배타적인 민족주의를 추진했음을 이미 앞에서 확인했다. 이들이 보여준 민족연합전선 구축 시도에도 불구하고 실제로 이들은 계급적 경계를 가로지르는 민족의 범주는 상

59) 도진순, 앞의 글, 1995, 384쪽.

정하지 않고 있었을 수도 있다.

이승만에게 있어 민족보다는 자유주의의 정치적 이념을 공유할 수 있는 동질적 사상의 범주가 중요했듯이 공산계열에게 있어서는 계급 인식이 민족의 범주를 가로지르는 중요한 잣대로 사용되었던 것이다. 정치적 이념의 공유에 입각하여 이에 어긋나는 정치적 주체를 국가건설에서 제외하고 남한만의 단독정부를 수립하려 했던 이승만과 달리 이들은 남북의 사회주의를 묶어 하나의 통일국가를 구성하려는 뜻을 보여줌으로써 민족과 국가를 일치시키려 했다. 그러나 이들이 생각한 민족은 문화적 인종적 동질성에 기반하여 모든 민족 구성원을 묶는 포괄적 범주가 아니라 이념과 계급의 경계선에 따라 선택적으로 만들어진 배타적 범주에 불과했다. 그런 점에서 좌우의 정치적 지향을 달리 했던 두 정치적 세력은 그들끼리는 물론이며 다른 어떤 세력과도 융합될 수 있는 공통의 한계를 드러내었던 것이다.

중도 좌익의 여운형이 암살되고 박헌영 등의 공산계열이 미군정의 억압으로 힘을 잃어가면서 최종적으로 남한의 현실 정치에서 민족주의는 이승만과 김구에 의해 주도되게 되었다. 이승만과 김구의 서로 다른 민족주의가 현실정치에서 맞부딪쳤을 때 이들 사이의 승패를 좌우한 것은 아이러니컬하게도 민족의 외적 요소였던 미군정이었다. 미국은 제2차 세계대전에서 소련과 연합하여 일본에 맞섰지만 종전 이후 곧 새롭게 형성되던 냉전질서에서 우위를 차지하기 위해 국제관계를 독특한 방식으로 재구성해 나갔다. 미국의 이러한 시도가 동아시아에서 구체화된 것이 바로 일본과의 협력관계 수립이었고, 그 결과 적대국이었던 미국과 일본이 결합하여 소련에 맞서는 구도가 성립되었다. 이러한 변화로 인해 한국에서 미군정의 정책도 반외세의 경향을 강하게 띤 인종적 민족주의를 배제하고 친미적 국가주의를 지원하는 방식으로 결론지어졌다. 결국 외세의 개입으로 인해 인종적 민주주의를 압도하는 국가주의적 민족주의가 세력을 확대해 갔다. 이 과정은 한국전쟁을 거쳐 박정희 시대에 이르기까지 계속 되었다. 이승만과 뒤이은 군사독재체제 속에서 국가주의적 민족주의는 항상 지배계급의 담론으로 포장되었고 이에 맞서는 저항계급의 담론은 민족의 분단을 극복하려는 인종적 민족주의 담론의 형태를 띤 것도 이런 역사적 배경에서 본다면 우연은 아닌 듯하다.

국민동원체제와 식민지 유산

김 영 희

1. 머리말

일제가 식민지 조선에 이식 운용했던 제도와 장치, 이념은 특히 1940년대 전시체제기를 거치면서 한국인의 생활 구석구석에 침투하여 하나의 질서로 자리잡게 되었다. 일제시대 전시동원체제는, 해방 후 국가와 정권의 목적에 맞게 개인·사회가 재조직되면서 원용되었다. 이 같은 국민동원체제가 재작동하는 연속성과 변용 문제를 살펴보는 작업은 국가 주도의 기획력과 조직력이 해방 후 한국사회를 규정하는 주된 조건이었음을 해명하고 식민지 유산의 단절과 연속 문제를 살피는 데 의미 있는 주제이다.

대한민국 수립을 전후하여 국가는 지속적으로 개개인의 사고와 생활을 재편하기 위해 국민운동을 전개했다. 이승만 정권은 국민운동을 주된 통치수단으로 삼아, 개개인의 삶 속에서 개인의 권리보다 국가를 우선시하는 국가주의, 국가주의의 근간을 이루는 반공주의를 주입시키고 이 방향으로 행위와 활동을 단속하는 가운데 국민동원체제를 작동시켰다. 이 사이에 일제 말기에 사회저변에 뿌리내리고 있던 전체주의 체제와 사고방식은 정부수립 이후에도 국가와 사회에서 모방 활용하면서 아직도 생활 속에 남아 있다.

일제 말기 국민총력운동의 조직과 논리 내지 이념이었던 국가주의(집단주의)는, 이승만 정권에서 一民主義로, 조선연맹과 국민총력운동은 국민회와 국민운동으로 환골탈태되어, 개인보다 국가를 우선하는 국가주의와 획일주의 그리고 구성원을 통제하는 수단으로서 동원체제가 계승되었다.

이 글은 해방 후 대중동원 방식으로 작동된 국민동원체제의 조직과 논리를 해명하려고 한다. 이를 위해 국민운동이 어떤 세력에 의해 어떤 형태와 양상을 띠고 전개되었으며, 이를 담보하는 국민동원체제론 －조직과 논리－이 무엇이었는지 분석하고자 한다. 아울러 국민동원의 구조 즉 국민회(청년단)와 행정조직, 국민반이 어떻게 연결되어 국민을 동원했는지를 알아보려고 한다.

연구방법으로는 해방 후 1950년대까지 국민운동체제의 특징을 해명하기 위해 일제 말기 조선연맹의 총력체제와[1] 관련지어 연속성과 단절성, 변형 등을 살펴보려고 한다.

2. 해방 후 국민운동의 전개 양상과 국민동원체제론

1) 해방 후 국민운동의 전개 양상

대체로 국민운동은 국민의 힘을 동력으로 삼아 내적으로 국가와 사회의 체제를 측면 지원하고, 외적으로 국가와 국민의 방어력을 강화하기 위해 전개되었다. 한국 현대사회에서 국민운동은 독재정권에 저항

---

1) 일제시대 조선연맹과 조선청년단 등 관변단체에 대해서는, 김영희, 『일제시대 농촌통제정책 연구』, 경인문화사, 2003 ; 「국민총력조선연맹의 사무국 개편과 관변단체에 대한 통제(1940. 10～1945. 8)」, 『한국근현대사연구』 37, 2006 참조.

하던 재야세력이 주체가 된 국민운동도 있었지만, 정통성이 취약했던 정권이 정치적 기반을 확대하는 데 억압적 사회통제시스템으로 이용한 경우가 많았다. 즉 국민동원체제는 부정적이면서도 다른 한편 정치 사회적, 문화적 혁신의 기제이기도 했다. 양자 모두 일제의 전시동원체제의 원용이라는 점에서 동일하다.

해방 후 1950년대까지 국민운동을 이끌어갔던 대표적인 조직은 '국민회'이다. 이는 대한독립촉성국민회(독촉국민회, 1946. 2. 8)와 이를 재편한 대한국민회(국민회, 1948. 12)를 지칭한다. 독촉국민회/국민회는 다소간 운동성이 약화된 적도 있었지만, 이승만 대통령을 총재로 한 '관민합작'의 전국적인 관변단체로서 구성원 개개인과 사회를 통제 동원하는 데 주도적인 역할을 담당했다.

다음에서는 국민회를 포함하여 이 시기에 전개된 '국민운동'의 양상을 정부수립 전후로 나누어 살펴보겠다.

한반도 문제가 UN에서 해결하는 것으로 확정된 직후, 그동안 "자주독립의 지연과 정국의 혼돈, 민생문제의 곤란"에다가 "자유에 대한 착각 남용" 등으로 '퇴폐'해진 '국민정신'과 '문란'한 '사회질서'를 타개하기 위해 '국민신생활재건운동'이 전개되었다. 이 '신생활운동'은 문교부 교화국이 주체가 되어 민관협력으로 추진되었는데, 이를 두고 안재홍 민정장관은 다음과 같이 말했다.

> 신생활운동을 도의적이며 경제적이며 문화적인 민주국가사회의 실현을 최고 최종의 목표로 한다. 따라서 국민생활을 안정하게 하며 민력을 함양함은 그 운동의 기본이 될 것임으로 국민정신의 함양과 국민재훈련과 국민경제의 재건설이 이 운동의 기본이 될 것이며, 지도적 중점이 되어야 할 것이다. 정부 각 기관은 물론 각 사회단체는 이 목표를 위하야 유기적인 연합체를 이루어야 할 것이며, 중앙과 지방은 또

한 간격없는 표리일체의 관계를 가지고 유무상보해야 할 것이다.…… 관민각위의 협조를 요청……[2)]

미군정의 지원을 받은 이 운동의 목표는 도의적 경제적 문화적 민주국가사회의 실현이었고, 이를 달성하기 위한 운동 방향은 국민정신의 함양, 국민재훈련, 국민경제의 재건설이었다. 사회구성원 개개인들은 '국민정신'이라 하여, 운동의 주체가 요구하는 이념과 논리를 수용하여 내면화해야 했고, 이를 위해 다방면에서 실시되는 정신적 육체적인 '재훈련'을 감수하여, 국가 사회를 지탱하는 '경제의 재건설'을 이룩해야 한다는 것이다. 이 운동은 정부 각 기관은 물론 사회단체와 '연합체' 즉 관민협력체제로 또 중앙과 지방이 '표리일체'가 되어 추진하기로 했다.[3)] 약 400만 원의 예산이 배당되었으며, 중앙본부를 설치하기 위한 준비위원회가 안재홍 민정장관을 위원장으로 구성되었고, 운동과 기구를 총괄하는 책임자로 총재를 두기로 했다. 총재는 민정장관이 겸직하고 2명의 부총재 중에서 1명은 문교부장, 1명은 민간인 중에서 선임한다는 것이다.[4)] 이에 따라 서울특별시가 신생활촉진회를 두고 예산을 들여 미신타파운동을 포함한 신생활운동을 전개했는데, 현실성이 떨어진 운동이 되었던 것 같다.[5)]

이외 해방 직후 국민운동으로 중경에서 돌아온 임시정부 인사를 비롯한 각계 대표가 소집되어 신탁통치반대운동을 '국민운동' '신국민운동' 차원에서 전개한 것을 들 수 있다. 또 국민저축운동이 해방 직후 경제혼란의 주된 원인이던 화폐남발을 흡수할 목적에서 실시되었다.

2) 『조선일보』, 1947. 11. 18, 「국민생활 재건, 民官 합작의 운동전개」.
3) 이러한 형태와 논리의 국민운동은 뒤로 갈수록 구체적인 모습을 드러낸다.
4) 『조선일보』, 1947. 11. 25, 「신생활운동추진을 구체화」.
5) 『조선일보』, 1949. 8. 1, 「聲勢만 높은 신생활운동, 要는 계획보다 실천」; 1949. 10. 9, 「미신타파운동에 신생활운동회서도 호응」.

1945년 12월 조선은행을 비롯하여 식산은행 · 상업은행 · 조흥은행 등이 중심이 된, 이 운동은 "전쟁기금으로 우리 동포의 고혈을 착취하는 수단으로 고취하야 강제적으로 장례하든 소위 애국저금 국채저금 또 무슨 저금 등과는 그 성질이 근본적으로 달은" '저축건국사업'임을 강조했다.[6)]

정부수립 後 독촉국민회가 대한국민회로 전환되고 활동 방향을 국민운동으로 재정립하면서, 국민회는 국민운동의 핵심적인 단체로 성장해 갔다. 국민회는 일제 말 조선연맹의 국민동원체제를 모방, 재조직하는 형태로 1950년대 국민운동을 선도해 갔다. 1948년 7월 전국대회에서 제출된 '國民運動大綱'은 이후 국민회의 조직과 활동의 기본 골격이 되었다.[7)]

국민회는 ① '사상통일운동'이라 하여, 민주주의 심화 · 공산주의 극복 · 민족의식 앙양 · 사대사상 근절 · 일민주의 보급 · 도의정신 앙양 · 협동정신 함양의 영역에서, ② '국민배양운동'이라 하여, 국론통일 · 국토통일 · 국토방어 · 국민계몽 · 국제친선 · 국민개로 · 체위향상 · 생산증강 · 소비절약 · 신생활화 · 축산장려 · 준법강조 · 과학장려의 영역에서 국민운동을 전개하게 되었다(<그림 1> 참조).[8)]

이에 따르면 모든 국가 사회, 개인의 일상적 삶의 주요 부문 전반이 국민운동의 대상이 된다. '국민운동대강'은 조선연맹의 '국민총력조선연맹실천요강'을 변형하고 간추린 형태를 취했다(<그림 2> 참조).

---

6) 『조선일보』, 1945. 12. 14, 「애국 적성을 저금에, 조선 해방기념 국민 저축운동 전개」.
7) 국민회의 체제에 대한 분석은 다음 장에서 한다.
8) 우남전기편찬회, 『우남노선』, 동아출판사공무국, 1958, 96쪽.

<그림 1> 국민회 국민운동의 프로그램

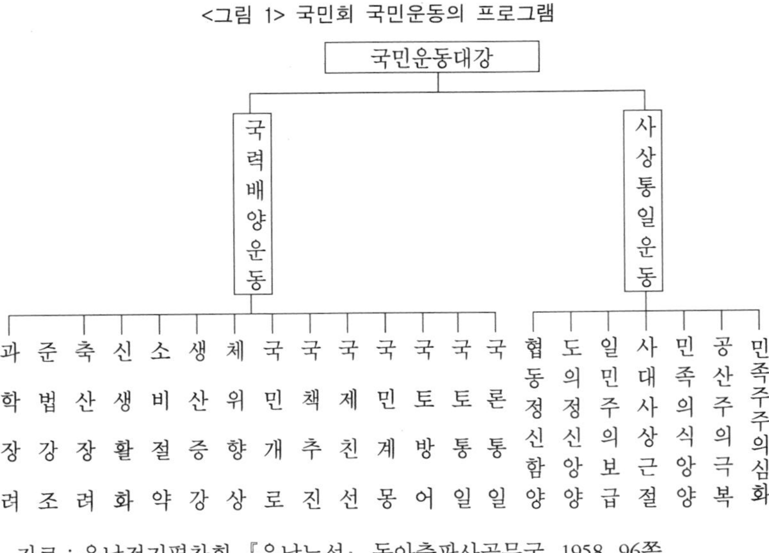

자료 : 우남전기편찬회, 『우남노선』, 동아출판사공무국, 1958, 96쪽.

이후 국민회는 대한청년단, 대한부인회와 유기적인 관계를 맺으면서 운동을 전개했다.[9] 이러한 관변단체 이외 정부 부처와 국회도 전면에 나서서 국민운동을 추진했다. 내무부는 여순사건 직후 각 지방에 파견한 저명한 인사들로 강연회와 좌담회를 열어, '애국정신' '건국의 참된 정신'을 환기시킬 국민계몽운동을 전개했다.[10] 또한 사회부는 미신타파주간을 정하고 일대국민운동을,[11] 농림부는 농가의 자주경제확립 차원에서 퇴비증산일대국민운동을 펴 나갔다.[12]

9) 『조선일보』, 1949. 11. 21, 「'大韓婦人會'에서 국민운동 방책 토의」.
10) 『조선일보』, 1948. 11. 28, 「애국심을 고취. 尹장관 국민계몽운동 談」.
11) 『조선일보』, 1950. 1. 24, 「또 다시 미신타파 주간, 구정 계기로 일대 국민운동」.
12) 『조선일보』, 1952. 7. 10, 「40억貫 목표로, 퇴비증산에 일대국민 운동」.

<그림 2> 국민총력조선연맹 실천요강

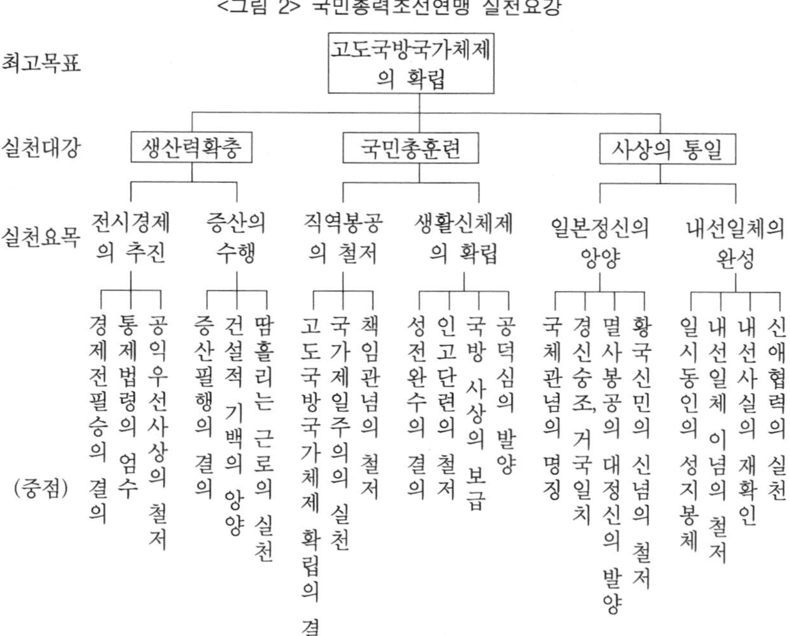

자료 : 朝鮮總督府, 『半島ノ國民總力運動』, 1941, 10쪽.

한국전쟁 후 정부는 38선 이남의 개성 등을 수복하기 위해 유엔과 각국의 지원을 끌어내고, 또 한국의 유엔가입에 대한 국제사회의 우호적인 분위기를 조성하기 위해, 국민운동 혹은 국민대회를 열어 국민을 동원하여 정책의 지지를 끌어내려고 했다.[13] 그리고 국회도 일선군인 위문을 위한 국민운동과 북진통일국민운동 등을 건의하거나 이를 선도하기도 했다.[14]

13) 『조선일보』, 1955. 8. 4, 「우선 국민운동 전개? 정부-군수뇌회의, 38선 이남 수복대책」; 1956. 8. 9, 「유엔가입 국민운동과 외교적 활동」.
14) 『조선일보』, 1953. 2. 7, 「일선군경 위문에 일대 국민운동, 국회결의로 정부에 건의」; 1953. 4. 24, 「북진 통일 국민운동 전개. 국회, 구락안을 가결」.

이같이 정부와 여당 측에서 직접 국민운동을 전개한 것은, 전국적인 관변단체인 국민회가 1948~1949년 사이에 국민조직으로 재편되었지만 바로 한국전쟁을 거치면서 조직망과 실천력을 강화할 기회를 갖지 못했던 사정과 관련된다. 1957년을 전후하여 국민회의 조직력과 활동성이 재고되면서 정부 차원에서 일일이 국민운동을 일으키기보다 국민회와 같은 관변단체를 활용하는 쪽으로 정리된다.

한편 국민운동은 이처럼 정권의 정치적 기반을 넓히고 정책을 확산 침투시키기 위해서만이 아니라 반정부 투쟁의 일환으로 야당에서도 전개했다. 민주당은 언론계, 법조계의 협조를 얻어 보안법안 저지투쟁을 할 때, 경향신문 폐간조치 철회를 촉구할 때, 정·부통령선거의 공명성을 확보하기 위한 범정부투쟁을 전개할 때, 국민운동 방식을 채택할 것을 검토하거나 실천에 옮겼다.[15] 민주당이 주도한 민권수호국민총연맹은 '언론자유수호국민대회'와 '공명선거추진'을 위해 전개한 국민운동이었다.

이 시기 국민운동은 '국민운동대강'에서 보듯이(<그림 1> 참조), 구성원들의 삶의 영역까지 포괄했다. 어떤 부문의 국민운동이든, 그 자체가 하나의 국민훈련의 장이었음은 물론이다. 녹화운동을 위해 전국적으로 각계각층의 조직이 가동되어야 한다고 하면서, 이를 통해 '국토녹화'만이 아니라, '국민의 도의심'을 높이는 것도 이면에 깔린 목적이었다.[16]

---

15) 『조선일보』, 1958. 11. 13, 「보안법안 저지에 투쟁결의」; 1959. 5. 9, 「언론 탄압 규탄. 국민운동 전개. 민총 책임위 결의」; 1959. 6. 13, 「誤報口實로 언론탄압부당, 軍政法令88호 무효를 주장」; 1960. 1. 25, 「국민운동의 모체를 구성. 야당, 선거분위기 확보위해 고려」.

16) 『조선일보』, 1958. 4. 5, 「국토녹화의 국민운동을 전개하자」.

2) 국민동원체제론

단독정부 수립 후 이승만을 비롯한 집권세력들은 국민국가와 국민통합의 시스템을 형성하고 작동하는 데 국민조직과 국민운동을 적극 활용하였다. 1948년 10월 여순사건은 같은 해 12월 대한독립촉성국민회가 대한국민회로, 무엇보다 국민운동조직으로 전환되는 데 결정적인 계기를 제공했다. 이후 한국전쟁을 겪으면서 한국사회는 1950년대 내내 전시/준전시체제 양상을 띠었고, 이런 체제가 작동되는 데 국민회를 비롯한 여러 관변조직들의 역할이 컸다.

여기에서는 『大韓國民運動의 기초이론』(徐芝悅 편저, 협계사, 1949)을 분석하여, 국민운동의 논리(이념)와 조직론, 운동론을 검토하고자 한다. 편저자 서지열에 대한 정보는 없으나 이 책에 대해 부통령 李始榮이 '署'하고, 국민회장 吳世昌과 국민회 최고위원 明濟世가 '祝'을 썼으며, 국민회중앙총본부 사무국장 李活이 '추천'하였다. 따라서 이 책은 대한국민회의 국민운동 典範과 같다고 할 수 있겠다.[17]

(1) 국방국가 건설과 국가주의

여순사건 발생 이후 남한에서는 내부의 '악질무도한 폭도'를 '소탕'하고 "남북통일을 위한 失地回復에 있어 군사행동"을 해야 한다는 주장이 확산되었다. 이를 두고 "최근 우리나라에서 국방국가건설론이 급작이 대두"되어, "국가총력전 준비"와 "국방국가건설"이 "당면 국책"이며 '행동목표'이며 '실천강령'이라고 했다.

이 같은 '국방국가'에서는 "개인개인의 생명이나 재산이나 사업도 전부 국가 목적에 바칠 것이며 국가는 국가로서 개인의 모든 생활부면을 지도간섭할 수 있다"고 했다. 그리고 정부는 총력전을 완성하기 위

17) 이하 글은 『대한국민운동의 기초이론』에 기초한다.

해 "이러한 주장하 새로운 정책을 수립"해야 하며, 국가지상명령으로 최대의 권위를 가져야 한다고 했다. 그러나 이 같은 국방국가는 정부의 힘만으로 안 되고 국민조직이 필요하다고 주장한다. 이에 따르면, 우선 국방국가의 정당성을 뒷받침하는 이념 즉 "개인으로서 살기 전에 먼저 국민"으로서 사는 '국가주의사상'을 보급해야 했다. 이런 이념을 전달 확산하기 위해 국민조직을 이용할 필요가 있었고, 국민조직은 "개인 앞에 전 국가가 있고, 전 국가적 안에 개인으로서만 개인의 가치를 평정"할 수 있다는 국가주의를 선전 보급하여, 구성원들에게 "自我를 버리고 大我에 산다는 정신과 국가에 몸을 바치는 것이 최대의 광영"임을 알게 하도록 이를 내화시키는 기능을 수행해야 했다. 그리고 정부는 이러한 '국민조직의 총사령부'가 되어야 했다.

이 텍스트의 필자 서지열을 포함한 집권세력은 여순사건을 계기로 '반공'을 내세워 '국가'건설의 기반을 공고히 하려고 했고, 정국을 (준)전시체제로 재편해 갔다. 이 과정에서 "해방 이후 激히 이입되어 완전히 동화되지 못한 민주사상"과 '무조직' 상태에서 오는 "무질서한 자유방종" 현상을 국가와 국민의 개념으로 회수하려고 했다. 여기서 미군정 아래 새로 유입되기 시작한 가치와 사상－자유·민주·개인·인권·행복 등－에 자극되어 성장하기 시작하던 개개인의 요구와 권리를 국가주의·일사불란·집단주의로 대체하거나 그 하위에 위치시키려고 했다. 자연히 당면 과제로 '공산도배복멸' '남북통일'을 설정하고 실현하는 데 국민운동이 필요했고, 이는 국민조직을 운용함으로써 가능했던 것이다.

(2) 국민운동론

'국민운동'이란 "국민이 국가에 대한 주체적 자각을 갖으면서 하나의 방향을 취하여 일어서는 것"이라고 한다. 여기서 우선 요구되는 것은 국민적 자각이었다. 국민적 자각이란 "국가에 歸一되고 단결하는 요구 위에서……그 방향이 정해지는 것이다.……조국과 생명을 같이 하고, 민족과 운명을 같이 한다는 이외에는 길이 없다는 인식과 확신"이었다. 즉 "우리들은 국가적 존재요 민족사적 인물들이다. 우리들은 국가에 忠僕이 되어야 하고 민족사의 제단 위에 제물이 되지 않으면 안 된다"는 자각이 필요하다는 것이다. 이러한 국민적 자각 위에 서 있는 사람만이 '국민'이며 '민족'의 한 사람이며, 이런 자각이 없는 사람은 '非國民'이라고 했다.

국민운동은 "국가이익우선의 정신에 귀일하려는" 국민적 자각을 견지시키고, 이에 기초하여 "국가를 공고히 하(기)" 위한 것이다. 즉 국민운동은 개인의 욕구와 권리보다 국가를 우선하는 가치관과 이에 따른 실천이 요구되는데, 이것이 쉽지 않기 때문에 "生死를 초월한 신앙"과 같이 지속적으로 전개되어야 한다고 논리를 내포하고 있다. 이런 일련의 과정은 현실적으로 "대통령에 귀일되고, 대통령을 통하여 국가를 운명공동체로서 파악하고 그 번영을 기하는 것"으로 구현되어야 했다. 즉 국민운동을 '국가'와 '대통령'으로 귀속 통합을 이끌어내는 과정이라고 할 수 있다.

(3) 국민조직론

'국민조직'은 국민을 조직하는 것이다. 국민이란 "국가와 운명을 같이 하려는 자각과 의식"을 지니고, "국가적 운명을 스스로 일신 위에 느끼고 민족의 흥망을 자기의 행동 속에서 찾아보려는 자"인데, 이런 자각과 실천은 조직을 통해 담보된다는 것이다.

여기서 조직은 "생활과 일체화"되어, "조직의 일거수 일투족이 국민

개개의 사고나 행동을 결정"하고 "국민적 동향을 일원적으로 지도"할 수 있는 '강력한 조직체'여야 한다. 왜냐하면 "정치, 경제, 문화, 사생활까지도 전부 국가 생활권내에서 국가계획의 일부분"이 되어야 하고, 개개인은 "국가의 경제 및 문화정책의 수립에 내면으로 참여"하고, 동시에 "수립된 정책을 모든 국민생활의 말초에 이르기까지 퍼지도록" 하기 위해서다. 즉 개개인은 "일사불란한 整然한 조직에 의해서만…… 제각기 분업적 직능을 전국가적인 유기적 관계에서 파악"하고 "그 직책을 안심하고 실행"할 수 있는 존재여야 했다.

이에 따라 국민조직은 구성원이 생활 자체를 "국가에 奉公"하도록 만들기 위해 경제, 문화의 모든 영역에 걸쳐 수립되어야 했고, 모든 부문의 조직 단체를 하나로 묶을 수 있게 일원화된 체제도 요청되었다. 즉 "각 조직 내에서는 縱의 명령 지령 계통"이 서야 하고, "각 조직간의 橫적 관계"가 확립되어야 한다는 것이다. 이렇게 "모든 부문이 제각기 縱으로 조직되고 다시 모든 조직을 橫으로 맺어서" "종합된 전국적인 조직"이 구축될 것을 지향하고 있었다.

각 단체는 종적으로 횡적으로 유기적으로 연결되고, 이것을 아울러 통제할 수 있는 전국적인 조직이 꾸려지면, 이를 매개로 정부와 구성원 전부가 일원화를 달성할 수 있다는 것이다. 국가의 정책이 "그물코"와 같은 조직을 통해 "모든 국민생활의 말초에 이르기까지" 널리 퍼져서 "국민은 항상 생활을 통해서 국가에 기여하고 공헌"하도록 만들어야 한다는 것이다. 이 단계에서 "위로 대통령 밑에 자각한 大韓民이 전면적으로 집결하여서 종횡으로 연결"되어, 공통의 목적인 "남북통일"의 '聖業' '聖戰'을 달성할 수 있다는 것이다.

그리고 이러한 국민운동론과 이데올로기를 현실적으로 수용하여 실천할 수 있는 조직은 '국민회'라는 것이다. 우선 기존 국민회의 조직을 확대 강화해야 하는데, 이를 위해 "직접 官에서 진출"해야 한다고 했다. 이는 뒤에서 보듯이 관에서 국민회를 지도할 수 있는 기구로서 운영위원회－지도위원회－강화위원회로 나타났다. 또 국민회는 전국적으로 각 지부(지역) 이외에도 직장/직업에서의 조직화(직역)도 추진했는데(지역조직과 직역조직), 이는 국민회만이 아니라 여타의 다른 단체도 지역과 직장의 조직화를 부분적으로 진행했다. 그리고 국민반 등 말단 행정보조기구도 확충 강화하여 전국을 '그물코처럼' 만들어 갔다. 행정조직과 긴밀히 연락하면서 다른 관변단체들도 통제하면서 "국민생활의 상하일관된 조직"을 구축하는데, 국민회가 주도적 역할을 하기를 바랬고, 국민회는 이런 모습을 갖추어 가고 있었다.

끝으로 이렇게 국민조직을 가동하여 국민운동을 전개하여 개개인의 일상이 다음과 같이 변화되기를 기대했다. 개인의 삶 속에 "公私一如의 생활원리"가 수립되어 "행동에서뿐만 아니라 일체의 사생활"이 "국가 그 자체의 생활에 유기적인 호흡"을 하는 '公生活卽私生活'의 경지에 오를 때, "三千萬은 一心으로 되고 그 생활이 一如化"된다는 것이다. 일제 말기 '한 점' '중심'으로서의 천황이 '一心' '一如'의 구심점으로서의 이승만으로 대체되었다.

이 같은 국민운동과 국민조직, 국가주의의 논리는 이승만이 청년단에 내린 지시에서 단적으로 나타났다. 즉 "오직 公心과 민족정신으로만 표준을 삼어 한 名義와 한 主義로 사상과 행동을 통일해야만 국가와 민족의 宏大한 사업을 지체없이 대대적으로 매진성공"할 수 있다고 했다.[18] 이렇게 남북한 대결 전선을 구축하기 위한 국민통제/국민동원체제가 재편, 재생산되면서, 국가주의적 요소가 강한 국민 정체성이 민족의 범주보다 중시되어 전면화되고 있었다.

18) 『조선일보』, 1949. 9. 4, 「청년단 기능 강화, 대통령 민족운동 통일에 지시」.

3. 대한국민회와 대한청년단을 통해 본 국민동원체제

1) 대한국민회의 국민동원체제

1946년 2월 8일 대한독립촉성국민회(독촉국민회)는 임시정부의 대중 투쟁조직인 탁치반대국민총동원회와 독립촉성중앙협의회의 합의로 출범했다.[19] 독촉국민회는 스스로 "자주독립을 목표로 하는 순수한 국민운동 추진단체", "독립을 촉성하는 국민운동기관", "사상의 좌우를 구별하지 않고 애국적인 독립운동의 집결체로서 전 국민을 포섭"하는 '전국민운동체'로 위치 지웠다. 道, 府, 郡, 邑, 面, 洞, 里까지 지부를 결성하여, 6월말 현재 2000여 개 지부, 700여 만 회원을 가진 전국적인 조직으로 성장하고 있었다.[20]

독촉국민회는 1948년 5·10선거가 끝난 뒤 '독립촉성'의 임무가 끝났다고 보고, 운동노선을 정당 혹은 국민조직 중 어느 것을 선택할지를 두고 논란을 거듭하다가, 10월에 발생한 여순사건을 계기로 국민조직과 국민운동으로 방향을 잡았다. 여순사건은 독촉국민회의 진로 뿐만이 아니라 국민동원체제가 준전시와 같이 작동하게 되는 결정적인 요인이었다.

1948년 7월 독촉국민회 전국대회를 통해 제출된 '국민운동대강'의 주요 내용을 보면 다음과 같다.[21]

1. 회원은 입회수속을 경유치 않고 대한민국국적을 가진 남녀 16세면

19) 대한독립촉성국민회(독촉국민회)가 대한국민회(국민회)로 전환되어 국민운동 조직으로 재강화되는 과정은, 김수자, 「1948~1953년 이승만의 권력강화와 국민회 활용」, 『역사와 현실』 55, 2005. 3 ; 홍정완, 「정부수립기 대한독립촉성국민회의 국민운동 연구」, 연세대 사학과 석사학위논문, 2006 참조.

20) 홍정완, 「정부수립기 대한독립촉성국민회의 국민운동 연구」, 10쪽.

21) 『대한민국건국십년지』, 대한민국건국십년지간행회, 1956, 297쪽.

본회 회원 자격을 부여하야 자동적으로 회원이 되게 할 것.

2. 본회 운동에 이념확립을 기도하여서 물심양면 병행하는 운동을 전개할 것.
   ① 정신적 방면으로 사상통일운동을 전개하야 공산주의를 극복하고 민주주의를 심화하는 운동을 전개할 것.
   ② 물질적 방면으로 국력배양운동을 전개하여 국민경제자립을 확립하고 국가자위실력을 배양하야 자주독립의 내실완비를 기하는 운동을 전개할 것.
3. 현 정부는 미군정과 달라서 우리 민족의 주권하 운영되며 본회 총재가 국가원수이니 본회 운동을 관민합작으로 하여 국민총력발휘태세를 정비할 것.

즉, 독촉국민회는 대통령을 총재로 한 관민합작기구로서, 16세 이상 모든 남녀를 회원으로 '국민총력발휘태세'를 목표로 활동하며, 이를 위해 물심 방면에서 사상통일운동과 국력배양운동을 전개한다는 것이다. 국민회는 대통령이 총재인 만큼 정부 부처와 각급 지방행정의 기관장 역시 이에 참여하는, 전 국민을 아우르는 전국적인 관변단체로 재정립한다는 것이다. 일제말기 조선연맹이 식민지 조선의 최고 통치자인 총독과 정무총감을 각각 총재와 부총재로 하는 최대의 관변단체였던 것과 유사하다.

이를 뒷받침하기 위해 같은 해 12월 독촉국민회 간부와 정부 장관, 지방의 도지사, 군수로 구성된 관민합작위원회가 설치되고, 이때 명칭을 대한국민회(국민회)로 바꾸었다. 기구는 독촉 본부에서 국민회중앙본부로, 독촉 도지부에서 도본부로 교체되었다. 국민회는 1949년 2월 15일 결성 3주년 기념식을 기해 관민합작운동의 실천 방안으로 5개 당면 정책을 발표하여[22] 국민운동기구로서 면모를 한층 구체화했다.

① 국민운동은 국력을 강화하여 국위를 높이는 국민 전체의 직접적 운동이다.……전 민족이 한데 뭉쳐……3천만은 단일체계를 갖추어 ……부락, 직장의 말단에 조직활동을 강력히 전개.
② 급속한 국가 내용의 완성을 위하여 3월 말까지 전국적 조직과 기구의 개편을 결행하는 동시 道 郡 책임자는 총본부 인준을 필요.
③ 민족의식과 증산의욕을 최고도로 앙양하기 위하여 국민계몽을 목적한 국민지도원을 개설.
④ 남북통일의 거족적 염원을 조속한 기일 내에 성취하기 위하여 일대 사상운동을 전개함으로써 북한 괴뢰정권의 타파와 반동분자가 개과천선을 하는 가장 강력한 국민계몽대를 각 지방에 파견.
⑤ 일본지부 설치.

국민회가 추진하는 국민운동이란 "국력을 강화하여 국위를 높이는 국민 전체의 직접적 운동"으로, '전 민족' '3천만'에게 단일체계 아래 이 목적을 충실히 이행하도록 동원, 훈련하는 것이었다. 도 이하 말단 촌락과 직장까지 국민회 하부조직을 결성하도록 하여, 일제 말기 조선연맹의 조직－지역연맹과 직역연맹－과 같은 조직화를 꾀했다. 국민회는 도 이하 洞里까지 지부 건설에 매진하여, 대략 1949년 6월경에 마무리되었다. 그러나 공고한 운동의 기반을 확보하기 위해서는 동리 아래 말단 촌락까지 들어가 농민들을 포섭할 수 있는 기저 조직이 필요했다. 이에 해방 이후에도 물자배급과 세금징수 등에 활용되고 있던 조선연맹의 애국반을 '국민반'으로 재편하여[23] 이를 최말단 조직으로 삼고자 했다.

또한 독촉국민회 안에 설치하기로 했던 관민합작위원회는 관민운영

22) 『연합신문』, 1949. 2. 16, 「국민회, 결성 3주년 기념식을 거행하고 당면정책 5개항을 발표」.
23) 『조선일보』, 1949. 9. 23, 「市국민회 운위 조직, 애국연맹은 발전적 해소」.

위원회 형태로 바꾸고, 중앙본부는 각부 장관, 공보처장, 내무차관, 국민회 최고위원 및 각 부장으로 구성되었다. 이후 관민운영위원회는 面지부까지 해당 지역의 관공서장을 중심으로 꾸려졌다. 즉 중앙본부에서 면지부까지 국민회 자체 조직을 갖되, 국민회 간부(민간)와 각급 지방행정의 기관장 및 부서 간부(관)를 아우르는 운영위원회를 둠으로써 국민회는 '관민합작'의 면모를 갖추었다. 운영위원회를 매개로 정부-지방행정기관은 국민회(국민운동)를 지휘 통제할 수 있게 되었다.

이로써 국민회는 정부의 시책과 그 범위에서 진행되는 자체적인 사업을 행정기관과 유기적인 연락망을 가동하면서 추진할 수 있는 체제를 마련했다. 여기서 국민회는 조선연맹의 체제와는 다소 변형된 형태를 취했음을 볼 수 있다. 우선 조선연맹의 경우, 총독부 안에 조선연맹의 총력운동을 지도하는 국민총력지도위원회(→국민총력연락위원회)가 설치되었다. 또 조선연맹은 도 이하 면까지 지방연맹을, 다시 동리 아래 촌락에서는 구장을 포함한 주민으로 구성되는 부락연맹을 두었다. 조선연맹은 각급 지방행정 라인에 따라 지방연맹을 설치하되 지방연맹의 책임자는 지방행정의 기관장이었다. 이에 반해 국민회의 경우, 관민운영위원회는 정부기구가 아닌 국민회 안에 두게 되었고, 각 지부장은 지방행정의 기관장이 아니었다. 이 점에서 조선연맹이 총독부-지방행정과 실질적으로 표리일체였다면, 국민회는 느슨한 형태로 표리일체를 지향했다고 볼 수 있다. 그리고 국민회는 동리 단위 조직화에 그쳐 조선연맹처럼 촌락까지 진출하고 그 아래 실행체(애국반)를 갖지 못했고, 지부장이 지방행정의 기관장이 아니었던 점에서 강력한 통제력을 행사하는 데 역부족이었다.

총재인 이 대통령은 기회 있을 때마다 '반공단체'로서 국민회의 조직을 강화하여 '활발한 반공국민운동'을 추진할 것을 지시하였다.[24] 국민회 역시 조직력을 증대하기 위해 다각도로 노력했다. 1957년 국민회는 이전의 운영위원회를 지도위원회로 개편하되 종래와 달리 중앙본부와 도본부까지만 두면서,[25] '운영'이 아니라 '지도'를 표방하여 지배력을 집중하려는 모습을 보였다. 이 지도위원회는 1958년 국민운동강화위원회로 대체되었다. '지도'보다 직접적인 통제를 관철시키려는 의지가 담긴 '강화'위원회는 산하 정치·경제·문화·청년지도의 분과위를 두고 활동하면서, "종래 거의 활동의 기능을 잃고 있던 국민회가 금년 들어 갑자기 정치성을 띤 국민운동 또는 청년운동조직을 서두르고" 있다고 주목을 받기도 했다.

한편 국민회는 청년단 등 다른 관변단체와 유기적인 관계망을 구축하고 있었다. 1957년 12월에 열린 국민회 道市郡지부 청년부장회의에서 단위 지부에 "국민회향토건설대"라는 청년단체를 조직할 것을 합의했다. 이는 중앙본부 부차장회의에서 결의하여 이기붕 회장의 결재를 받아 추진되었다. 향토건설대는 전국에 걸쳐 30세 미만의 청년 30만 명을 시군-읍면-동리 지부를 통해 조직하려는 것으로,[26] 청년건설대로 결성되었다. 청년건설대는 1959년 1월 여당계 청년단체의 통합의 중심체 대한반공청년단으로 발전했다.

그리고 국민회는 도 단위로 국민훈련원을 두어 국민운동 지도자를 양성하려고 했고 시군 단위로까지 확장하여 분원을 두었는데, 이는 조선연맹의 국민총력종합훈련소, 부여청년수련소 등과 유사하다. 또 별개의 면 행정라인에 속한 동회의 통장(구장)과 국민반의 반장을 적극 활용하려고 했다.[27]

1957년 이후 국민회는 관민합작의 위원회를 강화하여 관변단체로서

---

24) 『조선일보』, 1957. 4. 19, 「李대통령 국민회 간부에 반공운동 적극화 분부」.
25) 『조선일보』, 1957. 12. 29, 「국민회에서 신청년 단체결성 추진」.
26) 『조선일보』, 1957. 12. 18, 「국민회 청년부장 회의, 반공결의 재확인」; 1957. 12. 29, 「국민회에서 신청년 단체결성 추진」.
27) 『조선일보』, 1956. 4. 15, 「통반장 동원은 위법, 국민회 요청에 내무부서 해명」.

행정기관과 긴밀한 연락체계를 확립했다. 즉 운영위원회가 지도위원회(1957)를 거쳐 국민운동강화위원회(1958)로 발전했다. 또 산하 지부의 청년부가 독자적인 청년단체인 청년건설대로 나가고 이를 토대로 대한반공청년단이 결성됨으로써, 국민회의 영향력을 더 확대할 수 있게 되었다. 이 무렵 국민회의 말단 침투력을 보완할 수 있는 매체인 국민반에 대해 내무부를 정점으로 한 내무행정의 일원적 통제력도 구축되었다. 국민회는 행정말단의 국민반의 조직력을 이용하면서, 국민회 중심의 국민동원체제를 1958～1959년에 완성했다.

1957년 경 국민회는 외형상 국민운동의 주도 단체로서 위상을 갖췄다. 6월 12일 중앙총본부는 구체적인 국민운동의 사례를 들어 '업적'을 선전했다. 예컨대 "행정부 당국에서 시한하여 그 실천을 보지 못하고 있었던" 국민신생활운동의 하나인 '국민복의 제정'과 보급을 추진했고, '자립경제의 확립'을 위해 연초 면화재배와 가공향상 소비확장 등을 국민운동으로 전개했다고 한다.[28] 국민회는 조선연맹과 마찬가지로 물심양면 운동을 선언했고, 여기서 그 일단은 볼 수 있었다. 그러나 실천력을 확실히 담보했던 최하부 기저조직인 '애국반'의 다른 형태인 '국민반'을 자체적으로 조정할 수 없었기 때문에 조선연맹 단계보다 약했을 것으로 판단된다.

다음에서는 국민회와 조선연맹을 비교하여 양자의 조직력의 차이, 공통점을 살펴보자.

대한국민회의 하부조직이던 청년부가 별도의 단체인 대한반공청년단으로 성장했다는 점에서 이 청년단은 국민회의 분신과 같았다. 또 국민회와 청년단의 총재가 모두 이 대통령인 점에서 이 두 단체는 유기적 연결망을 확립할 수 있게 되었다. 이에 반해 조선연맹의 경우, 산

---

28) 우남전기편찬회, 『우남노선』, 98쪽.

하 훈련부장이 조선청년단장을 겸직했지만 조선연맹과 조선청년단은 별개의 조직이면서 조선청년단이 조선연맹에 가입하여 총력운동의 첨병으로 활약하는 관계에 있었다. 따라서 국민회-대한반공청년단은 출범 단계부터 조선연맹-조선청년단의 관계보다 한층 밀착될 소지가 있는 듯하지만, 큰 차이는 없었던 것으로 보인다. 이는 국민회와 조선연맹의 위상과 조직력과 직결된다고 하겠다.

또한 조선연맹은 대표적인 부문별 단체 70여 개를 산하에 가입시키는 등 당시 웬만한 관변단체들에 대한 통제력을 행사하면서 이들 단체의 협력을 얻어 전시체제를 구축했다. 이에 반해 국민회는 그 정도로 영향력이 크지 못했다. 그러나 국민회는 정부의 정책에 대한 전 국민의 지지를 유도하기 위해 국민대회와 국민운동을 다른 사회단체들과 연대해서 '전국애국연합회'의 간판으로 전개할 때, 주도적 역할을 하면서,[29] 조선연맹이 다른 관변단체들과 형성했던 관계망을 부분적으로 복원하는 듯했다.

조선연맹은 자신을 지도하는 최고의 행정지도기구가 총독부 안에 지도위원회-연락위원회 형태로 있었고, 전국적인 지방조직을 확립하고 일원적으로 지휘할 수 있었다. 반면 국민회 단계에서는 이 같은 지도기관인 관민합작의 지도/강화위원회가 정부기구 밖 국민회 중앙총본부와 도본부에 설치되었다. 따라서 1950년대 말 국민동원체제가 일단 형태를 갖추었지만, 이는 조선연맹처럼 행정부와의 일원적 체제가 아니라 분산된 모습을 띠었다. 그러나 이같이 국민회 주도로 국민동원체제가 구축되는 데는 식민지 전시동원체제가 원형이 되었음은 물론이고, 정도의 차이는 있지만 구성원 개인들의 사고와 활동을 여러 측면에서 규제 통제할 수 있는 시스템이 갖추어졌다.

---

29) 『조선일보』, 1956. 3. 17, 「선거 추진위 구성, 愛聯서 위원 선정」.

2) 대한청년단의 국민동원체제

1948년 12월 독촉국민회가 국민회로 명칭을 바꾸고 관민일체의 국민운동 중심단체로 확대 발전할 때, 기존 청년단체의 일원화 작업도 추진되었다. 군사유사단체(육해군출신동지회)와 일반 청년단체를 해산하여 청년단으로 통합하고, 통합된 청년단의 단원들은 유사시 국군으로 전환할 수 있도록 준비한다는 것이다.[30] 청년단체의 통합은 문교부, 내무부, 사회부 등의 정부 부처에서 추진하다가 이 대통령이 전면에 나섰다.[31] 처음에는 각 청년단체를 해소하고 이들 단체에 소속되었던 500만 단원으로 의용단을 조직하기로 했으나 이후 대한청년단으로 변경되었다. 12월 19일 서울운동장에서 이 대통령을 비롯한 정부 각 장관과 각계 내빈 다수, 몇 만의 청년단원이 모인 가운데 발단식이 거행되었고, 이 대통령이 총재로서 "국가수호를 자기 직책"으로 "유사시 최후까지 싸(우는)" 청년이 될 것을 당부했다. 이에 청년단은 결의문에서 "총재 이승만 박사의 명령을 절대 복종"할 것과 '공산주의 주구배' 말살, 남북통일 완수를 다짐했다.[32]

이 대통령은 자신이 대한청년단의 총재가 된 것은, 청년단체를 "나의 의도대로 통일을 완성"시켜 "단순히 민국에 속한 애국단체의 정신을 표명"시키려는 의도에서였다고 했다. 이 대통령은 자신의 지시와 명령으로 자기가 원하는 방향, '애국'으로 전국 청년들을 움직이려는 생각에서 결성을 추진했고, 청년들은 이에 '절대 복종'할 자세가 있음을 천명했다. 이렇게 출발한 청년단은 국군과 경찰을 도와 '반역분자들의 파괴운동'을 막고 치안을 맡되, 점차 청년단원 중에서 군인 자격의

---

30) 『조선일보』, 1948. 11. 5, 「군사 유사단체등과 청년단체해산」.

31) 『조선일보』, 1948. 11. 18, 「청년단 대표초청 운동방침을 토의 ; 청년단체 통합협의 대통령과 회견」.

32) 『조선일보』, 1948. 12. 20, 「대한청년단 발족. 새국가의 초석되라!」.

훈련을 받고 국군을 후원하는 민병제에 편입시키기로 했다.[33)]

이 대통령은 국민회와 대한청년단을 자신의 정치적 기반을 확대하는데 기간 단체로 삼았다. 그는 새로 출범한 양 단체에게 자신의 통치 이념인 일민주의/반공주의를 널리 선전 공작할 것과 관민합작으로 반공운동을 전적으로 맡아 추진할 것을 기대했다. 따라서 그는 대한청년단도 관민합작의 국민운동 조직으로 발전할 수 있도록 준비해 갔다.[34)] 청년단의 지부 결성도 해당 지방행정기관(장)의 협조 아래 결성되는데, 지부 결성식에 내무장관, 국회의장, 문교장관이 대통령을 대신하여 참석하는 정황에서[35)] 청년단의 국가 사회적 위상을 짐작할 수 있다.

청년단은 국민회와 함께 '반관민제도'로 "정부관리와 경찰과 군인을 원호"하고, 지방관리와 경찰 군인은 "소관 관할하에 민간 안위의 책임"을 청년단/국민회 두 조직에게 "얼마나 지게 만들고 그 후면에서 보호"하고 있었다. 즉 국민회-청년단은 정부 특히 내무부-시도, 군면-경찰, 군인과 연계되어 활동하고 있었다.

청년단은 국민회와 마찬가지로 어떤 특정 시기에만 대비하여 작동되는 것이 아니라 평시에도 운영되는 거의 지속적인 조직으로 의도되었다. 또한 청년단의 업무는 군사훈련과 정신고취를 하면서, 평시에는 법률보호, 치안유지, 삼림수호, 도로수축, 상시 청결, 반공운동 등을 맡아 하며, 유사시에는 '團民된 책임'을 다해야 했다. 후자와 관련, 민병제 실시를 앞두고 청년단원들 중에서 그에 준하는 훈련을 받고 일정한 범위에서 국군을 지원할 수 있도록 준비되었다. 청년단원들이 이러한 책무를 완전히 수행하도록 정부기관에서는 중견청년단원을 중심으로

---

33) 『조선일보』, 1949. 1. 6, 「민족 청년단 해체」. 민병제는 "반란분자들의 지하조직을 일일이 조사"하는 것이 주된 임무가 될 것이다(1949. 2. 10, 「族靑의 통합은 애국심의 발로」).

34) 『조선일보』, 1949. 4. 12, 「대한청년단에 이박사, 지시」.

35) 『조선일보』, 1949. 1. 18, 「대한청년단 수원 지부 결성식」.

집중 훈련을 한 뒤, 이들이 일반 단원을 교육하도록 하는 예비훈련제도를 두었다. 한국전쟁이 끝날 무렵, 청년단원들은 "통일이 아니면 주검을 달라"고 북진을 외치는 궐기대회를 열고, 이 대통령을 비롯한 각계에 보내는 메시지와 결의문을 채택하여 "북진통일을 감행하기 위해 민병훈련편성"을 주장하기에 이르렀다.[36]

그러나 여순사건 직후 통합 발전해온 대한청년단은 한국전쟁 직후 해산된다. 1953년 9월 10일 이 대통령은 청년단의 파당성과 민폐 즉 "정부 각 부처가 간혹 청년을 이용하여 그 사무를 대행케" 하여 여러 문제가 야기되는 상황에서 해산 명령을 내렸다.[37] 당시 대한청년단은 관권 및 정치세력을 등지고 세력을 확장시켰던 전국적인 청년단체로서 정치 개입과 월권행위로 물의를 일으키고 있었다.

이 대통령은 대한청년단을 비롯한 청년단체를 해체한 뒤, 이미 발족되어 있는 민병대의 조직 안에 모든 청년을 포괄하여, "군율에 則한 훈련"을 받아 "국가를 위한 헌신적 통일조직"으로 거듭날 것을 촉구했다. 민병대에 소속된 청년들이 치안과 전선 후생 등 업무에서 벗어날 때는 '군법'으로 처벌할 것이라는 경고에서 보듯이, 민병대 제도는 1950년대가 여전히 '전시적 체제'였음을 보여준다.[38]

1953년 9월 대한청년단이 해체된 이후 약 4년 동안 민병대 이외 전국적인 청년단은 존재하지 않았다. 그러나 그 사이에 군소 청년단이 다시 준동했고,[39] 자유당은 1957년 국민회를 통해 '국민회향토건설대'

---

36) 『조선일보』, 1953. 5. 8, 「대표를 경무대에 파원 韓靑궐기대회, 北進을 호소」.
37) 『조선일보』, 1953. 9. 12, 「청년단체통일을 지시, 李 대통령담 "민병대로 합치라"」.
38) 『조선일보』, 1953. 9. 13, 「청년단체의 해체와 청년운동」; 1953. 10. 2, 「방공단령을 무효, 李대통령 · 청년단체 해체 촉구」.
39) 『조선일보』, 1958. 3. 28, 「대한반공단에서 29일 창립기념식」; 1958. 10. 4, 「聞外間」; 1958. 11. 6, 「聞外間」.

라는 새로운 청년단체의 조직을 준비하여,[40] 여당계 청년단체의 통합을 서둘렀다. 이 무렵 국민회는 앞에서 말한 대로 자체적인 하부조직인 청년부를 청년건설대로 발전시켰다. 이 청년건설대가 청년단체의 통합의 중심체로 역할을 하면서, 1959년 1월 대한반공청년단이 발족되었다.[41]

대한반공청년단은 국민회의 별동대와 같이 출발한 만큼 국민회의 '국민운동대강'을 활동 방향으로 삼아 역시 '사상통일운동'과 '국력배양운동'을 2대 목표로 활동한다고 천명했다.[42] 이 대통령이 총재, 이기붕씨가 부총재였다. 대한반공청년단의 설립을 두고 야당과 언론 등 각지에서 1960년 정부통령선거를 대비한 '전위적 실력부대'라고 비판했고,[43] 이승만은 '반공'으로 응수했다.[44] 반공청년단은 해체 통합된 청년단체의 일부를 산하 특수단으로 편재하고, 기업체 및 공장 관공서 등 각 직장 단위로 지부를 설치하기로 했다. 또한 지역조직과 직역조직을 가동하여 전국적으로 청년을 포섭하려고 했다.[45]

이상과 같이 1960년 직전 전국적인 국민조직으로 대한국민회와 청년조직인 대한반공청년단은 전 국민을 상대로 정부의 정책을 관철시키고 집권세력의 정치적 기반을 확충하는 데 근간으로 활약할 체제를

---

40) 『조선일보』, 1957. 12. 30, 「聞外聞」.

41) 『조선일보』, 1959. 1. 21, 「正副統領선거전에 대비, 與의 청년단체규합공작주목」; 1959. 1. 22, 「대한반공청년단 22일 발족」.

42) 『조선일보』, 1959. 1. 22, 「대한반공청년단 22일 발족」.

43) 『조선일보』, 1959. 1. 27, 「청년단 결성 않기로 민주당 간부회의서 결정」

44) "지금은 공산당이 우리나라에 들어와서 혼돈을 일으키며 모두 결단을 내려하고 있으니……모든 사람들이 다 나라를 위하는 애국심만으로……애국정신만을 가지고" 대비해야 한다고 했다(『조선일보』, 1959. 1. 22, 「반공청년단 대회에 李承晩대통령 유시」).

45) 『조선일보』, 1959. 8. 21, 「반공 청년단서 추진, 청년단체 통합」; 1959. 9. 12, 「반공 청년단 발표, 대한 멸공단등 9개단체 통합」.

마련했다.

4. 국민동원체제의 말단으로서 국민반의 위상

1) 해방 후 정부수립까지 애국반에서 국민반으로 재편

일제시대 애국반은 국민총력운동의 말단조직인 부락연맹 아래서 전시행정의 실행력을 담보하는 최기저 조직체였다. 해방 후 정부수립 이전 미군정기에도 애국반은 행정기관에 외해 의식주를 비롯한 다양한 국민운동의 실행 단위로 운영되었으며, 특히 쌀 배급의 관리 통제수단으로 활용되어 애국반장에게는 생필품 배급 통제의 권한이 주어졌다. 이 무렵 애국반 활용은 일제 말기 생활공동체이며 전시동원의 실행체로 기능한 점을 재인식한 것이지만, 상부기관은 아직 이를 체계적으로 관리하지 못했다.

국민회가 전 국민의 망라적 조직을 지향하면서 중앙총본부에서 동리지부까지 조직적 기반을 가졌지만, 기동성 있는 실천력을 끌어내기에는 부족했다. 이런 사정에서 지방행정을 관장하는 내무부 역시 제반 시책을 원활히 실행하기 위해 최말단 실행체로서 애국반을 복원 혹은 다시 활용하는 방안을 적극 강구했다. 여기에는 다음과 같이 애국반의 기동성과 효율성을 평가한 점도 작용했다.

> 저번 개성시 비상대책위원회에서는 일선 보수작업의 동원을 청년단 自願制에 의하여 실시할 것을 결정하고 그동안 실행하여 왔었는데, 금번 동위원회에서는 당면한 긴박성에 비추어 이를 강력히 추진시키고자 애국반동원제로 환원하기로 결정을 보아, 8월 31일 부락 각 동회를 통해서 실시하기로 하였다 한다.[46]

여순사건과 한국전쟁을 거치면서 정권은 전국 행정조직과 관변조직을 활용하여 본격적인 반공체제를 구축하려고 했다. 이승만 대통령은 애국반의 복원, 활용을 염두에 둔 다음과 같은 담화를 발표했다.[47]

> 국민회와 청년단과 부녀단을 정부후원기관으로 각 동리와 촌락에 절실히 세포조직을 완성하여 동일한 주의와 동일한 행동으로 서로 보호하며 연락해서 물샐틈 없이 조직해 놓고, 어떤 집 틈에서든지 타처 사람이 들어와서 하룻밤이라도 자게 될 때에는 24시간 이내로 최근 경찰관서에 보고해서 일일이 조사함으로 반란분자들이 자유 행동할 곳 없도록 만들 것입니다.

여기서 애국반은 내무행정기구와 국민회 등 관변단체의 '세포조직'으로 재고되고 있었음을 알 수 있다. 1949년 내무부가 留宿屆 제도를 실시하였다. 이는 유동인구를 파악하고 상호연대책임 아래 반국가적 불순사상의 침투를 미연에 방지한다는 취지에서였다. 이때 기존 애국반을 국민반으로 재편하기 시작한 듯하다.[48] 유숙계란 班 단위로 외부인이 들어오는 것을 파악하여 洞會를 거쳐 경찰에 신고하는 제도이다. 비록 친인척이라도 班에 묵으면 반드시 신고하도록 할 정도로, '좌익' '유령인구'의 적발을 명분으로 감시망을 구축한 것이다.[49] 이를 원활히 실행하기 위해서는 애국반에 대한 관의 지배력을 확고히 할 필요가 있었다.

내무부의 일련의 조치와는 별개로 국민회도 자체 지방조직을 확충하면서 '국민반 개편'을 촉구하고 이에 대비했다. 예컨대 국민회서울시

---

46) 『조선일보』, 1949. 9. 1, 「일선 보수작업에 애국반원을 동원」.
47) 『조선중앙일보』, 1949. 4. 13, 「제주도시찰과 국민조직강화, 이 대통령담화(1)」.
48) 애국반이 국민반으로 재편, 전환되는 과정은 앞으로 검토해야 할 과제이다.
49) 『조선일보』, 1949. 4. 13, 「치안에 결함없도록 애국반을 개편」.

지부에서는 '서울특별시국민회운영위원회'라는 기구를 동리까지 두고 애국반을 개칭한 국민반을 통제하려고 했다.[50] 그러나 국민반 지도체계는 국민회가 아니라 내무행정 라인에서 형성되었다.

애국반을 전반적으로 재편하기에 앞서 각 경찰서에서는 통·반장과 경찰 보조조직인 민보단원을 소집하여 애국반 운영에 대한 교육을 실시하고, '애국반재편성보고'를 제출하도록 지시했다.[51] 또한 유숙계 신고불이행시 '형법' '군법'에 의거한 처벌도 가능한 만큼,[52] 이의 실행기반인 애국반을 재편하기 위한 '애국반운영세칙'이[53] 준비되었다. 재편

---

50) 『조선일보』, 1949. 9. 16, 「국민회 運委 강화」; 1949. 9. 23, 「市국민회 운위 조직」.

51) 『조선일보』, 1949. 6. 19, 「문제의 留宿屆制 7월 초순부터 실시」.

52) 『조선일보』, 1949. 5. 7, 「罰則없는 留宿屆, 內務部서 실시방법 인가」; 1949. 7. 22, 「昨朝準非常警戒 선포, 유숙계 위반자는 처벌, 시경국장 談」.

53) 애국반운영세칙

1조 동회장은 애국반을 10세대 이내로 편성할 것.

2조 동회장은 각자 책임하에 愛國正副班長을 선출 임명하되, 반원을 존중하여 세대주 2/3 이상의 출석하 호선하고 班長 有事時는 副班長이 대행.

5조 애국반장은 浮動居住者名簿 4통을 작성하여 반, 동회, 소관 경찰관 지서 또는 파출소, 경찰서에 각각 1통식 비치하고, 일시 체재자(하룻밤 숙박을 포함)가 있을 때는, 세대주로부터 계출 즉시 반원명부에 등록하고 신원의 확실 여부를 불문하고 소관 경찰서 지서 혹은 파출소에 제시하고 등록자성명란에 날인을 받은 후 洞會에 제시하여 동회명부를 제시케 할 것.

6조 애국반장은 반장 혹은 일시 체재자 및 숙박인 중 수상하다고 인정되는 자가 있을 때는 지체없이 경찰서에 연락할 것.

7조 세대주는 인구이동(一夜一宿, 一夜外泊을 포함)이 있을 때는 즉각 애국반장에게 구두 계출하고 반장으로부터 질문이 있을 때는 정확히 이에 응답……

8조 세대주는 일시 기류……

11조 洞會長은 매월 1일에 반장 전원을 소집하여 정례 상회를 개최할지며, 반장은 此 취지를 반원에게 실천시키기 위하여 매월 3일을 반상회일로 정할 것. 단 개최 시간은 임의로 하되, 사전에 소괄 경찰관서에 보고할 것(『조선일보』, 1949. 4. 26, 「常會에 경관 臨席. 불원 실포케 된 애국반 운영 세칙」).

된 애국반을 매개로 관의 지배력 확대, 이를 기초로 한 유숙계 실시를 보면, 일제시기 조선연맹의 체계 속에서 작동했던 애국반의 감시망보다 형태상 더 엄밀한 모습을 띠었다. 일제시기에도 애국반이 이런 감시적 기능을 담당했지만, 수상한 자를 알고도 신고하지 않았다고 해서 '형법' '군법'으로 처벌하는 것까지 나가지 않았다.

2) 한국전쟁 이후 국민반 운영의 체계 강화

한국전쟁을 거치면서 국민반 활용방안은 전시 혹은 준전시 말단행정 강화 차원에서 적극적으로 제기되었다. '하부말단의 세포적 조직'이 완전히 정비되어야, "국가행정의 만반시책이 그 조직망을 타고 침투"할 수 있다고 한다. 즉 "국가시책을 능히 咀嚼消化하여 최후의 청산을 짓고 총결산"해야 하는 국민에게 닿을 때, 비로소 "국책 수행의 신속한 운영과 그 실효를 거양"할 수 있다는 것이다.[54] 이러한 기능을 애국반을 토대로 등장하는 국민반이 담당해야 했다.

한국전쟁을 '聖戰', 북진통일을 '聖業'이라 하고, 한국전쟁 전후 국가 운영체제를 '총동원' '전시체제'라 하면서, 이를 위해서 '국민총력' "전쟁수행을 위한 동원이나 징발"이 주장되는 대목에서, 마치 일제말기 전시체제기를 연상시키는 국가 사회의 분위기를 짐작할 수 있다. 그리고 "兵事, 노무, 징세 사무를 위시하여 戰災再建, 軍警援護, 생산증강 등" 일제하 전쟁수행을 위해 징발했던 행정 조치가 재연되었다. 이것이 동리장을 거쳐 국민반장의 손에서 조정되어 말단에 관철되어 가는 모습은 당대인에게 일제 전시체제의 재연과 같이 인식되었다. 이를 두고 행정책임자의 복잡한 심정이 다음과 같이 표현되었다.[55]

---

54) 배상하, 「전시말단행정강화론-이행정과 국민반조직강화로 성전완수와 민폐일소에 기여」, 『지방행정』 2-1, 1953. 1, 33쪽.

> 倭政下 소위 '大詔奉戴日行事'를 연상시키는 감이 있어 다소 어색한 점도 없지 않으나 戰時下이기 때문에 하로 아츰쯤은 全洞里民이 한 자리에 집합하여 국민의례와 국가시책에 대한 취지 설명 등을 행하므로써 국민적 단결을 기도하는 훈련이 꼭 필요하다고 느껴지는 바이다.

전시 혹은 준전시체제의 요체("국가민족의 성쇠를 좌우하는 중요한 관건")로서 중시된 국민반은 '국가행정기구하부조직체', 반장은 '행정책임자'라고까지 평가되었다. 국민반은 "市邑面의 수족……유기적인 조직체로서 市邑面의 의도하는 대로 움직일 수 있도록" 그에 대한 지배체계와 조직력이 강화되어 갔다.[56]

국민반의 강화책은 다음 세 방면에서 마련되고 부분적으로 실행에 옮겨지고 있었다.

첫째, 반장의 지위와 대우이다. 우선 반장의 말이라면 반원들이 무조건 따를 수 있을 정도의 우수한 인물이 선출되도록 노력하고, 월례회 때 장소를 제공하거나 제반을 후원할 수 있는 반내 덕망과 인격이 고결한 자를 시읍면에서 명예반장으로 위촉하며, 때로는 거물반장을 두는 것도 고려하고 있었다. 또한 반원 전체의 책임과 소속감을 위해 반장의 선출은 반드시 반원이 선거하고 동리장이 이를 위촉하거나 혹은 반원이 반장을 돌아가면서 맡는 방안도 제시되었다.

또한 반장의 역할이 중요한 데 반해, 小事와 같은 업무가 폭주하자 반장직을 기피하는 현상을 막고 유능한 인물을 확보하기 위해, 다음과 같은 대우 개선 조치를 마련했다.[57]

---

55) 배상하, 「전시말단행정강화론」, 35쪽.
56) 박종진, 「국민반 운영의 원활책」, 『지방행정』, 1954.
57) 최상령(전라북도 지방과장), 「국민반의 합리적 운영 방책」, 『지방행정』, 1954 ; 「자문사항답신 : 국민반운영강화책-경기도」, 『지방행정』, 1957.

① 경제적인 보수보다 정신적 사회적 대우가 더욱 긴요. 각 기관에서 솔선하여 반장의 인격을 존중.
② 현재 무보수인 반장을 우대하는 의미에서 노무동원, 금품갹출 등은 가급적 이를 면제.
③ 반장의 노고를 위로하기 위해, 위안대회를 개최. 우량반장 표창.
④ 질적 향상과 도의심 앙양하는 견지에서 교육 훈련의 기회를 갖도록 함.
⑤ 市邑面 발행의 각종 증명은 국민반장을 필히 경유하도록 하여야 함.
⑥ 市직원의 채용에서 반장으로 2개월 이상 경험자 중에서 기용토록 함이 가함.
⑦ 관에서 취급하는 생활필수품물자배급의 우선권을 줌.
⑧ 농업, 축산 등 행정 각 분야에 걸쳐 그 사업 실시에 있어 필요한 물자를 염가 또는 무상으로 공여.

반장이 경제적 보수를 받지 않은 대신 사회적 정신적 대우를 고려함과 동시에, 관에서 취급하는 생필품배급의 우선권 등을 제공하도록 했다. 또한 반장의 자질을 높일 교육훈련 기회를 마련하는 한편, 행정기관 발행의 증명은 반장을 거치도록 하여, 그 권한을 강화하는 문제도 포함시켰다.

둘째, 국민반을 하나의 '협동체' '공동생활의 장'으로 만들어 주민의 생활에 불가결한 기능을 하도록 하는 것이다.[58] 국민반장을 중심으로 반원들에게 공동이익, 상부상조, 행동통일 등의 관념을 조장하고 상호친목과 결속을 강화하기 위하여 국민반 단위의 작업반을 조직하여 이앙제초, 刈取탈곡, 柴草채취, 부업(새끼, 가마니)의 공동생산출하, 국민반 단위의 苗圃造林實施를 권장한다는 것이다. 또 이를 촉진하기 위

58) 박종진, 「국민반 운영의 원활책」; 「자문사항답신 : 국민반운영강화책-경기도」.

해 국민반 상호간의 경쟁심을 환기시키는 차원에서 국민반 대항 堆肥增産競勵會를 개최하기도 했다.

또한 국민반에 회합소(집회소, 공회당)를 설치하여, 거기에 반내 실태일람표, 실천사항, 반원출결석일람표 등 필요한 사항을 게시하고, 반원에 대한 배급부, 잡부금조정표 등도 비치하도록 했다. 반원들이 언제나 와서 이 자료들을 볼 수 있도록 하여, "반내 무슨 일이고 있을 적에는 그 회합소로 와서 상호 연락" 하도록 했다.

셋째, 국민반에 대한 상부 기구의 지도체계를 확립하는 것이다. 국민반은 업무의 양과 중요성에 볼 때, 읍면행정의 통제뿐 아니라 다른 관공서의 지도력도 빠질 수 없는데, 실제 현장에서는 그렇지 못해 다음과 같은 문제점이 야기되고 있었다고 한다.[59]

> 국민반 지도는 오직 郡邑面만이 국한된 사항으로 인정되어 他官署는 袖手傍觀狀態임으로, 횡적 연락이 결여되고 있을 뿐만 아니라 종합적 지도력을 발휘치 못하고 있으며 手不足한 군읍면직원들의 폭주한 사무처리에 몰두한 나머지 有誠未就의 力不足으로 철저한 국민반지도력이 부족(하다).

이러한 문제점을 해결하기 위해 군읍면 이상 상층의 지도체계를 만들고(도지도위원회 → 시군지도위원회 → 읍면동지도위원회), 각 위원회마다 관내 기관장, 사회단체·언론기관대표자로서 국민반지도위원회(운영위원회)를 구성하여 종합지도력을 발휘하도록 했다.

59) 감광준, 「국민반운영강화에 관한 방책」, 『지방행정』, 1955.

<그림 3> 국민반 실천사항 실천성과 건의 및 요망사항 처리도

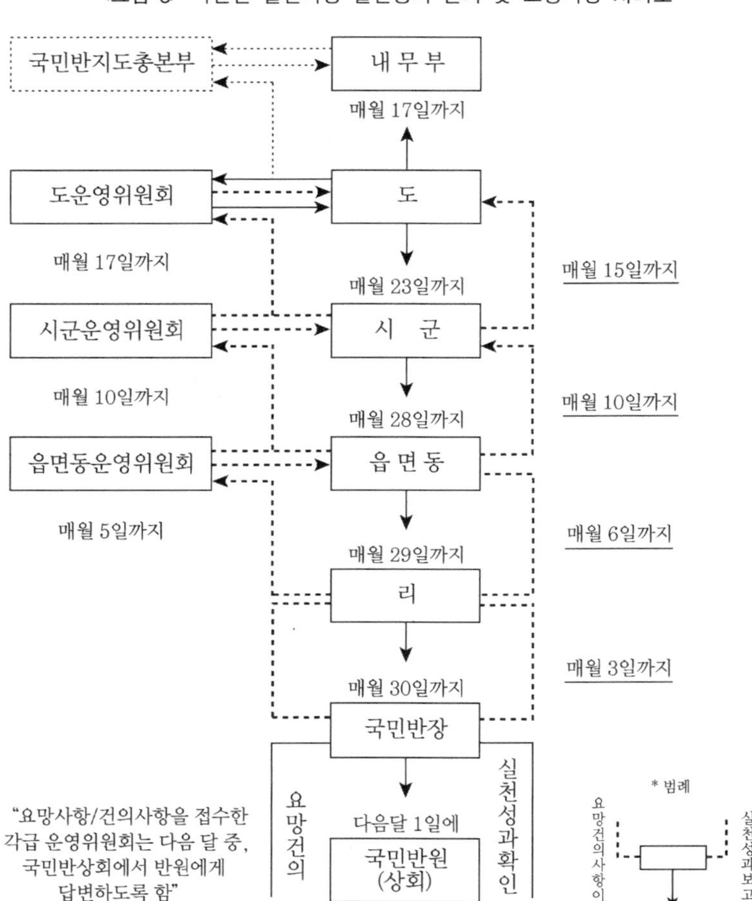

자료 : 「자문사항답신 : 국민반운영강화책-경기도」, 『지방행정』, 1957, 52쪽.

비고 : 가는 선의 '국민반지도총본부'는 조직의 계통성을 분명히 드러내기 위해, 원자료에는 없는 것을 추가했다.

지도위원회는 1956년 운영위원회로 바뀌었고, 도 단위 운영위원회를 아우르는 중앙 지도기구로 내무부 국민반지도총본부를 1957년에 설치했다. 국민반지도총본부는 내무부 장관의 주도 아래 다른 각 부처의 차관은 물론 유력한 사회단체의 대표자를 망라하여 국민반 운영에 대한 전국적인 기획과 지도를 담당하고, 다른 행정 각 부 사이에 연락 조정을 하여 제반운영시책을 마련, 통제하게 되었다. 내무부 장관이 국민반지도총본부를 주도하듯이, 읍면동운영위원회까지 이어지는 관민합작의 국민반 지도계통은, 내무행정 라인과 일체가 되어 측면지원하는 위치에 있었다.(<그림 3> 참조)

국민반지도총본부는 전국 국민반이 실시할 매월실천사항을 책정하여, 이를 道운영위원회에 시달하고, 도 이하 운영위원회는 상급기관에서 내려온 매월실천사항을 토대로 그 지역의 실천사항을 정하는 방식으로, 동리운영위원회를 거쳐 국민반상회에까지 내려간다. 도 이하 각 운영위원회의 활동 윤곽은 <표 1>과 같다.

<표 1> 국민반 운영위원회의 구성과 활동

운영위원회별	위원회개최월일	처리 사항	위원회의 구성
도	매월 15일	1. 실천 및 주지사항의 심의 결정 2. 公廳(요망) 사항의 처리	지사 각 국장 및 기관장 유지 20으로 구성
시, 군	매월 25일	상동	시장 군수 및 기관장 유지 10~15명
읍, 면	매월 27일	상동	읍면장 및 기관장 유지 7~10명
동, 리	매월 29(혹 30일)	상동	이장 및 부락유지 5~7명
국민반예회	매월 말일	실천 및 주지사항 전달 반원의 소리 청취	10~15호의 家口主

자료 : 「자문사항답신 : 국민반운영강화책-충청남도」, 『지방행정』, 1957, 60쪽.

또한 각 운영위원회는 하위 운영위원회의 구역을 분담 출장하여 지도하고, 때로는 심사독려반을 편성하여 하위 운영위원회의 활동 상황과 국민반상회, 반원의 실천사항(국가시책 침투 상황)을 사열하기도 했다.

1957년 국민반에 대한 지도체계가 이렇게 갖추어지는 과정에서 국회 야당과 정부는 국민반 설치를 두고 격론을 벌였다. 야당은 국민반 설치 무효안을 제출하기도 했다. 당시 내무장관 정경근은 야당의 반대에 대해 국민반은 "국민과 정부가……한 마음과 한 방향으로 나가……시책 효율"을 기하는 '上意下達'의 기능과 함께 민심과 민정의 동향을 살펴 반영하는 '下情上達'의 기능을 위한 조치라고 강조했다.[60] 이에 대해 야당 의원들은 정부의 국민반 강화책은 국민을 전체주의로 결박하는 것과 다르지 않다고 반박했지만,[61] 정부는 야당과 언론 등에서 제기하는 의혹에 개의치 않고, 다음과 같이 국민반 강화책을 발표하고[62] 실시했다.

① 매월 1일에는 전국 일제히 국민반의 반상회를 열 것.
② 반상회에서는 반원들의 출석부를 비치하여 결석하는 반원이 없도록 점검.
반원들의 의견을 기입하는 기록부를 비치.
③ 반상회에는 복잡한 실천사항을 열가함을 피하고 실천사항은 최대한 5개 항목으로 제한할 것.
④ 반상회는 상호간의 친목을 도모할 것이며 세금의 독촉과 동원 사항

60) 「국회에 있어서의 국민반조직에 관한 장내무부장관답변」, 『지방행정』, 1957.
61) "더욱 철저를 기해서 總力이라는 文句가 싫거든 協力聯盟을 만들어 볼 생각은 없느냐" ; "일제시대의 총력연맹과 마찬가지로 郡에는 郡聯盟, 郡을 대표하는 郡的으로 대표하는 것 그 다음은 道的으로 대표하는 것 그 다음에는 중앙으로서의 대표하는 이것이 있어야 비로소 국민반으로서의 하의상통하는 그 기관이 체계적으로 이것이 설 것이 아니냐."
62) 『조선일보』, 1957. 3. 26, 「국민반을 재편성. 민의창달위해 매1일엔 반상회」.

등 강압적인 탈선행위를 절대로 금할 것.

⑤ 민의창달의 반상회가 되어, 관에 대한 원한 등을 기탄없이 진술케 하여 민의가 무엇인지를 구체적으로 장악하여 민의를 말단행정기관에서 처결할 문제는 매월 2일까지 속결하고, 기타 중요한 사항은 순차적으로 상부에 보고토록 할 것.

⑥ 반장에 대한 대우를 개선해야 하며, 되도록 우량반장을 표창하며, 문패를 제공한다든가 정신적인 우대책을 강구할 것.

⑦ 내무부를 비롯한 각 행정기관에는 국민반 지도반을 신설하여 각기 지도 구역을 분담하여 반상회를 지도할 것.

⑧ 국민반 강화에 필요한 예산을 추가 책정하여 가일층 운영에 만전을 기할 것.

국민반상회는 월례회로 실시되고, 출석부와 기록부를 비치하며, 실천사항을 5개 항목으로 간결하게 하도록 했다. 또한 반장에 대한 대우 개선책이 요청되었고, 각 행정기관에서 반상회를 지도할 국민반 지도반을 신설하도록 했다. 끝으로 예산을 책정하여 국민반 운영강화를 꾀하도록 했다.

이로써 내무부－도－시군읍면－동리 차원의 행정라인을 기축으로, 기타 관공서와 단체가 참여하는 형식의 국민반 지도체계가 정립되었다. 국민반은 종적 횡적으로 계통화된 통제망 아래 행정을 보조하도록 되었다.

일제의 조선연맹체제에서는 주민 생활의 장, 생활공동체로서 촌락-부락연맹을 중시했고, 그 실행체로서 애국반을 강화했다. 행정의 통제망은 우선 부락연맹에 집중되었고 그 다음 애국반이었다. 자연히 부락연맹의 책임을 맡았던 구장에 대한 정신적 물질적 우대 조치가 강구되었다. 이 점은 1950년대 애국반의 개조형태인 국민반의 중시와 강화책으로 이어졌다. 그러나 내무부 아래 시도, 군면, 동리로 이어지는 행정

라인에 따라 국민반 통제체계를 구축한 점은 일제시대와 차이가 있었다. 또한 국민반을 강화하기 위해 반장의 대우를 높이는 조치, 국민반을 협동체(생활의 중심)로 만들려는 방안은 일제하 부락연맹-애국반 강화책을 계승하고 있다. 이러한 조치들은 해방 후 남북분단과 한국전쟁을 거치면서 체제와 사회의 전반적 변화, 대규모 인구이동 등으로 말단사회의 결속력의 약화, 이와 연동된 개개인에 대한 통제력 약화 가능성도 염두에 둔 것으로 생각된다.

5. 맺음말

일제하 태평양전쟁기는 전시체제의 최고점에 달한 시기였고, 해방 후 1950년대도 이와 유사한 체제가 재정립되었다. 여기서 일제시대에 확립되었던 전시동원체제가 계승, 변용되었다. 미군정기 '국민신생활재건운동'이 민주국가 건설을 목표로, 운동의 기본방향으로 "국민정신의 함양, 국민재훈련, 국민경제의 재건설"을 제시한 점, 국민회의 '국민운동대강'에서 '국력배양운동'과 '사상통일운동'을 기본 방향으로 설정한 점(<그림 1>), 모두 조선연맹이 '고도국방국가 건설'을 목표로 제시했던 3가지 '實踐大綱'(사상통일 · 국민총훈련 · 생산력확충)과 유사했다(<그림 2> 참조).

또한 일제는 '국민재조직' '국민운동' '국민총력운동'이라 하여, 전 사회와 조선 민중을 망라한 거대한 조직을 구축하려고 했었다. 그 과정에서 조선민중의 삶과 의식, 사고가 국가와 집단의 목표와 방향에 따라 규제되고 획일화되는 경험을 했는데, 이런 사실은 1950년대에도 비슷한 형태로 이어졌다. 차이점은 독립된 주권 국가로 자유민주주의를 채택했고, 의회 등 여러 국민의 대표기관이 있어, 자유 · 민주 · 개인 ·

인권 등과 같은 가치가 서서히 개인의 생활태도와 방식으로 내화되기 시작했고, 정부의 억압적 폭거와 같은 조치에 대한 비판이 공개적으로 진행될 수 있는 공간이 있었던 점이다.

1957~1958년 경, 정부의 지방행정망과 국민회의 조직력이 각각 강화되어, 개개인에 대한 통제력이 어느 정도 재정비되었다. 국민회는 자체 조직을 동리지부까지 둔 다음, 관민합작의 지도기구인 운영위원회를 지도위원회(1957)→ 국민운동강화위원회(1958)로 발전시켰다. 또 국민회가 주도하는 국민운동을 보완하고, 내무 행정력을 말단 생활공간과 삶에까지 침투시키기 위해 국민반에 대한 일원적 지배체제도 1957년 내무부를 중심으로 확립되었다. 따라서 1957년 이후 국민회의 조직력과 내무부 계통의 행정말단인 국민반이 결합한 형태로 국민동원체제의 기본 틀이 완성되었다. 그러나 이 점은 조선연맹의 총재가 총독이고, 도 이하 부군도-읍면의 행정라인에 따라 지방연맹이 설치되고, 그 지방연맹의 장을 지방행정의 장이 맡았던 것과 달랐다.

조선연맹은 총독부로 대표되는 행정라인과 일원적 체제를 가동했다. 반면에 해방 후 대표적인 관변단체인 국민회의 조직화가 촌락 아래 최말단을 자체 조직으로 통제하지 못하고, 내무부 계열의 국민반 조직과 결합한 형태는 태평양전쟁기 일본의 大政翼贊會와 內務省 部落會·隣組로 동원체제가 양분되었던 상태와 유사했다.[63] 대정익찬회는 내무성의 말단 조직을 이용하면서 국민운동을 이끌었고, 조선연맹은 자체적으로 말단 부락연맹-애국반 조직을 갖췄고, 오히려 이것을 지방행정에서 활용하는 양상을 띠었다. 바로 이런 이유에서 당시 조선연맹의 조직화가 일본의 대정익찬회보다 한층 일원적인 계통을 확립하고 철저했고, 1950년대 남한의 국민동원체제는 태평양전쟁기 일본의 동원체

63) 김영희, 「국민총력조선연맹의 사무국 개편과 관변단체에 대한 통제(1940. 10~1945. 8)」, 241, 268쪽.

제와 비슷한 모습을 보였던 것이다. 즉, 해방 후 국민동원체제는 이전보다 조직력이 강력하지 못했다고 할 수 있다. 이는 식민지 사회와 달리 미군정기를 거쳐 독립된 국가로서, 비록 왜곡되고 변형되었을지언정 자유민주주의 제도와 절차가 유지되었기 때문에 개개인에 대한 관의 지배력은 그만큼 차이가 있었다. 그러나 한반도에서 혹독한 전쟁을 경험하고 북한과 대치하는 상태에서 독재정권의 기반을 넓히려던 집권세력은, 다른 가치를 압도하는 반공주의로 내부를 통제하면서 주민감시망을 가동시키려 했다. 이 과정에서 국민반-유숙계 제도는 부분적으로 애국반-기류계보다 강력한 지배력이 행사될 가능성이 있었다.

이렇듯 해방 후 신생국가의 건설 사업이 남북분단과 대치 상황에서 진행될 수밖에 없는 사정, 또 정권의 정치공작 여부를 떠나 전시/준전시체제가 지속되는 가운데, 국민운동과 국민조직에 대해 어느 정도 사회적 공감대도 있었다고 할 수 있다.

해방 전후 국민운동의 연속과 변용문제의 구체적 양상의 일단을, 일제 말기 조선연맹이 국민총력운동을 추진할 때 그 일부였던 '국민개로운동[64]'과 '국민개창운동'이 실시되는 대목에서 엿볼 수 있다. '국민개창운동'은 전후 재건사업이 진행되는 가운데 주장되고 부분적으로 실행되었다.[65] 이런 개창운동은 일제하 노동력 강화에서 비롯된 고단한

---

64) 救國總力聯盟은 한국전쟁 직후 여러 사회단체를 망라하여 등장했던 전시대책위원회를 재편한 것으로, 부흥재건의 긴요성에 비추어 '국민개로운동'을 전국적으로 광범하게 전개했다. 조병옥을 위원장으로, 10개 부를 두고 활동한 바 있다(배은희, 『나는 왜 싸웠나』, 일한도서주식회사, 1957, 96쪽 ; 『조선일보』, 1950. 11. 4, 「국민개로운동 구총서 적극 전개」 ; 1950. 10. 29, 「구국총력연맹 강력한 진용 편성」). 일제하 국민개로운동은 조선연맹이 1941년 9~11월 총력운동의 기반을 넓히고 노동력강화에 대비하기 위해 전국에 걸쳐 해당자는 한 사람도 빠짐없이 참여시키려고 한 바 있었다.

65) 『조선일보』, 1954. 12. 6, 「국민개창 노래 당선」 ; 1956. 2. 4, 「악단시평(전2회) (1)국민개창운동」.

생활과 의욕 상실을 회복시키기 위해 총력운동 차원에서 실시된 바 있었으며, 이 시기에도 비슷한 이유로 개창운동이 있었다. 그러나 이때 '바다는 부른다' '국민반의 노래' '희망의 농촌' 등 6개 곡이 화신백화점과 미도파백화점의 확성기를 통하여 반복 재생되었지만 오히려 청중의 권태로움을 유발했다고 한다. 아마도 전문성이 떨어진 몇 개 되지 않은 곡들이 사람들에게 크게 호응을 얻지 못했기 때문으로 짐작된다. 그러다 보니, 다음과 같이 일본음악이 여전히 대중 속에서 활개를 친다는 것이다.

> 倭色 레코트를 엄금한다고 써붙여놓고도 아무 거리낌없이 보라는 듯 들으라는 듯 하루 종일 '레코트'를 걸고 잇는 明洞과 충무로의 헤아릴 수 없는 다방들은 음악가 자신들의 노력의 제공이 없는 한 쉽사리 이 땅위에서 왜색음악은 물러서지 않을 것이다.

즉 일제시대 '국민개창운동'에 앞장섰던 음악인들 즉, "8·15前에는 곧잘 겨레 아닌 겨레들을 위하여 각종의 지성을 다한 명곡을 지어 동분서주하며 연주를 하고 출판물을 내며 방송국의 '마이크'를 통하여 명령이 아닌 자유의사에서 음악적 기술과 역량을 대중 앞에 뽐내던 음악인들"이었지만, 이제 대중의 정서를 반영한 곡을 만들어야 한다는 것이다. 과거의 잘못을 "조국의 문화발전과 향상을 위하여 끊임없이 명랑하고 건설적인 애국가를 창작 공급"하는 것으로 대신하라는 것이다. 여기서 식민지 유산의 인적 연속성의 일단을 볼 수 있다.

일제시대에 구축 작동되었던 국민동원운동과 그 시스템은 내용과 형태가 변용된 채, 식민지 유산의 정리 과업 앞에서 정권의 국가 사회의 통제 강화와 '국민 형성/재구성'의 수단으로서 재생되고 있었다.

반공주의와 일상생활

김 영 희

1. 머리말

38선의 획정과 미군의 남한 진주는 해방 후 반공주의 형성에 결정적인 영향을 미쳤다. 곧이어 신탁통치 문제를 둘러싸고 남한의 정세는 공산주의냐, 반공주의냐라는 기준으로 판가름났다. 여기에다 세계적인 규모로 진행되던 냉전이 한반도에 투영되어 남한의 반공주의를 촉진시켰다. 이러한 배경에서 국가건설 과정은 반공국가의 면모를 띠었다. 1948년 10월 여순사건은 남한 반공체제의 기본적인 구조와 작동원리의 출현에 분수령이었다. 이승만 정권은 여순사건에 대해 가졌던 위기감과 대응방식을 강력한 반공노선 아래서 반복 재생산하여 반공사회를 구축해 갔다.[1] 따라서 반공국가로서의 기본 틀은 대체로 한국전쟁이 발생하기 전인 1949년 하반기에 구축되었다.[2] 그리고 한국전쟁을 겪으면서 반공주의는 한국의 지배이데올로기로 부상하여, 일상생활과 의식세계까지 침투하여 부분적으로 동의체계를 창출하기에 이르렀다.

국가권력이 안정적인 지배를 효과적으로 재생산하려고 할 때는, 폭

1) 김득중, 「여순사건과 이승만정권의 반공이데올로기 공세」, 『역사연구』 14, 2004. 12.

2) 서중석, 「정부수립후 반공체제 확립과정에 대한 연구」, 『한국사연구』 90, 1995.

력적 억압이라는 강제와 동시에 정신과 행동을 특정한 방향으로 조형하여 순치시키는 동의체계를 구사한다. 한국전쟁 이후 반공주의가 일상생활에까지 침투하여 개개인의 정신 영역에까지 작용할 수 있었던 기반은, 국가보안법 등 법적 기제와 이것을 행사하는 경찰, 군대와 같은 물리적 억압기구, 이데올로기적 공세와 조작, 지배구조를 재생산하고 뿌리내리게 하는 데 토대적 역할을 하는 관변단체, 사회화 과정을 통해 동의체계를 이끌어내는 제도교육, 지배이데올로기를 선전하고 확산하는 데 유력한 매체인 보수 언론과 지식인 등이 하나의 견고한 연결망을 형성하고 작동해 왔기 때문이다.

이 글에서는 국가 형성 초기 1950년대를 중심으로 반공체제를 작동시키고 지속시키는 데 주도적 장치였던 외곽단체와 이데올로기 확산 문제를 중심으로 반공주의가 일상에까지 전달되는 구조를 살펴보고자 한다. 해방 직후 정부수립 과정에서 반공주의 확산과 반공국가 건설은 쉽지 않았다. 일반 민중들 사이에는 식민지배체제와 다른 혁명적 변혁을 꿈꾸기도 하면서, 반공보다 민족과 통일을 더 중시하는 분위기였기 때문이다. 이런 사정들과, 베트남참전에서 보인 박정희 정권의 극단적인 반공주의 태도를 비교해 볼 때, 어떻게 반공주의가 한국사회 구성원들의 일상과 의식에 파고들어가 집단심성의 일부가 되었는지 궁금하다.

여순사건에서 한국전쟁을 거치면서 형성된 국민동원체제는 일정한 조건에서 익숙한 코스로 반복 재연되었다. 남북대립구조는 반공주의/반공체제 생성의 바탕이자 자기증식의 자양분이었고, 또 반공주의/반공체제 자체가 그 대립구조를 한층 심화시키는 메커니즘으로 작동하고 있었다. 이는 전후에도 북한이란 외적 '위협' 현실을 앞세운 정권의 체제유지의 수단으로 빈번히 작동되었다.

이 글에서는 반공주의가 일상생활의 하나의 규범이 되고 민중들의 삶 속에 내화되는 구조의 일단을 구명하려고 한다. 이를 위해 우선 반공주의/반공체제에 대한 자발성을 강제하는 기구와 조직, 동원방식을 살펴보려고 한다. 또 전쟁을 거치면서 남한사회를 뒤덮었던 반공대회, 문예, 전람회, 구호/표어 속에 전쟁의 공포, 북한의 폭력성이 어떤 방식으로 재현되어, 반공주의가 집단적 기억으로 공고화되는 데 영향을 미쳤는지를 살펴보려고 한다.

2. 전국적 반공조직화 과정

1) 국민회

대한독립촉성국민회(독촉국민회, 1946. 2. 8)는 1948년 5·10선거가 끝난 뒤 10월에 발생한 여순사건을 계기로 활동 방향을 국민조직과 국민운동으로 결정했다. 여순사건은 국민회의 조직과 활동만이 아니라 청년단 등 다른 외곽단체의 등장을 촉발하여 국민동원체제가 형성되는 데 결정적으로 작용했다.

1948년 7월 독촉국민회가 전국대회를 통해 제출된 국민운동대강을 보면, 국민회는 대통령을 총재로 한 관민합작기구로서, 16세 이상 모든 남녀를 회원으로 '국민총력발휘태세'를 목표로 활동하며, 이를 위해 물심양면에서 사상통일운동과 국력배양운동을 전개한다고 했다. 사상통일운동의 하나가 공산주의의 극복, 반공주의였다.[3] 독촉국민회는 대통령이 총재인 만큼 정부 부처와 각급 지방행정의 기관장을 비롯하여 전국민을 아우를 수 있는 전국적인 관변단체로 재정립되었다. 국민회는 총재인 이 대통령의 지시에 따라 국민운동을 포함하여 정치적 활동을

---

3) 『대한민국건국십년지』, 대한민국건국십년지간행회, 1956, 297쪽.

해갔다.[4] 12월 명칭을 대한국민회(국민회)로, 기구는 국민회중앙본부, 도본부로 바꾸었다. 국민회는 1949년 2월 15일 결성 3주년 기념식을 기해 관민합작운동의 실천 방안으로 5개 당면 정책을 발표하여[5] 국민운동조직으로서 면모를 한층 구체화했다. 즉 국민회가 말하는 국민운동이란 "국력을 강화하여 국위를 높이는 국민 전체의 직접적 운동"이며, '전 민족' '3천만'은 단일체계 아래 이 목적을 충실히 이행해야 한다고 했다. 도 이하 지방 말단 촌락과 직장까지 국민회 하부조직을 결성하도록 하였다.[6] 그리고 남북통일을 성취하기 위하여 일대 사상운동을 전개하여 "북한 괴뢰정권의 타파와 반동분자가 개과천선"을 할 수 있도록 '국민계몽대'를 각 지방에 파견하기로 했다.

국민회는 도 이하 동리지부를 넘어 촌락까지 조직화하려고 했으나, 실제 동리까지 지부를 설치하는 선에 머물렀다. 공고한 운동의 기반을 담보하는 최말단 기저 조직의 요구는 애국반/국민반을 활용하는 쪽으로 정리되었다. 해방 후에도 물자배급과 세금징수 등에 유용했던 일제하 조선연맹의 애국반을 '국민반'으로 재편하여[7] 최말단 조직으로 삼고자 했다. 서울특별시국민회운영위원회는 각 洞에 위원회 지부(가칭)를 두고, 각 동회의 애국반을 국민반으로 개칭하기로 했는데,[8] 이는 국

---

4) 『조선일보』, 1949. 1. 15, 「국민회 흡수 浪說」. 국민회 사무국장 이활은 "21, 22일 임시대회는 이 총재 지시로 유엔위원단 來朝 후 남북통일을 지향하는 국민운동을 활발히 전개하기 위함"이었다고 하듯이, 국민회는 이승만 정권의 외곽단체였다.

5) 『연합신문』, 1949. 2. 16, 「국민회, 결성 3주년 기념식을 거행하고 당면정책 5개항을 발표」.

6) 1949년 3월 말까지 전국적 조직과 기구를 개편한다는 방침에 따라, 3월에 각 도별 대회가 개최되었으며 지부 결성이 각지에서 이어져(『조선일보』, 1949. 2. 26, 「국민회 各道 대회를 개최」; 1949. 4. 27, 「국민회지부 결성」) 대략 6월경 지방 조직이 마무리되었다.

7) 『조선일보』, 1949. 9. 23, 「市국민회 운위 조직」.

8) 『조선일보』, 1949. 9. 23, 「市국민회 운위 조직」.

민반을 국민회 최말단 조직으로 운영하려는 조치로 볼 수 있다. 나아가 국민회는 국민조직과 국민운동의 확대 강화 방안의 하나로 도립국민훈련원의 설치와 함께 촌락 단위 건설대를 조직하는 문제도 검토했다.[9)]

또한 국민회 안에 설치하기로 했던 관민합작위원회는 1949년 9월 관민운영위원회 형태로, 중앙본부는 각부 장관, 공보처장, 내무차관, 국민회 최고위원 및 각 부장으로 구성되었다. 이후 국민회 운영위원회는 面지부까지 해당 지역의 관공서장을 중심으로 꾸려졌다.[10)] 운영위원회는 정부-지방행정기구에서 국민회(국민운동)를 지휘 통제할 수 있는 창구였다. 이로써 국민회는 정부의 시책과 그 범위에서 진행되는 자체적인 활동을 행정관청과 유기적인 연락망을 가동하면서 추진할 수 있는 구조를 확립했다.

국민회는 1948～1949년 사이에 전국적인 국민조직으로서 활동을 모색했다. 국민회는 1949년 8월 '국민운동대강'에서 제시한 바 있는 국론통일과 국력강화책, 지방선거대책, 정부시책의 말단 침투책, 반동계열의 분쇄책 등을 검토하고, 9월 UN총회 개최를 기해서 방공태세를 갖추고 국민대회를 개최할 계획을 세웠다.[11)] 그러나 9월 국민회 주도 국민대회는 열리지 않았고 대신 UN총회 개최와 관련하여 담화를 발표하여 북한실지회복방안을 촉구했다.[12)] 이후 국민회는 전국적인 운동보다

---

9) 『조선일보』, 1949. 11. 24, 「국민 훈련원 설치 등, 국민회 지부장 회담」.

10) 『조선일보』, 1949. 9. 16, 「국민회 運委 강화. 서울특별시국민회운영위원회는 위원장은 현 시장, 부위원장 2명에는 현 부시장, 민간인 1명, 위원 20명은 관계 관청과 단체에서 관민 동수로 충당하기로 했다(1949. 9. 23, 「市국민회 운위 조직」). 여천국민회 경우에는 각 면지부장을 비롯하여 관공서장으로 구성된 국민회운영위원회를 조직하였다(1949. 9. 20, 「여천국민회 재편」).

11) 『조선일보』, 1949. 8. 13, 「국민회에서 국민대회 계획」.

12) 『조선일보』, 1949. 9. 22, 「UN총회에 국민회 담화」.

도 단위 활동을 진행하는 양상을 띤다.[13)]

국민회가 전국적인 조직으로 성장해 갔다고 하지만 아직 조직망과 실천력을 충분히 담보하지 못한 상태에서 한국전쟁이 일어났다. 국민회의 이런 내부 사정과 전쟁기간 국가 사회의 역량을 결집해야 하는 상황에서, 여러 관변단체들이 연합하여 구성한 전국애국단체연합회 혹은 전국사회중앙협의회 등이 국민대회 형태로 국민동원운동을 전개했다. 그러나 이 전국애국단체연합회를 주도한 것은 국민회였다.

국민회는 한국전쟁 동안 전국문화단체총연합회의 구국대(문총구국대)와 같이 선무활동을 하는 국민회특수공작대를 편성하기로 했다. 1950년 12월 7일부터 변론부와 예술부로 조직된 가두선전반을 서울 시내 거리에 매일 파견하여, 유언비어 분쇄 등 강력한 국민운동을 전개한다는 것이다.[14)] 1953년 10월 30일 국민회전국대회를 준비하여 지방대표 선출이 동리, 읍면, 시군, 시도 단위로 예정되었다.[15)] 국민회전국대회는 일정대로 열렸고, 이 자리에서 이 대통령은 국민회가 전국조직으로 성장이 더딘 이유로 각 지방별 활동이 각 세력을 부식하는 차원에서 이루어졌기 때문임을 지적하고, 이것이 시정되지 않으면 엄정 조치하겠다고 경고했다.[16)] 이 전국대회 이후 국민회는 조직력을 결집하는 데 역량을 모았고, 그 과정에서 자유당의 기간단체로서 활동을 했다.[17)] 국민회는 1956년 11월 31일 전국대회를 대신하여 중앙집행위원

---

13) 『조선일보』, 1950. 4. 22, 「飛機기금 육백만원 전남국민회서 헌납」.

14) 『조선일보』, 1950. 12. 7, 「유언비어를 일축! 국민회서 가두 선전」.

15) 『조선일보』, 1953. 10. 2, 「국민회 전국대회 요령 결정」.

16) 「국민회전국대회에 유시」, 『대통령이승만박사담화집』, 공보처, 128쪽. 그런데 이 담화집에는 날짜가 1953. 8. 20으로 되었다. 착오인 듯하다.

17) 1955년 5월 7일 국민회연차대회에 보낸 치사에서 이 대통령은 "국민회는 자유당의 기간단체"라고 했다(『조선일보』, 1955. 5. 8, 「회장제로 규약 수정」). 이 대회에서 회장제가 채택되어, 대통령이 총재, 이기붕이 회장이 되었다.

회 및 도-시지부장 연석회의를 개최하고 산하 지부에 내릴 지시사항으로 국민총반성운동, 反共防日 국토통일운동, 생활혁신운동 등을 결정했다. 이 결정에 따라 국민회 산하 지방조직은 반공운동 등 지시 사항을 실행해야 했는데, 그해 12월 양양군 토성면 국민회지부에서는 12일부터 1개월 예정으로 면내 각 촌락 단위로 시국계몽순회강연회를 개최하였다.[18]

국민회는 1957년부터 조직력과 활동성을 더욱 확대해 갔다. 1957년 이전의 운영위원회를 지도위원회로 개편하되 종래와 달리 중앙본부와 도본부까지만 두고,[19] '운영'이 아니라 '지도'를 표방하여 지배력을 집중하려고 했다. 이 지도위원회는 1958년 다시 국민운동강화위원회로 대체되었다. 국민운동강화위원회는 정치·경제·문화·청년지도 등 4개 분과위원회를 두고 활동하기로 되었다. '지도'보다 직접적인 통제를 관철시키려는 의지가 담긴 '강화'위원회는 산하 분과위를 두고 활동하면서, "종래 거의 활동의 기능을 잃고 있던 국민회가 금년 들어 갑자기 정치성을 띤 국민운동 또는 청년운동조직을 서두르고" 있다고[20] 주목받기도 했다.

총재인 이승만 대통령은 '반공단체'로서 국민회의 조직을 중시해 왔고, 1957년 4월 18일 국민회가 '반공단체'로서의 조직 강화 문제를 보고하자, "더욱 활발한 반공국민운동"을 추진할 것을 지시했다.[21] 직후 6월 12일 국민회중앙총본부는 국민조직으로서 국민회의 국민운동 성과를 다음과 같이 발표했다. 즉 국민회는 '건국단체' '민족통일의 기본 단체' '반공투쟁에 선봉이며 횃불'로서, "멸공과 자주통일 독립을 주로 하

18) 『조선일보』, 1955. 12. 17, 「토성면 국민회에서 시국계몽 순회강연」.
19) 『조선일보』, 1957. 12. 29, 「국민회에서 신청년 단체결성 추진」.
20) 『조선일보』, 1958. 10. 30, 「국민운동 강화위 국민회에서 구성」.
21) 『조선일보』, 1957. 4. 19, 「李대통령 국민회 간부에 반공운동 적극화 분부」.

는 국시를 확립하여 국민의 지도적 소임"을 다한 국민조직이었다고 자평했다. 또 "전국민의 선봉으로서 국가 또는 민족적으로 유사시에는 전국 애국정당 사회단체를 총망라한 전국애국단체연합의 주동체"였다고 했다. 따라서 국민회는 '국토통일'을 위해 '반공투쟁'을 해왔고, '국가의식과 국민사상'으로 '인심'을 '애국심에 귀일'시켜 총역량을 결집해 왔다고 정리했다.[22] 이같이 자체 평가한 성과를 바탕으로 국민회는 '반공'을 내건 활동을 더욱 전개할 것임을 직간접적으로 드러냈다.

국민회는 청년단 등 다른 관변단체와 유기적인 관계망을 구축해 갔다. 산하 지부의 청년부가 독자적인 청년단체로 발전하고 이를 토대로 대한반공청년단이 나옴으로써, 국민회의 영향력을 더 한층 확대할 수 있게 되었다. 국민회는 국민회향토건설대/청년건설대, 대한반공청년단과 함께 반공단체로서의 성격을 명확히 하면서 반공체제를 선도하고 있었다. 1957년을 기점으로 국민회는 상부기구의 지도력을 높이는 방책으로 운영위원회를, 지도위원회(1957)를 거쳐 국민운동강화위원회(1958)로 발전시켰다. 또 국민회는 도 단위로 국민훈련원을 두어 국민운동 지도자를 양성하려고 했고, 나아가 시군 단위로까지 확대하여 분원을 두었다. 그리고 이 무렵 국민회의 말단 침투력을 보완할 수 있는 매체인 국민반에 대해 내무부를 정점으로 한 내무행정의 일원적 통제력도 구축되었다. 게다가 국민회가 행정말단의 국민반의 조직력과 기동성을 활용할 수 있어, 외형상 국민회 중심의 국민동원체제가 1958~1959년에 완성되었다.

2) 대한청년단 · 대한반공청년단

1948년 12월 독촉국민회가 국민회로 명칭을 바꾸고 관민일체의 국

22) 우남전기편찬회, 『우남노선』, 동아출판사공무국, 1958, 97쪽.

민운동 중심 단체로 확대 발전할 때, 기존 청년단체의 일원화 작업도 추진되었다. 청년단체의 통합은 문교부, 내무부, 사회부 등의 정부 부처에서 추진하다가 이 대통령이 전면에 나섰다.[23] 처음에는 각 청년단체를 해소하고 이들 단체에 포용되었던 500만 단원으로 의용단을 조직하기로 했으나, 이후 단명을 대한청년단으로 변경했다. 12월 19일 서울운동장에서 이 대통령을 비롯한 정부 각 장관과 각계 내빈, 몇 만의 청년단원이 모인 가운데 발단식이 거행되었고, 이 대통령이 총재로서 "국가수호를 자기 직책"으로 "유사시 최후까지 싸(우는)" 청년이 될 것을 당부했다. 이에 청년단은 결의문에서 "총재 이승만 박사의 명령을 절대 복종"할 것과 '공산주의 주구배' 말살, 남북통일 완수를 다짐했다.[24] 그리고 '국가의 간성'으로서 '통일 완성'과 '파괴분자 숙청'을 기본 방침으로 채택했다.

이승만 대통령은 자신이 대한청년단의 총재가 된 것은, 청년단체를 "나의 의도대로 통일을 완성"시켜 "민국에 속한 애국단체의 정신을 표명"시키자는 의도에서였다고 했다. 이 대통령은 자신의 지시와 명령으로 자기가 원하는 방향으로 전국 청년들을 움직이려고 생각했고, 청년들은 이에 호응하듯이 총재에게 '절대 복종'할 자세가 되어 있음을 천명했다.[25]

이 대통령은 국민회와 함께 대한청년단을 "반공운동을 전적으로 추진"할 국민운동 조직으로 만들려고 했다. 이에 청년단에게 지방관리와 군경을 보조하여 치안책임을 분담시켰다.[26] 이로써 국민회-대한청년단

23) 『조선일보』, 1948. 11. 18, 「청년단 대표초청 운동방침을 토의」; 「청년단체 통합협의 대통령과 회견」.
24) 『조선일보』, 1948. 12. 20, 「대한청년단 발족. 새국가의 礎石되라!」.
25) 『조선일보』, 1949. 1. 6, 「민족 청년단 해체」; 1949. 2. 10, 「族靑의 통합은 애국심의 발로」.
26) 『조선일보』, 1949. 4. 12, 「대한청년단에 이박사 지시」; 1949. 9. 4, 「청년단 기

은 정부 특히 내무부-지방행정기관-경찰, 군인과 연계되어 활동하게 되었다. 따라서 청년단의 지부 역시 해당 지방행정기관(장)의 협조 아래 결성되었으며, 군단위 지부 결성식에 내무장관, 국회의장, 문교장관이 대통령을 대신하여 참석하는 데서[27] 청년단의 국가 사회적 위상을 짐작할 수 있다.

청년단은 국민회와 마찬가지로 어떤 특정 시기에만 대비하여 작동되는 것이 아니라 평시에도 운영되는 거의 지속적인 조직으로 의도되었다. 또한 청년단의 업무는 군사훈련과 정신고취를 하면서 평시에는 법률보호, 치안유지, 삼림수호, 도로수축, 상시 청결, 반공운동을 각각 소재지에서 맡아 하고, 유사시에는 '團民된 책임'을 다해야 했다.[28] 청년단장 신성모는 청년단의 가장 중요한 임무는 '반공'이라고 했다.[29]

특히 청년단이 중요시되었던 이유는, 10만 상비군과 20만 예비군 계획을 달성하는데 600만 청년단은 인재 풀(pool)이었기 때문이다. 정부기관에서는 청년단원 중에서 호국군 혹은 민병에 준하는 청년방위대원을 선발하려고 했다. 또한 이러한 청년단의 책무가 완전히 수행되도록 중견청년단원을 대상으로 집중훈련을 시킨 뒤, 이들이 일반 단원을 교육하도록 하는 예비훈련도 했었다.

이렇게 출발한 청년단은 국군과 경찰을 도와 "반역분자들의 파괴운동"을 막고 "반란분자들의 지하조직을 일일이 조사"하는 것이 주된 임무의 하나였다.[30] 한국전쟁 끝 무렵, 청년단원들은 "통일이 아니면 주검을 달라"고 북진을 외치는 궐기대회를 열고, 이 대통령을 비롯한 각

능 강화」.

27) 『조선일보』, 1949. 1. 18, 「대한청년단 수원 지부 결성식」.

28) 『조선일보』, 1949. 9. 4, 「청년단 기능 강화」.

29) 『조선일보』, 1948. 12. 29, 「장년층은 유력한 勢力」.

30) 『조선일보』, 1949. 1. 6, 「민족 청년단 해체」; 1949. 2. 10, 「族靑의 통합은 애국심의 발로」.

계에 보내는 메시지와 결의문을 채택하여 "북진통일을 감행하기 위해 민병훈련편성"을 주장하기에 이르렀다.[31]

이승만 대통령은 여순사건을 계기로 통합 발전시켜 온 대한청년단을 한국전쟁 직후 해산시켰다.[32] 대한청년단의 해산 배경에는 정치 개입과 월권행위로 물의를 일으킨 점도 있었으나,[33] 무엇보다 민병제의 실시와 관련되었다.

이 대통령은 민병제 편성 요청을 수락하는 형식을 취하여, 대한청년단을 비롯하여 방공단, 북진통일연맹, 향토방위대 등 청년단체를 해체하고 모든 청년을 민병대에 편입시켜, "군율에 則한 훈련"을 통해 "국가를 위한 헌신적 통일조직"이 되어야 한다고 했다. 민병대원의 임무는 평소에 생업에 종사하면서 군사훈련을 받아 향토방위태세를 강화하고, 유사시에는 군무에 종사하는 것이다.[34] 따라서 민병제는 국민개병주의 즉 "모든 국민에 대한 군사훈련이 얼마나 필요한가"를 증명하고, "모든 국민의 정신적 무장"에 기능할 수 있는 기제 중의 하나였다.[35] 민병대에 소속된 청년들이 치안과 전선 후생과 같은 업무에서 벗어날 때는 '군법'으로 처벌한다는 경고에서 보듯이, 민병대 제도는 1950년대가 여전히 "전시적 체제"였음을 보여준다.[36] 청년단 창설 때 민병제를 실시하여 "반란분자들의 지하조직을 일일이 조사"하도록 하겠다고 한 만큼,[37] 이제 정식으로 출범된 민병대는 향토방위 임무의

31) 『조선일보』, 1953. 5. 8, 「대표를 경무대에 파원 韓靑궐기대회, 北進을 호소」.
32) 『조선일보』, 1953. 9. 12, 「청년단체통일을 지시, 李대통령담 "민병대로 합치라"」.
33) 『조선일보』, 1953. 9. 12, 「청년단체통일을 지시, 李대통령담 "민병대로 합치라"」.
34) 『조선일보』, 1954. 3. 30, 「더욱 훈련에 정진」.
35) 『조선일보』, 1953. 7. 26, 「민병대령의 공포」.
36) 『조선일보』, 1953. 9. 13, 「청년단체의 해체와 청년운동」; 1953. 10. 2, 「방공단령을 무효, 李대통령 · 청년단체 해체 촉구」.

하나인 '좌익', '용공협의자' 색출에 적극 앞장설 가능성이 높았다.[38)]

한편 1953년 9월 대한청년단이 해체된 이후 약 4년 동안 민병대 이외 전국적인 청년단은 존재하지 않았다. 그러나 국민회는 산하 지부에 청년부를 두고 청년활동을 하고 있었다. 1957년 12월 국민회전국청년부장회의가 "반공체제를 가일층 강화"할 목적으로 소집되었다. 각 시도군지부 청년부장 100여 명이 참석한 가운데 회장 이기붕은 "국난을 극복하는 데는 국민정신의 총동원 이외에는 다른 도리가 없다"고 강조했고, 한국아세아반공연맹 이사장이면서 당시 대표적인 반공이데올로그인 공진항 등이 "반공정신앙양" 주제 강연을 했다.[39)] 중견청년들인 청년부장들을 통해 지역 청년들에게 반공주의가 선전, 계몽되었음을 짐작할 수 있다.

그런데 대한청년단 이후 군소 청년단이 다시 준동했고,[40)] 자유당은 1957년 국민회를 통해 '국민회향토건설대'라는 새로운 청년단체의 조직을 준비했다.[41)] 이 향토건설대/청년건설대가 1959년 1월 22일 청년단체 통합의 중심체로서 역할을 하면서, 대한반공청년단이 성립되었다.[42)] 이승만 대통령이 총재, 이기붕씨가 부총재, 단장은 김용우였다. 대한반공청년단의 설립을 두고 야당과 언론 등에서는 1960년 정·부통령선거를 대비한 '전위적 실력부대'라고 비판했다.[43)] 이승만은 '반공'

---

37) 『조선일보』, 1949. 2. 10, 「族靑의 통합은 애국심의 발로」.

38) 민병대는 1955년 5월 7일 한미군사회담에서 양국이 국군 10개 사단 편성을 합의하면서 해체되었다. 『조선일보』, 1955. 5. 8, 「7일 민병대를 해체」.

39) 『조선일보』, 1957. 12. 18, 「반공결의 재확인, 국민회 청년부장 회의」.

40) 『조선일보』, 1958. 3. 28, 「대한반공단에서 29일 창립기념식」; 1958. 10. 4, 「聞外聞」; 1958. 11. 6, 「聞外聞」.

41) 『조선일보』, 1957. 12. 30, 「聞外聞」.

42) 『조선일보』, 1959. 1. 21, 「正副統領선거전에 대비, 與의 청년단체규합공작주목」; 1959. 1. 22, 「대한반공청년단 22일 발족」.

43) 『조선일보』, 1959. 1. 27, 「청년단 결성 않기로 민주당 간부회의서 결정」.

으로 응수했고,[44] 대한반공청년단은 '반공방첩의 전위'임을 거듭 확인했다.[45] 대한반공청년단에 통합 혹은 편입되는 대상은 청년문제연구회, 반공통일청년회, 반공애국청년회, 학도의용군동지회, 대한반공단, 대한멸공단 등이었다. '반공'을 전면에 내세운 전국적인 청년단체인 대한반공청년단은 지역조직과 직장조직을 두고 전체 청년을 포섭해 가려고 했다.[46]

이상과 같이 1960년 직전 전국적인 국민조직으로 대한국민회와 대한반공청년단이 전 국민을 상대로 반공체제를 구축하고 있었다. 청년들은 이 조직에 편입되어 반공주의에 포섭된 채 "국가를 위해서 싸우다 죽는 것을 영광으로 알도록"[47] '계몽'되고 있었다. 이들은 다음에서 살펴볼 '반공' 국민운동과 국민대회, 지역 계몽선전의 전위로서 활동하게 된다.

3) 국민반

국민회는 전 국민의 망라적 조직을 지향하면서 기동성 있는 실천력을 담보하기 위해 애국반/국민반을 주목했다. 지방행정과 치안을 관장하는 내무부 역시 일제하 최말단 애국반을 재편하여 활용하는 방안을 적극 강구했다. 애국반의 기동성과 실천력은 국가건설과 반공체제를 형성하는 과정에서 재검토되었던 것이다.[48] 특히 여순사건 이후 정권

---

44) "지금은 공산당이 우리나라에 들어와서 혼돈을 일으키며 모두 결단을 내려하고 있으니……모든 사람들이 다 나라를 위하는 애국심만으로……애국정신만을 가지고" 대비해야 한다고 했다(『조선일보』, 1959. 1. 22, 「반공청년단 대회에 李承晩대통령 유시」).

45) 『조선일보』, 1959. 1. 23, 「綱領, 규약 등 채택」.

46) 『조선일보』, 1959. 8. 21, 「반공 청년단서 추진, 청년단체 통합」; 1959. 9. 12, 「반공 청년단 발표. 대한 멸공단등 9개단체 통합」.

47) 『조선일보』, 1958. 1. 22, 「李承晩대통령, 각의서 반공투쟁 강조」.

은 각 부문별 관변조직을 가동하여 본격적인 반공체제를 구축하려고 했다. 애국반/국민반은 반공주의 선전의 단위로 매우 중시되었다. 정부의 외곽단체인 국민회와 청년단 등이 동리와 촌락까지 말단 '세포조직'을 완성하여 "동일한 주의와 동일한 행동"으로 '물샐틈없이' 조직하고 연락하여 '반란분자'를 차단하려고 했을 때,[49] 이 '세포조직'은 애국반/국민반이었다.

1949년 *留宿届* 제도가 유동인구를 파악하고 상호연대책임 아래 반국가적 불순사상의 침투를 미연에 방지한다는 취지에서 실시되면서, 애국반을 국민반으로 재편하기 시작했다. 유숙계란 자기 班에 외부인이 들어오는 것을 파악하여 *洞會*를 거쳐 경찰에 신고하는 것이다. 비록 친인척이라도 반에 묵으면 반드시 신고하도록 할 정도로, "좌익계열 음모의 미연 방지" "유령인구의 적발"을 명분으로 상호연대의 감시망이 재구축되고 있었다.[50] 이 같은 감시망을 원활히 작동시키기 위해 애국반에 대한 관의 지배력을 높일 필요가 있었다.

내무부와는 별도로 국민회도 지방조직의 확충과 함께 국민반을 활용하려고 했다. 그러나 국민반 통제체계는 내무행정 라인에서 형성되었다.[51]

한국전쟁을 거치면서 국민반 활용성이 전시 혹은 준전시 말단행정 강화 차원에서 다시 주목되었다.[52] '하부말단의 세포적 조직'이 완전히 정비되어야 "국가행정의 만반시책이 그 조직망을 타고 침투"할 수 있으며, "국가시책을 능히 咀嚼消化하여 최후의 청산을 짓고 총결산"해

48) 『조선일보』, 1949. 9. 1, 「일선 보수작업에 애국반원을 동원」.
49) 『조선중앙일보』, 1949. 4. 13, 「제주도시찰과 국민조직강화, 이 대통령담화(1)」.
50) 『조선일보』, 1949. 4. 13, 「치안에 결함없도록 애국반을 개편」.
51) 애국반의 국민반으로 재편 문제는 이 책에 수록된 「국민동원체제와 식민지 유산」, 4장 참조.
52) 『조선일보』, 1951. 8. 2, 「말단행정을 강화」.

야 하는 국민에게 전달될 때, 비로소 신속히 정책이 실행된다는 것이다.[53)]

한국전쟁을 '聖戰', 북진통일을 '聖業'이라 하고, 한국전쟁 전후 국가운영체제를 '총동원' '전시체제'라고 하면서, 여전히 '국민총력'이 구호화되는 대목에서 일제 말기 전시체제가 상기된다. 전쟁기간에 "兵事, 노무, 징세 사무를 위시하여 戰災再建, 軍警援護, 생산증강 등"의 전시동원이나 징발이 동리장을 거쳐 국민반장의 손에서 조정되어 관철되는 양상에서 일제하 애국반의 활동이 연상된다.[54)] 전시 혹은 준전시체제의 골간으로 중시된 국민반은 '국가행정기구하부조직체', 반장은 '행정책임자'라고까지 평가되었다.[55)] 이는 부역자 처벌에서 증명되었다.

내무부는 1950년 10월 부역자를 적발하기 위한 조치로, 洞會 및 국민반 단위로 심사위원회를 구성하여 활동하도록 했다. 부역자 적발은 수사당국에서도 했지만 동리의 국민반 단위로 지역 유지들로 심사위원회를 구성하여 활동시키는 것이 효과적이다는 것이다. 국민반을 가동하면 "누군가 악질분자"인지 정확히 알아낼 수 있고, 부역자 숙청도 국민반을 통한다면, 이를 지켜보는 사람들이 "이웃사람간의 문제인 만큼 공정"하게 처리할 것으로 받아들인다는 것이다.[56)] 이는 국민반이 대체로 10호 내외로, 우선 반내 사정을 서로 확연히 알 수 있기 때문이었다. 실제 부역자 중에서도 국민반의 이런 사정을 이용하여 동회와 국민반의 임원과 반장을 방패막으로 삼아 연판장과 서면으로 처벌에서 빠져나가는 경우도 있었다.[57)] 국민반은 전쟁 수행을 위한 물적 인

---

53) 배상하, 「전시말단행정강화론-이행정과 국민반조직강화로 성전완수와 민폐일소에 기여」, 『지방행정』 2-1, 1953. 1, 33쪽.

54) 배상하, 「전시말단행정강화론」, 35쪽.

55) 박종진, 「국민반 운영의 원활책」, 『지방행정』, 1954.

56) 『조선일보』, 1950. 10. 23, 「附逆者 적발은 班에서 동반단위로 審委設置」.

적 동원의 실행체일 뿐 아니라 부역자 적발과 처벌, '제5열' 즉 대남공작대원의 방지와 색출 등에 이용되었다. '제5열'을 막는 것도 "동리 책임"이었다.[58] 이러한 감시망은 '청결검사일'[59] 등과 같은 여러 기제와 함께 반공체제가 형성되는데 중요한 기능을 발휘했다.

전후 국민반에 대한 통제체제는 확대되었다.[60] 국민반의 강화책으로 매월 반상회 실시와 출석부/기록부 비치, 민의수렴기능의 강화, 반장의 역할과 대우 강화, 국민반에 대한 지도력 확대 등이 마련되었다.[61] 그리고 국민반에 대한 지도체계가 확립되었다. 국민반은 읍면행정의 하부조직인 동리 아래 편재되어 읍면의 통제를 받지만 이것만으로는 미흡하다는 것이다. 군읍면 이상 상위의 지도체계를 만들었다(도운영위원회→ 시군운영위원회→ 읍면동운영위원회). 각 위원회마다 관내 기관장, 사회단체 · 언론기관대표자로서, 국민반운영위원회를 구성하여 종합적으로 국민반을 지도한다는 것이다. 그리고 도단위 지도위원회를 아우르는 중앙기구로서 내무부에 국민반지도총본부를 설치했다. 국민반지도총본부는 내무부 장관의 주도 아래 다른 각 부처의 차관, 유력한 사회단체의 대표자를 망라하여 전국적으로 국민반의 운영을 지도관리하는 것이다.[62]

이로써 1957~1958년 무렵에는 국민반을 대상으로 내무부에서 동리

57) 『조선일보』, 1950. 10. 26, 「부역자 싸고 돌면 동등한 죄로 처단」.
58) 『조선일보』, 1950. 11. 26, 「권력남용엄단」.
59) 전국적으로 거행되고 있는 공중보건월간행사 중 '청결검사의 날'에는 구청직원과 경찰관으로 구성되는 합동검사반이 가가호호를 방문하고 옥내는 물론 옥외까지도 세밀히 검사하고 있었다(『조선일보』, 1953. 7. 6, 「7일은 청결검사일」).
60) 이 책에 수록된 「국민동원체제와 식민지 유산」, 94~102쪽 참조.
61) 『조선일보』, 1957. 3. 26, 「국민반을 재편성」.
62) 「자문사항답신 : 국민반운영강화책-전라북도」; 「자문사항답신 : 국민반운영강화책-경기도」, 『지방행정』, 1957.

까지 종적인 통제망과 여러 사회단체, 기관의 횡적 통제망이 성립되었다. 즉 반공체제를 작동하는 데 핵심 골간이 되는 국민반에 대한 지도체계가 종횡으로 계통화되었다.

3. 반공주의의 행사방식과 일상생활

1) 국민대회/국민운동

해방 후 1950년대까지 국민운동을 이끌어갔던 대표적인 조직이 '국민회'였다. 이는 이승만 대통령을 총재로 한 전국적인 관변단체로서 한국전쟁을 전후하여 각종 국민운동과 국민대회를 이끌면서 개개인과 사회를 통제·동원하는 데 주도적인 역할을 했다.

(1) 한국전쟁 이전

대체로 국민운동은 국민의 자발성과 에너지를 동력으로 삼아 내적으로 국가와 사회의 체제를 완성하고, 외적으로 국가와 국민의 방어력을 강화하기 위해 전개되었다. 이승만 정권은 국민운동을 통치수단의 하나로 삼아, 민족보다 국민, 개인의 권리보다 국가를 우선시하는 국가주의, 국가주의의 근간을 이루는 반공주의를 주입시키고 이 방향으로 의식과 활동을 단속하는 국민동원체제를 구축했다. 국민동원체제는 조직과 이념, 이를 매개로 전개된 대규모 집회/대회를 통해 골간을 형성했다. 그리고 앞에서 살펴본 국민회 또는 국민회가 주도하는 전국애국단체연합회, 청년단 등 전국적인 조직들이 국민운동/국민대회를 추동했다.

다음에서는 한국전쟁을 전후하여 '국민대회', '총궐기대회'의 명칭으로 전개된 국민운동의 추이를 검토하면서, 국민운동이 어떻게 반공체제를 구축하는 데 주된 기능을 했는지 살펴보려고 한다.

1948년 9월 23일 한국반공단 주최로 서울운동장에서 이 대통령을 비롯한 정부 각료와 각계 인사가 참석한 '반공구국총궐기정권이양축하국민대회'가 열렸다. 이때 경찰과 동회 관계자들이 동회민들에게 "나오지 않으면 빨갱이라느니 민족반역자라느니 위협"을 하면서 동원하였다고 한다. 이 대회는 반공을 앞세워 '반민족행위처단법'을 입안한 국회의원을 '빨갱이' '반역자' '김일성 주구'라고 비난하며 반민법의 무력화를 시도하다가 사회적으로 물의를 빚었다.[63] 이 무렵, 반공주의가 지배이념으로 진입할만한 사회적 토대가 조성되지 못했음을 알 수 있다.

그러나 여순사건 발생 이후 남한에서는 내부의 '악질무도한 폭도'를 '소탕'하고 "남북통일을 위한 失地回復에 있어 군사행동"을 해야 한다는 주장이 확산되었다. 이를 두고 "최근 우리나라에서 국방국가건설론이 급작이 대두"되었으며, "국가총력전 준비"와 "국방국가건설"이 '당면 국책'이며 '행동 목표'이며 '실천 강령'이 되어야 한다는 주장이 관변측에서 제기되었다.[64] 이런 분위기에 편승하고 조장하면서 집권세력은 '반공'과 '국가'를 앞세워 정치 기반을 공고히 하려고 했고, 국가와 사회를 (준)전시체제로 재편해 갔다. '공산도배복멸' '남북통일'은 당면 과제가 되었고 그 실현을 위해 모든 행위와 활동의 통제망을 반공주의에 입각하여 세워 나가는 국민운동이 필요했으며, 이는 국민조직을 운용함으로써 가능했다. 이때 독촉국민회가 전국적인 국민운동의 조직체 국민회로 재편되었고, 청년단체들이 대한청년단으로 통합되는 등 국민동원체제의 기본 틀이 재구성되었다.

여순사건 이후 '비상시국총궐기국민대회', '공산당성토대회'[65] 등이

---

63) 『조선일보』, 1948. 9. 24, 「반공과 정권이양 축하」; 1948. 9. 25, 「경찰과 동회서 강제동원」.

64) 서지열 편저, 『대한국민운동의 기초이론』, 협계사, 1949, 36~38쪽.

열렸다. 공산당성토대회에서 “특기할 점은 지난해의 피비린내 나는 반란사건으로 골수에 매친 시민들의 공산주의에 대한 증오감과 적개심”이었다고 한다. 또한 국민회가 주도하는 전국애국단체연합회에서는 ‘방위강화국민대회’를 전국적으로 개최하여 “방위의무를 다하라! 미국 철퇴 전에!” 등의 구호를 외치며 미군 철수 이전 38선 문제를 해결할 것, 자체 방비할 수 있는 무기 공급 등을 주장했다.[66] 중앙의 대회에 호응하여, 지역에서도 유사한 구호의 방위강화국민대회가 열렸다.[67] 대한청년단이천군단부 주최의 반공군민대회에서는 “소련의 기만정책에 속지 말고 38장벽을 우리 손으로 깨트리자”는 강연과 시가행진 등으로 “군민의 반공정신”을 고취했고,[68] 당진에서는 토대면 대한청년단부에서 “공산집단을 분쇄하자!”는 구호를 내건 반공대회와[69] “적색분자발호의 철저 타도를 위한 방공총궐기대회”가 열렸다.[70] 1949년 5·10선거1주년기념대회에서는 자극적인 적대의식보다 방위력 강화를 주장하였다.[71] 이 같은 군중집회와 함께 북한 생활난과 내부 저항운동이 남한사회에 선전 홍보되었다.[72] ‘북한’과 ‘공산주의’가 남한사회 구성원들의 증오심과 적개심을 자극하며, ‘국민’으로 결집시키고 있었다.

---

65) 『조선일보』, 1948. 11. 26, 「국방완성까지 미군 철퇴연기, 비상시국 총궐기 국민대회 결의」; 1949. 5. 15, 「공산당성토대회」.
66) 『조선일보』, 1949. 6. 8, 「38선 철폐 국민대회」; 1949. 6. 11, 「금일 국민대회 서울 시전 상가는 撤市」; 1949. 6. 12, 「방위강화국민대회 성황」.
67) 『조선일보』, 1949. 6. 25, 「방위강화국민대회」.
68) 『조선일보』, 1949. 5. 27, 「반공군민대회」.
69) 『조선일보』, 1949. 9. 29, 「반공시위대회」.
70) 『조선일보』, 1949. 10. 7, 「방공궐기대회」.
71) 『조선일보』, 1949. 5. 10, 「“5·10 국민대회” 오늘 서울운동장에서」; 1949. 5. 11, 「5.10선거를 回顧 뜻깊은 국민대회」.
72) 『조선일보』, 1950. 1. 11, 「국방비 강제징수」; 1950. 3. 11, 「이북동포 생활난이 우심, 의거속출등으로 북괴군 당황」.

(2) 한국전쟁 기간

한국전쟁 기간 중에 대규모 집회는 9·27수복 이후 북진하면서 개최되었다. 1950년 11월 3일 북한동포와 군경 등에 대한 국회 격려문에 화답하듯이, 평양시민의 남한정부에 대한 '충성' 메시지에 이어[73] 전국애국단체연합회에서 '승리완수총궐기주간'(11.20~26)행사를 열었다. 유엔한국위원단대표가 참석하는 서울의 승리완수총궐기시민대회에서는 "한국인의 열성을 표시"하는 차원에서 각 가정에서 한 사람은 꼭 참석하도록 요청되었다.[74] 또 중공군이 참전할 때 열린 통일완수국민총궐기대회와 멸공무장국민대회에서는 "즉시 출전할 수 있는 백만 청장년에게 완전무장한 무기를 줄 것"을 촉구하기도 했다.[75] 공보처 선전대책위원회에서 6·25 1주년을 기해 6·25총궐기일을 정하고, 지역별로 항공총궐기대회를 마련했다. 수원을 보면, 국민회수원지부, 청년단수원단부, 대한부인회수원지부의 공동주최로 총궐기대회가 열렸다.[76]

전쟁이 고착 상태에 빠지면서 주춤했던 대규모 전국적인 국민운동은 정전회담이 시작되면서 다시 일어났다. 1951년 7월 1일 부산에서 전국애국단체연합회 주최로 10만 명이 참가한 '정전반대국토통일국민총궐기대회', 7월 28일 서울에서 '50만 멸공조국통일시민대회'가 각기 열려, "3·8정전은 용공정책" "통일없는 정권을 절대 반대한다" "38선은 없다" "전진하자 압록강" 등의 구호를 담은 플래카드가 등장했다.[77]

---

73) 『조선일보』, 1950. 11. 7, 「애국동지의 鐵의 단결」; 1950. 12. 2, 「평양시민들 民國정부에 멧세지」.

74) 『조선일보』, 1950. 11. 22, 「승리 완수 총궐기 주간」.

75) 『조선일보』, 1950. 12. 7, 「멸공 전선에 총분기」; 1950. 12. 16, 「무기 대여를 확신」.

76) 『조선일보』, 1951. 6. 21, 「오전 10시 細柳 교정에서 6·25 抗共총궐기 수원대회」.

77) 『조선일보』, 1951. 7. 4, 「민족의 외침 드디어 폭발」; 1951. 7. 30, 「멸공 통일을 절규」.

'구호'는 이념, 요구 등을 간결한 형식으로 표현하여 대중을 선동하고 동원하는 데 전위적 수단이었다. 1952년 제33주년 3·1절을 '민족총궐기의 날'로 정하고, 독립과 자유의 3·1정신으로 "침략자 북한 반역집단과 중공오랑캐를 격퇴"하기 위한 '민족선언선포' 등의 행사가 있었다.

이처럼 국민대회가 확대 반복되자, 정부는 '멸공전선'을 강화하기 위해 몇 가지 이데올로기의 전파 도구들을 생산했다. 국무회의 의결을 거쳐 제정된 '우리의 맹세'와 공보처 선전대책위원회에서 제정한 애국가요 '통일행진곡'을 전 국민이 의례 또는 행사가 있을 때마다 제창하도록 했다.[78] 이에 따라 '우리의 맹세'와 '통일행진곡'이 33회 3·1절 기념식부터 등장했다.

1953년에 들어 정전회담이 기정사실화되는 가운데 국민운동은 '정전반대'에서 '북진통일'을 내걸고 진행되었다. 국민회, 한청, 노총, 농총, 부인회 5개 사회단체가 중심이 된 전국사회중앙협의회와 전국정당사회단체, 금융실업단체들이 주도한 '통일없는 휴전반대' 대회가 개최되었다. 이 같은 국민대회는 정전회담이 다시 시작되자, 4~5월 국회가 앞장을 서서 북진운동대회로 발전했다.

4월 21일 국회는 북진통일국민운동의 선두에 설 것을 가결한 뒤,[79] 23일부터 4일간 휴회하고, 23일 부산을 시작으로 25~27일 전국 주요 도시의 궐기대회에 국회의원을 파견 참석하도록 했다. 이에 따라 북진통일전국위원회와 북진통일서울특쟁위원회 등 각 지역별 투쟁위가 구성되었다.[80] 23일 부산에서 국회의원 전원이 참석한 북진통일국민총궐

78) 『조선일보』, 1952. 2. 25, 「멸공전선 강화를」.
79) 『조선일보』, 1953. 4. 24, 「북진 통일 국민운동 전개」.
80) 북진통일여성투쟁위원회, 예산군신양면북진통일총궐기투쟁위원회 등이 구성되었다.

대회에서는 "통일없는 휴전은 3천만의 주검이다"란 구호가 나왔다. 서울에서는 26일 "통일이 아니면 주검을 달라"는 구호 아래 10만이 운집했다. 이 서울대회를 두고 "모스크바삼상회의가 가져온 신탁통치안에 궐기한 소위 반탁운동 이래 처음으로 온 겨레가 궐기한 감"이 들 정도였다고 했다.[81] "인도는 소련의 앞재비가 되지 말라" "네루 수상은 한국민족의 외침을 즉시 참작하라"는 구호가 등장하여, 외국인 배타운동으로 발전할 것을 우려한 이 대통령이 '경고'하는 몸짓을 보였지만, 전국 각지에서 각계각층이 북진통일국민운동에 참여했다. 예산군신양면 북진통일총궐기투쟁위원회에서는 면민총궐기대회에 이어 여성투쟁위원회가 결성되어 2,800명이 여성총궐기대회를 갖기도 했다. 여기서는 연극 「북진통일의 밤」이 분위기를 고조시키는데 한몫을 했다.[82]

이 북진통일국민운동을 전후하여 북진대회는 4월 20일부터 5월 12일까지 3주간 민중대회 7,500회, 지방의회대회 540회, 동원인원 800여만 명, 결의문 1,500통이란[83] 대기록을 남겼다. 당시 남한인구 3천만 중에서 연인원이라고 해도 800만 참여는 전 인구의 1/4에 가까운 인원이 대회에 직접 참여한 것으로 나타나, 북진국민운동은 명실공히 전국민을 대상으로 전개된 국민운동이었다. 이 같은 대규모 북진운동의 전개는 초기 서울대회가 "소위 반탁운동 이래 처음으로 온 겨레가 궐기한 감"을 주었을 때부터 예고되었다고 본다. 이승만 정권의 휴전반대와 단독북진이라는 선동적인 정책과, 국회의 전폭적인 참여, 매스컴을 비롯한 여러 매체의 여론 형성 등이 결합하여, 휴전반대·북진의 구호는 '생존'을 위한 "가장 참을 수 없는 자연스러운 절규"로[84] 국민

81) 『조선일보』, 1953. 4. 28, 「우리에게 통일을 달라」; 1953. 4. 28, 「全市街가 철시」.
82) 『조선일보』, 1953. 6. 1, 「예산여성들 북진에 총궐기」.
83) 『조선일보』, 1953. 5. 31, 「북진민중대회 7천여회」.
84) 『조선일보』, 1953. 6. 13, 「배타운동 운운은 유감」.

들을 결집해 내고 있었다. 이런 내용의 대회 결의문과 구호 이외 북진통일투쟁위원회, 국민회, 대한청년단 등에서는 「통일없는 휴전은 한사코 반대한다」는 성명을 각각 발표했다.[85] 이 대회의 대표적인 '성과' 중의 하나가 '민병단(대)' 조직안 제출이었다. 5월 6일 대한청년단원은 "통일이 아니면 주검을 달라"고 북진궐기대회를 열고, 이 대통령 등에 보내는 결의문에서 "북진통일을 감행하기 위하여 민병훈련편성"을 주장하였다.[86] 이 같은 청년단원 즉 국민의 청원 형식을 거쳐 휴전협정 직후 대한청년단 해체, 민병대 편성이 진행되었다.

6월 8일 휴전회담에서 포로교환협정이 체결되자, 9일 서울에서 다시 북진통일대회가 개최되었다.[87] 이번에는 "3 · 1운동을 방불케 한 이날의 시위행렬"에 '무려 60여만' 시민이 참가하여, 이 날 "끓어오는 젊은 피를 억제치 못한" 남녀학생들이 "구슬같은 눈물을 흘리면서" "조국의 운명을 호소하고 북진통일을 외(치는)" 장면이 연출되고 특별히 포착되었다. 4월과 6월, 정전회담을 겨냥한 북진통일운동이 "반탁운동 이래 처음으로 온 겨레가 궐기"한 "3 · 1운동을 방불"케 했다고 평가되었던 점에서 볼 때, 이 무렵부터 전 국민이 북진, 반공의 구호에 호응하여 항상 동원될 수 있는 토대를 마련했다고 본다. 국민운동/국민대회는 규모와 현장성, 감정적 일체감 등을 동반하여, 반공주의가 구성원들의 일상생활과 의식세계 속에 비집고 들어가 깊이 각인되었다가, "전 국민의 가슴에 사모치도록" "가장 참을 수 없는 자연스러운 절규"로 표출될 수 있게 기능하였다.

이 같은 국민적 결집력을 과시한 국민운동 이후 "정부정책을 절대지지"하는 궐기가 나오고, 공보처장이 "위대한 영도자 이 대통령 지도

85) 『조선일보』, 1953. 5. 31 「휴전은 주권무시」.
86) 『조선일보』, 1953. 5. 8, 「대표를 경무대에 파견」.
87) 『조선일보』, 1953. 6. 11, 「폭발된 민족의 비분」.

아래 모든 것을 믿고 용왕매진"하자는 담화를 발표하였다.[88]

(3) 한국전쟁 이후

한국전쟁 이후 남한체제는 곧 일상적인 군사적 정치적 대결체이자 국민동원체제였고, 준전시체제였다. 전쟁 기간 중 전국을 휩쓸었던 대규모 반공대회는 횟수와 규모가 줄었지만 1956~1957년경까지 지속되었다. 1953년 6월, 각종 집회에 연이은 학생 동원이 학업에 큰 지장을 주고 있다는 지적에, 학생을 포함한 가두데모를 당분간 중지하고 각 區와 洞 단위로 시국강연으로 대신한다는 조치가[89] 나온 것도 이런 맥락에서다.

1953년 7월 27일 한국전쟁이 공식적으로 종결되었다. 미국이 한미상호방위조약 체결과 200만 달러 상당의 경제원조를 제공하고 한국군 20개 사단 규모의 군사력 증강계획을 승인하자, 이승만은 휴전회담을 수용했다. 이후 군중대회는 공군조종사환영 및 공군강화촉진총궐기시민대회와 같은 국군환영과 군사력 강화촉진대회, 실지회복대회로 이어졌다.[90] 1953년 12월 미국이 주한미군 2개 사단 철수를 결정하자, 이승만은 철수 조건으로 남한 병력을 35 내지 40개 사단으로 증강할 것을 주장했다.[91] 이듬해 7월 미국을 방문, 대중국선제공격, 북진통일을 군사원조를 겨냥하여 요청했다.[92] 이 같은 이승만의 외교를 지원하는 집회

---

88) 『조선일보』, 1953. 6. 11, 「부산서도 궐기」; 1953. 6. 27, 「통일전취에 매진」.

89) 『조선일보』, 1953. 6. 22, 「데모 당분 중지」.

90) 『조선일보』, 1953. 10. 30, 「학생들 雨中 데모」; 1954. 6. 27, 「실지회복에 새결의」.

91) 홍용표, 「국가안보와 정권안보 : 이승만 대통령의 안보정책을 중심으로, 1953~1960」, 『국제정치논총』 36-3, 1997, 245~246쪽.

92) 홍용표, 「국가안보와 정권안보 : 이승만 대통령의 안보정책을 중심으로, 1953~1960」, 247~248쪽.

가 1954년 7～8월에 열렸다. 7월 28일 전국애국단체연합회가 주최하는 한미원수회담북진통일성공기원국민대회는 "국군의 북진에 간섭말라" "미국은 한국의 백만 건군을 보장하라" "공산진영과의 타협을 배격한다"는 슬로건 아래 진행되었는데, 이 대회는 8월 초순까지 전국 도시와 군에서 치러졌다.[93] 외교성공기원대회는 8월 10일 "우리는 단독으로라도 무력북진통일한다"는 내용의 국군증강국민대회로 발전했다.[94]

1954년 4월 26일에 열린 제네바회담은 한국문제 해결을 위한 교전당사국 간의 회의였고, 미국은 이 회담이 한국의 평화통일에 의미 있는 결과를 줄 것이라고 했다. 이 회담에서 평화통일에 대한 아무런 합의도 도출하지 못했지만, 이후 협상카드로서 북진통일론의 효력은 현저히 떨어졌다. 무엇보다도 휴전체제 아래 평화가 지속됨으로써 이승만의 호전적 대북정책은 그 가치가 약화되었다.[95] 그러나 대외적으로 약화된 북진통일론을 뒷받침하고 있었던 것은, 국내 대규모 집회였다. 9월 19일 민의원의원과 전국 정당 사회 종교 문화 금융 경제계의 각 단체 대표 5명씩으로 구성된 미군철수반대전국위원회는 선전, 총무, 재정, 동원 등 각 분과위원회를 구성하고 미군철수반대국민총궐기대회를 개최하기로 했다. 이 대회를 위한 선전 요강을 보면, 전국 각도에 10만 장씩 총 100만 장의 '호소문'을 뿌리고 미국 대통령, 미국 상하원의장, 미극동총사령관, 이 대통령, 유엔총회의장 기타 군수뇌부에게 각각 메시지를 발송하며, 국내외 언론과 미군철수에 관한 간담회를 갖기로 하였다. 이 위원회는 전 국민에게 보내는 호소문에서 "미군은 대한민국

93) 『조선일보』, 1954. 7. 30, 「한·미원수회담 성공을 성원」; 1954. 8. 3, 「한미원수회담 성원 국민대회 성황」; 1954. 8. 7, 「양원수회담을 성원 각지서 국민대회」.

94) 『조선일보』, 1954. 8. 21, 「재한미군의 철수를 반대」.

95) 홍용표, 「국가안보와 정권안보 : 이승만 대통령의 안보정책을 중심으로, 1953～1960」, 247～248쪽.

의 안전보장에 확고한 대책을 먼저 실천하라" "재한국제연합군의 무기는 공산침략저지를 위하여 한국군에게 부여하라" "미군은 철수 전에 먼저 공산침략자를 분쇄하라" 등의 주장을 내걸고, 이를 위해 "죽음을 사양치 않고 초지를 관철하자"고 호소했다.96) 미군철수반대전국위원회가 정치 사회 경제 문화 등 모든 분야의 단체 대표로 구성되어, 전 국민을 대상으로 100만 장이나 되는 선전물을 살포하며 국민운동을 주최했던 만큼 적지 않은 파급 효과를 거뒀을 것이다.

1954년 11월 영국과 캐나다가 새로운 한반도 통일 초안을 유엔총회에 상정할 것이라는 소식이 전해지자, 18일 전국애국단체연합회는 "赤化총선거의 국제음모를 분쇄하자" 등의 구호로 북진통일을 결의하는 국민대회를 개최하기로 했다. 동 대회에서는 각급 학교와 사회단체 그리고 민병대와 애국반 소속 시민이 참여하고, 참석한 군중은 "2개 대열을 구성하고 온종일 시위행진"을 하기로 되었다. 동원 대상이 '애국반'인 점은 전반적으로 집회의 규모와 횟수가 줄어드는 추세에서 집회의 동력이 떨어지는 현상을 보완하는 조치로 보인다. 그리고 당일 채택된 결의문에 포함된 "국내외적으로 준동하는 중립노선, 제3세력을 분쇄하자"는 내용을 보면,97) 반공 이외 '중도' '중립' '제3세력'이 틈입할 여지가 봉쇄되었음을 알 수 있다. 제주도 4·3사건, 여순사건 등으로 남한 내에서 좌우의 이념 '전쟁'이 시작되어, 그때부터 "반공이 아닌 것은 모두 용공"이라는 도식이 뿌리내리게 되었다.98) 이어 한국전쟁은 자아와 타자의 이분법적 구분을 분명히 하고, 양자택일을 강요했으며,

---

96) 『조선일보』, 1954. 9. 21, 「백만장의 호소문 국민대회등으로 철군반대」; 1954. 9. 27, 「한국의 안전보장하라, 미군철수반대위서 선언」.

97) 『조선일보』, 1954. 11. 18, 「영·캐나다타협안 반대」; 1954. 11. 20, 「우리주권을 수호하자」.

98) 김동춘, 「한국전쟁과 지배이데올로기의 변화-반공주의를 중심으로」, 『분단과 한국사회』, 역사비평사, 1997, 53쪽.

반공은 실존문제이며 터부가 되어 집단심성의 한 갈래로 깊이 침전되고 있었다.

1955년을 전후하여 소련은 대서방 유화정책을 본격적으로 시작했다. 7월 제네바에서 미국, 영국, 프랑스, 소련의 정상회담이 열려 세계 긴장완화에 대한 기대감을 갖게 했다. 북한도 국제사회의 평화 무드에 편승하여 남한에게 평화통일을 제안하기 시작했다. 공산진영과 자유진영 간의 평화 공존의 가능성은, 공산주의자들을 "절대로 함께 할 수 없는 병균"으로 여기며 그들을 뿌리뽑기 위해서는 전쟁도 서슴지 말아야 한다고 주장해온 이승만을 당혹하게 했다. 이승만 정권은 1955년을 기점으로 국내 정치에도 어려움을 겪었다. 1954년 말 사사오입 개헌은 민주당이란 강력한 야당을 출현시켰고, 이승만의 북진통일론 역시 많이 약화되었다. 이에 무력통일을 직접적으로 주장하는 대신 동서 진영 사이 평화공존정책을 맹렬히 비판하는 반공정책이 나왔다.[99]

이렇듯 북진통일론 등 반공주의의 여건과 토대가 약화되는 가운데, 1955년 7월 정전2주년을 맞이할 무렵에는 "북진은 언제나……" 다시 환기하고 새겨야 할 "마음의 구호"가 될 정도로,[100] 일상에서 전쟁의 공포, 극단적인 증오와 혐오의 감정은 어느 정도 정돈되고 있었다. 이러한 상황에서 반공체제와 국민적 반공의식을 강화하기 위한 수단으로 문화 선전 매체의 운용, 반공포로의 존재와 활용, 제네바회담에 대항하는 한국아세아반공연맹의 출범 등이 있었다.[101] 반공포로의 존재는 전 국민들을 대상으로 극적인 교육 효과를 기대할 만했다. 1954년

---

99) 홍용표, 「국가안보와 정권안보 : 이승만 대통령의 안보정책을 중심으로, 1953~1960」, 249~251쪽.

100) 『조선일보』, 1955. 7. 27, 「오늘! 휴전 2주년」.

101) 아세아반공민족연맹의 한국 기구로서 한국아세아반공연맹이 결성되었다.(공진항, 「한국의 반공십자군운동-아세아반공연맹의 발족에 際하여」, 『초점』 창간호, 1956. 2 ; 공진항, 「아세아반공연맹의 업적」, 『반공』 1-1, 1959. 1)

에는 반공청년의 석방과 이들을 위한 환영국민대회와 석방기념대회가 국민운동을 이어가고 있었다.

일본이 민간협정임을 내세워 북한과 어로협정을 맺은 사실 등을 두고 일본용공정책비판대회가 전국애국단체연합회, 문총, 애국참전동지연맹 등의 주도로 열렸다. 1955년 5월 30일~6월 30일까지 전국적으로 58만 명이 참여한 집회에서, "용공정책은 민주진영에 대한 반역이다" "반공은 자유인민의 의무이다" 등의 구호가,[102] 7월 학생들의 일본용공비판궐기대회에서는 "우리는 반공반일로 정신무장을 강화하자" 등의 구호가 제출되었다.[103]

1956년 10월에는 전국 각지에서 '유엔'가입추진국민운동이 전개되었고,[104] 또 전국문화단체총연합회와 그 산하 단체가 북한동포총궐기촉구궐기대회를 연 것을 시작으로, 국민회, 농민회, 노총, 부인회, 금융단, 상이용사회, 상공회의소 등 10여 개 단체들이 "이북동포의 반공의거를 촉구하는 대북공작"의 차원에서 국민대회 개최를 추진했다. 북한동포궐기촉구대회는 전국 각지에서 전개되었고, 국회까지 북한동포궐기를 촉구하고 나섰으며, 부산에서는 북한해방반공투쟁위원회가 구성되어 활동하기에 이르렀다.[105] 주최측은 이 대회를 북한주민의 궐기 촉구를 넘어 남한사회에 '반공애국정신'을 더더욱 확산시킬 기회로 활용하려고 하여 조직적인 운동을 특별히 강조했다. 부산 대회는 "북한동포는

102) 『조선일보』, 1955. 5. 31, 「日容共분쇄대회」; 1955. 6. 5, 「전문화인도 궐기」; 1955. 6. 25, 「총계 58만명이 궐기」.

103) 『조선일보』, 1955. 7. 15, 「日용공 분쇄를 절규」.

104) 『조선일보』, 1956. 10. 7, 「유엔가입추진위, 각 지방서 계속 결성」; 1957. 1. 6, 「내7일 국민대회, 유엔가입 추진촉구」.

105) 『조선일보』, 1956. 10. 29, 「북한동포여 일어나라!」; 1956. 10. 31, 「영화인들도 궐기」; 1956. 11. 1, 「북한동포 궐기 호소. 각지에서 국민대회」; 1956. 11. 9, 「만여명이 참가, 부산 데모, 북한 동포의 의거 촉구」.

빨리 일어나라" "김일성 괴뢰를 타도하라"는 플래카드로 뒤덮였다고 한다. 10월 29일 문총 주최로 처음 대회가 열린 이후 11월 28일까지 1개월간 전국적으로 425회, 하루 평균 46,000여 명, 총 147만 4,890명이 참가하였다.[106] 그리고 1957년 1월 전국애국단체연합회에서는 '휴전협정폐기 및 북진통일'을 촉진하는 국민운동 전개를 결의하고 운동추진체로서 '북진통일투쟁위원회'를 보강하기로 합의했으며, 2월에는 부산의 북한해방반공투쟁위원회가 북한해방투쟁연맹으로 정식 발족했다.[107] 이 같은 대규모 데모가 전국을 휩쓸고 있을 때, 이 대통령이 "우리가 다 올라가서 일어나게 할지언정" 다수의 북한동포 희생이 우려되는 봉기 촉구를 할 수 없다고 발언하자,[108] 다시 '북진통일' 구호가 힘을 얻었다. 그해 6·25 7주년 행사에는 이 대통령을 비롯하여 4만여 명이 모여 "상기하자! 6·25 이룩하자! 북진통일"을 외쳤다.[109]

휴전 이후 국민대회는 주로 대외적이거나 대북 관련 이슈를 내걸고 전개되었다. 반공주의와 북진통일론의 동력이 약화되는 상황에서, 특히 1956년 소련 흐루시초프의 평화공존정책 선언, 1958년 김일성의 평화공세를 위한 대남 심리전이 본격화되는 가운데 '북한해방' '북한반공궐기'와 같은 실천력이 담보되지 못한 구호가 난무하는 경향을 띠었다. 때로는 반공 집회와 반공 구호의 소재를 찾기 위해 해방 직후 소련군 주둔 시기에 일어났던 함흥과 신의주 반공사건을 드러내기도 했다.

그러나 북한과 정치, 군사적으로 대립하고, '공비토벌', '북괴공작대원과 교전', '무장간첩 검거', '북한비행기의 출현' 등이 간헐적으로 매스컴에 오르내리는 현실에서, 반공주의는 여전히 삶과 의식을 긴장시

---

106) 『조선일보』, 1956. 11. 29, 「한 달에 백여만명. 북한동포 궐기 촉구 데모」.
107) 『조선일보』, 1957. 1. 12, 「휴전폐기 북진통일 운동을 전개 '애련'서 실행키로 결의」; 1957. 2. 10, 「북한해방투쟁연맹 정식발족」.
108) 『조선일보』, 1956. 11. 3, 「반공봉기 권고 할 수 없다」.
109) 『조선일보』, 1957. 6. 26, 「잊을 수 없는 7년전의 비극」.

키고 위축시키기에 충분했다. 또 대규모 집회 경험과 이를 조직화할 수 있는 관제단체와 기구, 선전매체를 갖춘 준전시동원체제가 작동하고 있었기 때문에 일상생활과 내면에 잠재되었던 반공의식은 북한의 돌발적인 침략 앞에 한 번씩 분출되고 환기 각인되었다. 1958년 2월 KNA 여객기 납북사건은 다시 한 번 반공주의로 전 국민을 통합시킨 기회였다. 20일 전국애국단체연합회 주최로 시작된 '납북여객기 및 탑승인사 송환요구 국민궐기대회'는 전국적인 북한규탄대회로 이어졌다. 전국문화단체총연합회 산하 문화인의 평화통일배격문화인총궐기대회에서는 "강력 반공정부로 국론을 통일시키자!"는 구호 속에 "우리를 약화시키고 우리들의 무장을 해제하려는 가면의 평화통일론을 말살하고 강력 반공정부로 국론을 통일하자"는 성명서가 낭독되었다.[110] 문인들의 감성적인 언어와 필력은 반공주의의 저변화에 매우 강력하고 효과적인 기제였다. 이렇듯 전체 문화인이 동참한 가운데, 이 규탄대회도 2월 20~28일까지 9일 동안 7,430개소, 208만 8,548명이 동원되는 기록을[111] 세웠다.

이승만 정권은 이 같은 대규모 집회를 주도 혹은 측면 지원하여 반공분위기를 계속 조성하는 한편, 국민회, 청년단, 호국단 등 각 부문별 전국적인 단체를 재편 강화해 갔다. 1958년 10월 내무장관은 2대 시정지표인 '행정의 명랑화'와 '반공체제의 확립'을 구현하기 위한 방안으로, 지방행정 및 경찰력의 강화, 또한 국민운동의 전개를 강조했다. 내무부가 지시한 실천항목 32개 중에는, 말단행정강화/ 경찰장비의 강화/ 수사기관의 유대강화/ 요사찰대상 파악강화/ 對共이념의 자체 강화/ 예방경찰의 강화/ 대남간첩남하 루트봉쇄 대책 확립/ 침투간첩 및 적색분자복멸책 확립/ 애국애족정신앙양/ 거족적인 반공태세 확립/ 반공이념

110) 『조선일보』, 1958. 2. 23, 「반공정부로 국론 통일」.
111) 『조선일보』, 1958. 3. 5, 「괴뢰규탄대회 각지서 속행」.

에 입각한 국론통일 등이[112] 제시되었다.

전후 이승만 정권은 세계적 평화공존의 가능성과 국내 정치적 기반 약화와 힘겨루기를 하면서 반공체제를 구축했다. 정부의 반공정책과 국민동원의 시스템 작동이 맞물려 1957～1959년 사이에 국민회와 청년단, 국민반을 기축으로 한 반공체제가 강화되었다. 언제든지 '반공' 구호 아래 작동될 수 있는 국민대회와 그 실천을 담보하는 전국적인 조직, 선전매체가 구축되었고, 한 번씩 가동되는 반공동원체제는 한국전쟁의 경험과 상승작용을 하면서 남한 주민의 반공의식을 강화시켰다.

2) 문예 언론 활동

(1) 문예

당시 문인들이 반공주의의 유포 혹은 반공담론 생산에 어떤 형식으로 역할을 했는지 살펴보자. 1947년 2월 12일 결성된 전국문화단체총연합회(문총)는 단정 수립을 계기로 문예계의 주도권을 장악한다. 구체적인 활동은 1948년 12월 27～28일 문총 주최로 서울시 공관에서 열린 민족정신앙양전국문화인총궐기대회였다. 이 대회는 여순사건 진압 후 문인들로 구성된 현지조사반의 결과 보고의 자리였다. 이 대회 결성서의 요지는, 대한민국의 가장 중대한 과제는 남북통일이고, 이를 위해 정신통일이 긴급하기 때문에 "자발적 특이 문화진영의 협조와 궐기가 긴요"하다고 보고, 이를 자임한다는 것이다.[113]

6·25가 발발하자 문총은 비상국민선전대를 조직하고 국방부 정훈국의 발표문, 벽보, 보도문을 기초하고, 방송을 통해 격시와 격문을 낭

112) 『조선일보』, 1958. 10. 3, 「전국지방장관회의 2일 개막」.
113) 김철, 「한국보수우익 문예조직의 형성과 전개」, 『실천문학』 18, 1990, 27쪽.

독하는 활동을 했다. 그러나 문총의 본격적인 종군활동은 6월 28일 대전에서 결성된 '문총구국대'를 통해서였다. 문총구국대는 김광섭을 단장으로, 이헌구, 서정주, 서정태, 김송, 조지훈, 박목월, 이한직 등을 단원으로, 9·28 환도 후 해산하기까지 약 3개월 동안 각종 전단의 제작, 전선종군 등의 활동을 벌였다.[114] 미군의 神經作戰部가 공보처와 국방부 정훈국과의 합동으로 대전에 설치되자 문총구국대는 수백만 매에 달하는 삐라의 원안을 작성하여 방송하고 확성기를 장착한 자동차를 타고 민심을 수습하는 활동을 했다.[115]

문총은 1950년 10월 9일 打共문화인총궐기대회를 시발로 본격적으로 활동을 한다. 앞에서 살펴본 바와 같이 전국애국단체연합회의 소속단체로서 혹은 주도적으로 국민대회를 개최하여 전국적인 규모의 집회(일본용공정책비판대회, 북한동포총궐기촉진대회, 평화통일배격문화인총궐기대회 등)를 촉발하거나, 각종 대회에 연사로 등장하여 구현하려는 반공정신과 정책을 선전하면서 반공적 분위기를 고조시키는 데 앞장섰다. 또 전쟁 기간 동안 문총의 활동은 남한에만 한정되지 않고 북한까지 확대되었다. 1950년 10월 공보처는 문총을 중심으로 구성한 북한종군문화반을 점령한 북한지역에 파견하여, "공산독재하에 뿌리박힌 그릇된 사상을 말살"하고 "대한민국의 올바른 민주주의를 선전 계몽하여……조국을 위하고 민족을 사랑하는 사상으로 육성"시키도록 했다.[116] 1951년 1·4후퇴 이후 문인들은 육군, 공군, 해군의 종군작가단에 편입되어 활동했다.

한국전쟁 기간, 문인들은 일종의 반공텍스트라고 불리는 글들을 생산했다. 문인들은 직간접적인 전쟁의 체험을 '언어'를 통해 '재현'하여,

---

114) 김철, 「한국보수우익 문예조직의 형성과 전개」, 33쪽.
115) 조영암, 「文總救國隊의 저항운동」, 『현대공론』 2-6, 1954. 6, 122쪽.
116) 『조선일보』, 1950. 10. 26, 「북한종군문화반 공보처서 각전선에 파견」.

글로 발표하거나 삶의 현장에 들어가 대중을 향해 연설·강연 형식으로 이를 전달하였다. 어느 전쟁보다도 이데올로기가 첨예하게 대립했고, 동족간 전쟁이었기 때문에 극단적인 증오와 혐오의 언어가 난무했다. 문인 혹은 지식인은 논리 이전에 감성적 언어로 전쟁을 형상화하여 대중의 의식과 행동을 변화시키는 데 주된 역할을 맡았다. 반공텍스트의 산출 시기는 1951～1953년 전쟁 기간에 집중되었다. 대표적인 텍스트의 하나인 『赤禍三朔九人集』(1951)은 인공 치하 문인들의 체험수기 형식을 취하고 있다. 사상검사 오제도는 서문에서 "18세기적인 공포와 폭력의 赤治 3개월간에 예민한 감수성과 推斷力을 갖인 지성인들이 민족과 함께 신음과 황홀의 아슬아슬한 생명의 절정에서 직접 체험하고 목도한 것을 탁월한 묘사로써 일관"한 이 책이, "하나의 산 역사로써 가치가 있을 뿐만 아니라 새로히 감염되기 쉽고 때와 곳을 따라 방법을 달리하여 침투의 기회를 노리고 있는 敵공산당을 배격하는 데도 좋은 참고"가 될 것이라고 했다.[117] 이 책에는 양주동, 백철, 최정희 등 문인 8명의 체험담이 쓰여 있는데, 이들은 북한체제를 암흑과 허위, 기만으로 가득한 악의 세계로 묘사하고, 자신의 과오와 전력에 대한 반성, 타공대열에 매진하겠다는 맹서로 반공주의에 순응하는 장면을 담고 있었다.[118] 이 책을 포함한 반공텍스트들은 북한과 공산주의를 '괴물', '악마'("공포, 전율, 사기, 살인, 방화가 한떼 어우러져서 화염이 충천하는 생지옥" "날샌 이리떼 같은 행동, 야수적 만행" "인류사상 그 예가 없는 전율할 야만적 죄악")에 비유했고, 인간과의 대결이 아닌 괴물 혹은 악마와의 대결이기 때문에 이들은 '멸공'과 '타공'의 대상일 뿐이었다.[119]

---

117) 「서문」, 『赤禍三朔九人集』, 국제보도연맹, 1951.

118) 유임하, 「이데올로기의 억압과 공포-반공텍스트의 기원과 유통, 1950년대 소설의 왜곡」, 『현대소설연구』 25, 2005, 61～62쪽.

전쟁 경험과 공포/전율의 어휘가 결합되면 체험은 구체성과 지속성을 띠게 되고, 동일한 용어와 문구(표어/구호 형태)가 반복되면 될수록 반공주의는 무의식 세계에까지 각인된다. 이러한 속성의 언어들은 서적, 언론 매체 등 반공텍스트를 통해, 또는 각종 국민운동, 국민대회, 강연, 성명, 구호 등으로 대중에게 전달되었다. 전 사회계층을 대상으로 전파되는 만큼 극히 감성적이고 직선적이며 선동적인 언어가 당시 대회와 강연, 언론 매체를 뒤덮었다.

문인들의 활동은 정전 이후에도 계속되었다. 육군종군작가단은 1954년 1월 반공포로석방기념예술제를 주최했는데, 이 행사는 시인 박종화의 치사에 이어 최상덕, 오종식 등이 강연을 했고, 文人劇「돌아온 사람」이 상연되었다.[120] 국방부 정훈부는 1954년 1월 9일 서울 시내 육군회관에서 문교부 문화국장, 선전국장, 공보국장, 한국무대예술원장, 정훈부 차장, 관계 장교들이 참석한 가운데 국방사상앙양간담회를 개최하고 국방사상앙양을 위한 각종 선전사업을 '통일된 주제' 아래 전개하여 "국민생활전반에 걸쳐 능동적이며 체계적인 계몽운동을 전개"할 것을 합의했다. 구체적인 방법으로, 첫째, 문학예술활동을 통해 국방사상앙양에 주력하되, 이에 앞서 예술인들에게 집단적 또는 개별적으로 정신훈련을 실시하여 국방이념을 체계적으로 습득시켜, 예술인들의 작품의 '질적 향상' 즉 반공적 색채를 확실히 띠게 한다는 것이다. 둘째, "국민의 사생활면에까지 국방사상을 침투"시키기 위하여 여론조사 등을 통하여 '통일된 테마'를 수집 발견한다는 것이다. 다양한 경로로 반공주의를 선전하고 이의 전달과 수용을 여론조사로 확인한 뒤, '여론'을 앞세워 이를 더욱 확대 심화시킨다는 것이다. 셋째, 국방정책에 적응한 교재를 학교교육에서 검토 보충한다는 것이다.[121] 여기서 일상생

119) 서동수,「한국전쟁기 문학담론 연구」,『우리어문연구』27, 2007, 407, 409쪽.
120)『조선일보』, 1954. 1. 23,「반공포로석방기념 예술제 성황」.

활 저변에까지 반공정신을 부식하는데, 문학과 예술 즉, 언어와 시청각 등 다양한 매체를 적극 활용하여 전방위에서 반공의식과 이미지를 되풀이 재연하고 있었음을 알 수 있다.

이같이 반공전선에 문인과 예술인을 전면에 내세우는 방침이 나온 직후 1954년 6·25 4주년을 기해, 문총은 국방부 정훈국, 유네스코 한국위원회와 함께 '반공지식인회의'를 개최했다. 회의는 강연(정치경제면에서 있어서의 금후의 세계/ 사상전과 20세기의 고민/ 반공언론의 세계성/ 한국문화의 역사성/ 반공세계지식인에 드림)과 토론(민주주의의 한국적 지향에 대하여/ 공산주의의 패배 뒤에 올 세계형태에 있어서의 아세아의 위치/ 국민도의의 혁신과 전시체제의 확립)으로 나뉘어 진행되는데, 김광섭, 모윤숙, 김기석, 백철, 김기진, 이관구, 이헌구, 구상 등 대표적인 반공담론자들이 강연과 토론에 참가할 예정이었다.[122] 대회장에서 '3차전의 가능성과 원자전의 실용성' '민주주의의 한국적 성격' '공산주의 패배 뒤의 아시아의 위치' '국민도의의 혁신과 전시체제 확립' 등이 토의되었다. 1956년 5월 한국아세아반공연맹이 추진하는 1957년 아세아반공민족연맹의 아시아반공문화예술제에 문학을 포함한 문예계 전반이 참여하기로 했다.[123] 문총은 1958년에도 한국아세아반공연맹과 공동 주최로 반공예술인대회를 준비했다.[124]

⑵ 언론

언론은 반공텍스트와 함께 반공주의를 강력하고 효과적으로 전파하

---

121) 『조선일보』, 1954. 1. 13, 「국방사상을 앙양」.
122) 『조선일보』, 1954. 6. 25, 「반공지식인회의 25일 시공관서 개최」; 1954. 6. 26, 「반공지식인회의 순서·의제등 결정」.
123) 『조선일보』, 1956. 5. 21, 「준비위원을 선정, 명년 1월 반공문화예술제 개최」.
124) 『조선일보』, 1958. 10. 7, 「반공예술인대회를 연기」.

는 데 유용한 매체였다. 여순사건 직후 외무부 및 공보처의 후원으로 서울 시내 각 신문사와 통신사의 공동주최로 UN한국대표격려국민대회가 개최되었다.125) 이러한 '언론보국'은 한국전쟁에도 이어졌다. 한국신문기자협회는 1950년 12월 중공군 참전을 계기로 일어난 멸공총무장국민대회에 참가하여, "언론보국에 매진하고 있는 언론인의 확고부동한 결의를 표명"하고 "사기를 한층 앙양"하는 신문기자총궐기대회를 열기로 했다.126) 20일 한국신문기자협회는 정부요인과 전체 국내외 기자, 국민회를 비롯한 각 단체 인사와 시민이 참석한 가운데, 신문기자총궐기대회를 열고 "'펜은 劍보다 굿세다'는 굳은 신조와 능력을 자랑하는 한국의 전 언론인들은 평화의 파괴자 중공 및 그의 조종자인 공산계열을 인류사회에서 완전 말살하고야 말 것을 굳게 결의하고 붓으로 그들을 타도"하겠다는 결의를 다졌다. 이때 이선근 정훈국장은 "한 줄기의 글이 전쟁 중에 어떠한 중요한 역할을 하는가를 실증하는" '신문과 전쟁'을 주제로 강연을 했다.127)

이같이 '언론보국'을 선언한 신문은 반공주의의 확대 재생산 및 내면화의 확실한 제도적 장치 중의 하나였다. 신문은 문학과 같은 맥락에서 감성과 분노를 자극하는 언어로 소련과 북한의 야만성, 전쟁의 참상, 국군의 성과 등을 현장성을 토대로 객관성을 담보하면서 형상화했다. 조선일보는 1951년 6·25 1주년을 맞아 다음과 같이 보도했다.

> 생각만 하여도 치가 떨리고 이가 갈리는 6·25사변이 발발한 지 어언 만 1년……괴뢰의 만행은 어떠하였던가?……괴뢰의 악당들에게 우

---

125) 『조선일보』, 1948. 11. 19, 「한국 UN 대표 격려, 각 신문사주최 20일 전국민총궐기대회」; 1948. 11. 20, 「금일 국민대회」.

126) 『조선일보』, 1950. 12. 5, 「신문기자총궐기대회」.

127) 『조선일보』, 1950. 12. 21, 「全言論人, 정의의 붓을 들고 敢然戰列에 奮起!」.

리는 얼마나 시달렸던가?

우리의 부모형제는 학살을 당하고 납치를 당하고, 또 죽도록 혹사를 당하고 그리고 조상들이 피땀을 흘려버려 놓은 재산을 모다 빼앗겨 버리고……

오늘날 작년에 소위 평화공세를 취하던 소련과 그 위성괴뢰도당들은 停戰 문제를 비롯한 여러 가지 유언을 이용하여 다시 우리의 마음을 한쪽으로 모라놓고 또 무서운 술책을 쓰려는 흉계를 꾸미고 있다……

우리의 앞길에는 타협도 정전도 있을 수 없다. 한국땅에서 괴뢰를 완전히 소탕하고 공산 마수가 우리 후손에까지 다시 미치지 못하도록 철저분쇄하여 잃었던 국토를 다시 찾고, 마음놓고 자유와 평화를 구가할 수 있을 때, 비로소 우리의 뽑은 칼날은 칼집을 찾으리라……128)

이 기사는 먼저 "생각만 하여도 치가 떨리고 이가 갈리는" "괴뢰의 악당"의 학살, 납치, 혹사, 재산몰수 등의 '만행'을 고발하고 있다. 이어 정전회담을 겨냥하여 소련과 북한의 위장 술책과 흉계를 비판하고, 타협도 정전도 거부한 채 '철저 분쇄'할 때만이 "우리의 뽑은 칼날은 칼집을 찾으리라"하여, 멸공에 총궐기할 것을 촉구하고 있다. 또 조선일보 특파원 방락영은 1951년 5월 서부 최전선 구파발에서 국군과 인민군의 격전 현상을 찾아 다음과 같이 보도하여, 전투 현장의 처참함, 적군의 격멸("턱떠러지고 다리부러지고 몸뚱이가 두동강이 난 수백의 공산군 싯체"), 국군의 용감성("포탄 폭탄의 무지무지한 破壞口…… 我軍의 맹격)을 보도하여 승전의식을 고취하였다.

현지 장교의 안내로……격전이 행해진 구파발리를 찾으니 여기는 끊어는 電線, 부러진 電柱 아직까지도 불타고 있는 민가 그리고 산이고 들이고 포탄 폭탄의 무지무지한 破壞口가 상식으로는 상상조차 못할

128) 『조선일보』, 1951. 6. 25, 「오늘 6・25사변 일주년. 침략 격쇄에 총궐기!」.

> 정도의 我軍의 맹격의 모습을 여실이 나타내고 있으며, 수색전방 약 4키로 철조망에서 10여 메타 떠러진 제방 우에는 턱떠러지고 다리부러지고 몸뚱이가 두동강이 난 수백의 공산군 싯체가 엉키고설키고 잡버저 있어 피비린내는 코를 찔르고……적의 손에 지워진 채 버리여진 수많은 수류탄 등이 가열하였던 전날의 전투의 모습을 력력히 우리 머리속에 넣어주었다.
>
> 지난 29일 불과 1개 소대의 병력으로서 적의 2개 대대의 병력을 이곳에서 도륙하여 적의 反攻을 무찌르고만 ○○사단 소속 일선 소대장은……[129]

또한 1953년 6·25 3주년을 맞아 조선일보는 "전국민이 원한에 싸였던 그 당시의 비분을 회고하며" "통일의 결의를 다시금 새로이" 해야 한다면서, 전쟁 피해의 통계를 사망자, 납치자수, 행방불명자, 부상자, 학살된 부모형제 순으로 나열한 뒤, "동포여! 가자! 북으로 압록강으로! 백두산으로! 용감한 우리의 국군과 거대한 대포와 함께! 정의와 필승의 굳은 신념을 안고서 가자!"라고 북진을 촉구하고 있었다.[130]

당시 신문은 이처럼 전쟁의 실상과 북한의 만행을 고발하고 반공의식과 애국심을 조장, 주입하여 멸공에 동참할 것을 촉구하고, 승리를 확신하는 기사를 보도하고 있었다. 그런데 정전 이후 보도 태도는 격한 감정적, 선동적인 논조에서 다소 벗어났고 좀더 논리성을 띠었다. 예컨대 '멸공'이 "국가의 최대 정책"이며, "정신무장이라는 것은 전시와 평시를 물론하고 필요"하다고 전제한 뒤, 국민의 멸공의식을 앙양시키는 방법 중의 하나는 "민주정치와 공산독재 정치와의 우열" 즉 양자를 이분법으로 구분하고 우월한 '자유민주'의 힘으로 공산주의를 붕괴시키는 것이라고 했다.[131]

---

129) 『조선일보』, 1951. 5. 7, 「(내가 답사한) 수도 공방전 跡」.
130) 『조선일보』, 1953. 6. 25, 「우리의 염원은 통일, 목적달성까지 굳게 뭉치자」.

(3) 잡지

당시 정부의 정책과 국가관을 유포하여 체제를 유지하는 데 앞장 선 기관으로 공보처와 국방부 정훈국을 꼽을 수 있다. 이들 기관은 국정 홍보선전 수단으로 잡지를 냈는데, 공보처는 『주보』를 중심으로 『내외정보』(1952. 7)를, 국방부는 『전선문학』(1952. 4)에 이어 『육군』(1953. 8) 등을 발행했다. 『내외정보』는 "자유수호의 전위대" 역할을 자임했고,[132] 『전선문학』은 "인쇄조건이 좋은 서울의 3개월 동안에 북괴문학인들이 한 개의 문학잡지도 소유하지 못(했던)" 사실에 견주어, '획기적인 대사업'으로 평가되었다.[133]

정전 후 미소의 대화 국면의 조성, 북진통일론의 약화 속에서 1950년대 중반부터 반공 잡지가 많이 창간되었다. 『초점』(1956. 2), 『화랑의 혈맥』(1956. 10), 『성웅』(1957. 6), 『반공』(1959. 1), 『국제반공』(1959. 12) 등이 그것이다.

『초점』은 "당면 과제가 국토의 통일 보존과 민생의 안정 나가서는 민족문화의 진작"이라고 한 뒤, "자유 대 노예의 양자택일"의 국제 정세에서 본격적인 지성인 평론지로서, "국내외에서 時時로 야기되는 제반 중요 문제"를 분석 연구하여 대중들의 정세 판단에 도움이 되고자 발간하게 되었다고 했다.

1950년대 말에 등장한 『반공』의 창간사는 "국시인 반공 국면에 허다가 맹점"이 있다는 거친 비난으로 시작되었다. "하루에도 수없이 '반공'을 외치건만 위정자나 국민이 과연 反共氣魄이 솟구치는가를 의심할 정도로 실질적으로는 이렇다할 반공사업에 철저하지 못하다는 사실"이 현실이라는 것이다. 즉 "오늘날 각종 간행물이 범람하지만 뚜렷이

---

131) 『조선일보』, 1955. 3. 30, 「멸공방법과 민주정신」.

132) 李哲源, 「民國의 耳目이 되라」, 『내외정보』 창간호, 1952. 7.

133) 조영암, 「文總救國隊의 저항운동」, 125쪽.

반공의 기치를 높이 든 하나의 잡지조차도 없음이 이상의 궁상을 입증"한다고 했다. 이에 "『反共』誌는 國是가 反共이며 반공이 아니고서는 우리가 생존할 수 없는 엄숙한 과업에 충실하여", "국제공산주의가 인류를 참혹한 학살장으로 매질하려는 위기에서" "잠자는 투지를 일깨워 공산주의를 한결같이 반대 말살하는데에 궐기하도록 그 지침이고자 창간"되었다고 했다. '반공구국'의 정론지임을 선언했다.[134)]

『국제반공』 역시 『반공』과 비슷한 창간 취지에서, 북한 공산당이 "대한민국을 전복하고 공산독재를 실현해 볼려고 호시탐탐 노리(면서)" '평화통일' 선전 정책을 확대하는 상황에서, "전국민으로 하여금 의식적으로 대공투쟁에로 불러이르(켜야)" 하는데, 이를 위해 "世界史上에 길이 빛날 반공지도자이며 민족의 태양인 이 대통령 각하의 반공통일이념을 높이 받들어", 남북통일을 저지하며 방해하는 "괴뢰도당들의 음모를 분쇄하는" 언론으로 『국제반공』을 창간했다고 한다.[135)] 『국제반공』을 축하하여 조용순(대법원장)은 "우리는 과거에 공산주의와 싸워왔고, 현재도 싸우고 있으며, 또한 미래에도 싸울 것"이라고 단언한 뒤, 『국제반공』이 "반공의식과 사상을 고취하고 일반 국민의 정신무장을 계몽하는 자주적인 반공운동을 전개"하고 "반공체제의 강화와 육성"에 기여하며 "容共에 기우는 이적국가를 芟除하는 지도적 임무"를 다할 것이라고 전망했다.[136)] 최인규(내무부장관)는 『국제반공』의 등장으로, "나라의 반공력은 강화"되고 "동포들의 마음이 반공전선에서 하나"가 되는 "反共에서 滅共으로 전국민은 나서야 할 때"가 오도록 역할을 다할 것을 요청했다.[137)] 전성천(공보실장) 역시 "국민들의 반공

134) 崔興朝(社長), 「國是는 反共이면서 허다한 맹점」, 『반공』 1-1, 1959. 1.

135) 文鳳濟, 「創刊辭」, 『국제반공』 창간호, 1959. 12.

136) 「국제반공은 자유의 서광, 정신무장을 공고히 하자」, 『국제반공』 창간호, 1959. 12.

137) 「'국제반공'誌 창간을 축하하며」, 『국제반공』 창간호, 1959. 12.

사상을 앙양하고 그 체제를 강화하여 멸공통일의 성업을 이룩"하는 것이 창간 목적이라고 했다.[138)]

이런 취지의 반공잡지에는 '남북통일성업'을 위해 "반공기치 밑에 일치단합하여 있는 힘을 다 바치자"는 주장과 함께 이를 위해 조직적이고 체계적인 반공운동과 선전활동, 반공정신을 강조하는 글들이 지면을 차지했다.[139)] 이 같은 언론매체는 반공의 선전물이며 반공을 증명하는 공간이며, 반공을 호명하는 기제였다. 반공주의가 사회 구성원들의 사상과 의식에 적극 개입하여 국가에 종속시키고 순응시키는 데 이 같은 반공텍스트는 핵심적인 수단의 하나였다.

3) 전람회/전시회 · 웅변대회

앞에서 살펴본 문학인과 언론인들은 전선에 파견되어 군인들과 함께 기거하면서 혹은 현장을 취재하여 얻은 사실을 종군기 형식으로 제출했다. 문필가의 활동은 '현장 종군'으로서 객관성을 부여하면서 작가들의 필력으로 현지를 형상화하여 민중의 행동과 의식에 변화를 주기 위함이었다. 그러나 이런 언어적 매체보다 사람들의 인지 구조 전반에 크게 영향을 미치는 것은 시각적 기제였다. 근대 이후 시각은 우리 감각 가운데 최상위에 자리하게 되었다. 시각적 매체는 다른 어떤 매체보다 의심을 일축하고 재현의 사실성을 실증하며, 인식의 근본을 형성, 재구성하게 하는데 직접적인 영향을 미쳤다.

전시회, 전람회, 기념관, 영화와 사진 등의 시각적 매체들이 반공주의의 선전 확산에 적극 활용되었다. 국방부 보도과에서는 여순사건 이

---

138) 「규탄하자! 악독무도한 공산정치를!」, 『국제반공』 창간호, 1959. 12.

139) 文鳳濟, 「남북통일에의 길」, 『국제반공』 창간호, 1959. 12 ; 孔鎭恒, 「반공정신」, 『화랑의 혈맥』 창간호, 1956. 10.

후 1949년 6월, 10일간 서울 시내 동화백화점에서 전리품전시회를 개최했다. 전시 내용은 38선, 제주도, 지리산, 여수·순천 등 각 지구에서 노획한 인민군의 복장과 무기, 전선에서 찍은 사진 등이었고, 특히 눈을 끄는 것은 소련제 '따발'총을 비롯하여 장총, 기관총, 군복 등이었다고 한다.[140] 1950년 11월 전쟁 중 계엄사령부 주최 방공포스터전람회가 같은 장소 동화백화점에서 개최되었다.[141]

이 같은 전람회/전시회는 전후 크게 확대되었다. 육군본부에서 주최한 반공전람회는 창경원에서 1956년 10월 26일부터 11월 8일까지 일정으로 열렸다. 이번 전람회는 "북한괴뢰집단의 6·25남침을 위한 병력 집결상황을 비롯하여 괴뢰의 중요장비 소개, 사상전람품 소개, 불법남침사진 및 양민학살광경사진, 노획무기 등 수천 점을 공개"한 자리였다. 무료관람이었다고는 하지만, 1주일 만에 49만 1,939명이 관람하는 등 성황을 보이자, 9일부터 유료관람으로 바꾸어 11월 30일까지 연장했다. 11월 30일 폐막 당일까지 관람자가 총 130만 명을 돌파하는 기록을 남겼다.[142] 전시는 목적성과 방향성을 띠고 있으며 무언가 메시지를 분명히 담고 있어서, 관람자는 전람회 공간을 한번 돌면, 기획자의 의도한 메시지를 습득하게 된다. 따라서 이번 반공전람회는 "반공사상앙양고취"라는 목적을 달성하기 위해 북한군의 침략 실상을 한 공간에 배열했고, 이 같은 성공적인 전시는 반공회관 건립으로 이어졌다.

전람회/전시회가 일정한 기간의 전시공간이라면, 전쟁기념관은 지속적으로 전쟁의 역사와 상흔을 당대는 물론 후대에까지 전승하고 전쟁의 공포를 상시화하는 주요 공간이었다.[143] 기념시설물로서 먼저 등장

140) 『조선일보』, 1949. 6. 8, 「전리품전시회」.
141) 『조선일보』, 1950. 11. 23, 「방공포스터전람회」.
142) 『조선일보』, 1956. 10. 27, 「반공전람회 개막」; 1956. 11. 4, 「반공전람회 관람자 근 50만」; 1956. 12. 4, 「반공전람회 폐막」.
143) 정호기, 「전쟁 기억의 매개체와 담론의 변화」, 『사회와 역사』 68, 2005, 70쪽.

한 것이 기념탑과 종각이었다. 1953년 2월 8일 忠魂塔건립에 관한 안건이 국무회의 의결을 통과하여 충혼탑건립중앙위원회가 구성되어 활동하던 중, 이 대통령의 지시에 따라 도마다 1개씩 충혼탑을 건립하려던 계획이 변경되었다. 우선 전국적인 규모의 것을 서울에 세우고 각 도에는 추후 세우되, 명칭은 호국영령탑으로 결정했다.[144)] 이 사업의 일환으로 지리산 지구 일대를 배경으로 전남 남원에 충혼각에 이어 "공비토벌에서 얻은 전리품과 토벌작전의 개요"를 보존 전람하는 지리산평화기념관이 세워졌다.[145)] 또 유엔군 영령을 위한 '자유의 종각' 건립사업이 추진되었다.[146)] 이러한 기념물은 "금일의 생활과 명일의 계획이 어느 것이나 전선의 영향을 받지 않음이 없(는)" 현실을 일깨워주고, "통일이 未成되었고 共敵의 침략야욕을 온전히 분쇄하지도 못(한)" 현실을 상기시키고, 당면 과제 즉 '통일 달성'의 의지와 실천을 확인하는 조형물이었다.[147)] 이런 시설은 "반공통일의 산교재"[148)]로 기대되는 만큼 자발성과 주체성을 담보하기 위해, 학생을 포함한 일반에게 성금을 추렴하여 건립되었다.

1958년 종합적인 기념관으로 반공회관이 등장했다. 반공회관은 이 대통령의 지시로 세종로에 있던 여자경찰서 건물을 새롭게 단장한 것이다. 반공회관 입구에는 맥아더 장군의 동상이 서 있고, 아시아 반공각국－당시 아세아반공민족연맹 가맹국으로 짐작되는－의 국기가 걸렸다. 내부에는 "대남간첩들이 소지하였던 각종 무기와 일체 소지품"이 전시되었고, 사방 벽에는 "강제노역장을 위시하여 공산괴뢰들의 죄

144) 『조선일보』, 1953. 7. 3, 「우선 서울에 일기 수립」.
145) 『조선일보』, 1955. 5. 27, 「남원에 忠魂閣」; 1956. 6. 21, 「남원에 지리산평화기념관」.
146) 『조선일보』, 1958. 3. 9, 「자유의 종각 건립재추진」.
147) 『조선일보』, 1953. 10. 17, 「영령에 대한 추념과 결의」.
148) 『조선일보』, 1956. 7. 4, 「전몰학도탑 건설」.

악상을 수록한 각종 사진과 우방자유국가의 모습이 대조진열"되었다.[149] 육군본부는 8월 이곳에서 정부수립10주년 행사의 하나로 반공전시회를 주관했다. 이때, "우리나라의 발전상"과 "자유세계의 공고한 단결을 촉구"하는 전시물과 함께 "공산치하에서 학정에 허덕이는 10년 동안의 북한실정"을 표현한 전시물을 공개했다.[150]

이러한 전시 공간에서 남과 북은 '자유국가의 모습'(/발전상)과 '강제노역의 공산괴뢰의 죄악상'(/학정)으로 대조 진열되었다. 남=인간, 자유, 반공, 도덕, 인간, 문명수호, 광명 ↔ 북=괴물, 부자유, 공산, 비도덕, 비인간, 문명파괴, 암흑의 대결구도로 전시 자료를 배열했음을 의미한다. 전시품이 어떤 관념과 이미지를 만들어내고 그 속에 감성이 배어 있다고 한다면,[151] 전시 공간은 한 눈에 남한체제의 우위성을 확인해 준다. 북한은 반공, 멸공의 대상으로서 부정의 이미지로 재현되고, 남한은 북쪽으로 정치력과 군사력을 확장해야 할 당위성까지 시사하는 전시 기법을 택하고 있었다. 미극동사령군부 사진반 책임자 카소령이 중공군과 북한군 병사를 대상으로 사진을 찍은 뒤 몇 분만에 확대사진을 내밀어 보이자, "그들은 마술에 걸린 것처럼 신기하게 여겼다"는 기사[152] 역시 자유 진영의 우월성을 충족시켜 주고 있다.

전람회/전시회, 기념관은 이 같이 남북한 양 국가의 이미지 형성과 재현에 적지 않은 기능을 발휘했다. "민주생활을 찬양하고 반공정신을 선양"하는 내용의 반공미술작품을 공모하여[153] 전시하는 것, 영화와

---

149) 『조선일보』, 1958. 2. 6, 「반공회관, 5월 하오부터 개관」.

150) 『조선일보』, 1958. 8. 6, 「반공전시회도 개최」; 1958. 8. 15, 「반공전시회 14일 개막」.

151) 하세봉, 「식민지 이미지의 형성과 멘탈리티-大阪 권업박람회(1903)의 대만관을 중심으로」, 『역사학보』 186, 2005. 6, 184쪽.

152) 『조선일보』, 1951. 7. 13, 「사진반이 본 개성의 정경」.

153) 『조선일보』, 1958. 2. 7, 「반공미술작품, 공보실서 공모」.

연극을 활용하는 것[154] 역시 인식체계의 변화를 유도하는 데 시각적 매체의 유용성 때문이었다. 반공회관은 상설적인 반공전시관이면서 일반 전시 공간으로도 이용되어,[155] 학생들을 포함한 일반인의 반공정신의 환기와 주입에 직간접적인 기능을 발휘했다.

한편 각종 국민대회와 같은 집회에 등장하는 플래카드의 문구, 결성서 등의 짧은 문장은 그대로 '표어'/'구호'와 포스터 그림으로 일상을 지배할 수 있었다. 신문/방송은 서적/잡지류보다 대중적 매체였지만 이것 역시 아직 보편적으로 보급되지 않은 상황에서, 표어를 담은 전단지와 삐라는 정책의 함축, 일반의 의지 결집과 통일을 위해 매우 용이하고 직설적이었다. 표어와 전단지는 간결한 문장으로 전쟁 경험을 반복 재생하여 반공의식을 유포하고 공고히 하는 데 대중적이고 효과적이었다. 전단지를 채우는 표어와 구호는 정부에서도 제공했다. 1952년 제33주년 3·1절 기념일을 기해 정부가 정한 다음의 '우리의 맹세'도 표어의 일종이었다.

> 우리는 대한민국의 아들 딸 죽엄으로써 나라를 지키자.
> 우리는 강철 같이 단결하여 공산침략자를 쳐부수자.
> 우리는 백두산 영봉에 태극기 날리고 남북통일을 완수하자.

'우리의 맹세'는 각종 대회의 구호로 또 정부간행물 『주보』를 비롯한 출판물에 게재되어 국민적 강령과 같이 보급되었다. 정부는 이보다 한층 짤막한 표어도 만들어 공개했다. 1953년 정부와 서울시가 공동 주최한 6·25사변3주년 기념식장에서 이 날을 위해 정부가 제정한 표어

154) 『조선일보』, 1952. 8. 10, 「사변 기록 영화, 멸공의 감투보 완성」; 1956. 8. 25, 「素人劇으로 농민을 위안」.
155) 『조선일보』, 1958. 11. 12, 「학생작품 276점을 전시」.

가 발표되었다. “명심하자 6·25 전취하자 통일성업” “북진이다 3천만 통일이다 삼천리” “감사하자 ‘유엔’ 장병 원호하자 우리군경”이 그것이었다.[156] 또한 정부는 일반인을 대상으로 표어를 공모했다. 국방부는 1954년 1월, 국방사상앙양을 목적으로 “반공의식의 강화와 통일재건”을 내용으로 하는 구호를 현상모집했다. 선정된 구호는 “멸공이다 삼천만 재건이다 삼천리” “사람마다 防共이다 곳곳마다 재건이다” “멸공하면 통일오고 재건하면 행복온다”였다.[157] 이와 같은 표어/구호의 공모 행위는 일반인과 학생들의 직접 참여를 전제하기 때문에, 이들을 반공체제 속으로 포획하여 반공의식의 내화를 유도하는 데 유의미했다.

웅변대회 역시 반공주의를 보급시키는 데 적극적으로 활용되었다. 간단한 반공표어를 외우고 상기하던 생활 속에서 표어를 모티브로 길게 문장화한 것이 웅변 내용이었다. 웅변대회는 문교부, 내무부, 국방부, 공보처 등의 정부기관과 대한반공단, 반공통일연맹 등과 같은 반공단체들이 주최했는데, ‘방첩강조주간’에 실시할 때는 그 효과가 높았을 것이다. 한 예로 “스파이는 월남하고 비밀은 월북한다”는 표어 밑에 1956년 10월 29일부터 전국적으로 전개된 방첩강조주간이 끝나는 날, 내무부가 방첩웅변대회를 개최했다.[158]

1955년 5월, 반공통일연맹서울특별시연맹과 상공부 공동 주최의 웅변대회에서는, 「나는 흙을 파서 반공통일에 이바지하련다」, 「산업증강은 외래품 배격에서」, 「움직이는 38선」, 「산업전사의 사명」, 「반공통일은 산업부흥에서」, 「이래서야 되겠는가」가 선정되기도 했다.[159]

---

156) 『조선일보』, 1953. 6. 24, 「6·25사변3주년, 상오 10시 중앙청광장서 기념식」.

157) 『조선일보』, 1954. 1. 2, 「국방부에서 반공등 구호모집」; 1954. 1. 24, 「정훈부의 반공구호 당선작품 발표」.

158) 『조선일보』, 1956. 11. 1, 「방첩사상고취 3일 웅변대회」; 1957. 11. 4, 「6관구사령부서, 방첩웅변대회」.

4) 계몽대 · 좌담회

1개월 정도의 기간에 많으면 147만~800만 명이 동원되는 전국적인 국민운동/국민대회는 그 자체만으로도 대회의 목적과 내재된 이념을 일시에 보편적으로 전달하는 데 강한 힘을 발휘했다. 대중성과 현장성이 결합되어 이념 혹은 정치적 신념을 확산 증폭시킬 수 있었다. 여기에 각지를 순회하는 계몽대(강연대) · 좌담회는 반공주의의 일상적 침투와 저변화를 촉진하고 공고히 하는 행위였다.

여순사건 이후 국민회지부, 경찰서, 언론사, 명사 등의 지역 단위 시국강연회는[160] 공보처 선전대책위원회가 등장하면서 조직적이고 체계적으로 진행되었다. 1949년 9월 선전대책위원회에서는 각 방면의 후원을 얻어 추석을 계기로 '민족정신앙양'과 '민심수습'을 목적으로 지방위문 및 선전대를 구성하여 순회 파견하기로 했다. 계몽대는 16개 반으로 편성되어 연극, 영화, 강연, 방송 등을 동반하고 전국 770여 개 부읍면을 방문했다. 이 계몽대에 참가하는 문화예술인 232명은 10월초~11월초까지 1개월 동안 전국을 순회하며 계몽활동을 하였다. 이들은 떠나기 앞서 공보처가 마련한 출정식에서 영화 「민족의 절규」, 연극 「조국의 혼」 등을 관람하여 계몽대의 임무와 결의를 재확인한 뒤, 각지로 내려갔다.[161] 선전대책위원회는 11월 10일 대원 전원이 귀환하자, 귀환보고회를 열기로 했다.[162] 이 같은 정부 차원의 시국계몽대의 파견에 호응하여, 지역 자체적으로 관민합동의 계몽반이 가동되었다. 강원도 삼척에서는 시국대책협의회의 결의로 국군과 지방유지 100여 명으로 선

159) 『조선일보』, 1955. 5. 27, 「産業戰士 반공웅변, 6명의 입선자 발표」.
160) 『조선일보』, 1949. 3. 4, 「시국계몽강연회」; 1949. 3. 4, 「시국강연회」; 1949. 9. 24, 「37개소에서 일제히 계몽 강연」.
161) 『조선일보』, 1949. 9. 20, 「다채로운 선전계몽대, 추동 계기로 각지를 순방」; 1949. 10. 23, 「계몽 宣傳隊 壯行會」.
162) 『조선일보』, 1949. 11. 15, 「지방 계몽대 귀환 보고회」.

무공작대를 구성하여 계몽 문화 위안 의료 등 6개 반을 편성한 뒤 약 1개월 예정으로 군내 각 면과 촌락을 돌며 계몽 활동을 하기로 했다. 특히 공비출몰지대에는 스피커와 전단 등을 이용하여 자수를 권고하는 등 적극적이고 다양한 활동을 전개하기로 했다.[163)]

한국전쟁이 일어나자 지역 말단의 계몽활동은 더욱 중요해졌다. 서울시는 시민들에게 정확한 보도를 신속히 알리고 '제5열' 즉 대남공작대원의 "허위모략선전을 분쇄"하고 "국민계몽운동을 강력히 추진"하고자 9개 구청의 공보관계자회의를 열고, 각 구청에 배치된 '라디오'를 매시간 청취하여 주요 거리에 써붙이는 등 강력한 공보계몽사업을 전개하기로 했다.[164)] 미공보원(USIS)은 서울시 공보과에 라디오 10대를 대여해 주고, 뉴스 청취가 좋지 않은 구청에 보내어 내외정세를 청취 파악하여 일반에 알려주도록 했다.[165)]

문교부는 정부 각 기관 중에서 계몽사업에서 두드러졌다.[166)] 문교부는 정부수립 직후 설치한 국민사상연구원에 이어 1951년 국민사상지도원을 두고 학교교육과 함께 사회교육 차원의 반공정신 교육의 제도화를 확대했다. 국민사상지도원은 '국민사상'의 지도이론을 수립하여 선전계몽사업을 할 목적으로 창설되었다. 첫 사업으로 공비소탕지역에 선무반을 파견하여 국민사상 즉 '반공주의'를 계몽하기로 했다.[167)] 국민사상연구원에서도 국민사상을 계몽하기 위해, 전 정훈국장 육군 준장 이선근을 강사로 내세워 '전시하 국민의 각오' '대한민국과 학생'을 주제로 1953년 4월 20일부터 30일까지 주요 도시 순회강연을 하기로 했다. 국민사상연구원은 정부수립 후 학교교육과 사회생활 전반에 걸

163) 『조선일보』, 1949. 10. 29, 「군민 합작의 계몽반 활동」.
164) 『조선일보』, 1951. 9. 11, 「계몽사업을 강화」.
165) 『조선일보』, 1951. 9. 11, 「각 구청에 라디오 美公院에서 대여」.
166) 『조선일보』, 1959. 1. 23, 「청년운동의 한계와 정치성」.
167) 『조선일보』, 1951. 12. 26, 「사상지도원 창설」.

쳐 도의교육과 반공반일교육에 주동적인 역할을 해왔다고 평가를 받았다.[168)]

문교부는 1955년 1월, 1953년도 운크라 교육원조계획에 따른 3대 계몽선전용 차량(사진기, 환등기, 스피커, 녹음기 장착)을 미국으로부터 지원받아, 일반 성인을 대상으로 한 시청각 교육자재로 활용하기로 했다.[169)] 계몽대의 활동에 점차 영화와 영사와 같은 시청각 기자재가 수반되어 효과를 끌어올리고 있었다. 문교부는 1956년 6월 24일~7월 2일까지 9일간, 38이북수복지구 전역에 반공계몽반을 파견하기로 하였는데, 계몽반은 영화 기사와 연사로 구성되어 연천, 철원, 강화 등지를 돌면서 영화상영과 연설로 반공민주계몽운동을 전개하고 생활지도도 할 것이라 했다.[170)] 문교부의 지방 순회계몽활동은 1958년이 되면 6개월간 전국을 대상으로, 각 도별로 26일 일정으로 확대 추진되었다. 이에 10여 종목의 영화 '필름'과 영사기를 가지고 순회상연을 하고, 연사를 파견하여 촌락 단위 강연회를 개최하도록 했다. 이 농촌순회계몽사업은 문교부 사회교육과의 주관 행사인데, 이와 시기를 같이 하여 각 도에서도 동시에 도전임지방강사를 파견하기로 했다.[171)] 문교부 주도 계몽사업은 전 주민을 대상으로 종합적인 사회교육 실시 단계로 발전했다. 먼저 일부 중점지도부락을 대상으로 하여 실시하되, 전국 12,000여 촌락에게 확대 적용할 계획이었다.[172)]

당시 문교부가 주도한 계몽대의 활동 중에서 조직적으로 움직였던 것이 학생계몽대였다. 문교부는 1953년 백만 명 이상 문맹자를 퇴치한

---

168) 『조선일보』, 1953. 4. 20, 「시국강연」; 1956. 8. 30, 「국민사상연구원 8월말로 해산」.
169) 『조선일보』, 1955. 1. 29, 「영사기가 달린 계몽차」.
170) 『조선일보』, 1956. 6. 21, 「수복지역에 반공계몽반」.
171) 『조선일보』, 1958. 5. 17, 「지방순회 계몽운동」.
172) 『조선일보』, 1956. 9. 12, 「농촌계몽에 새 방침 수입」.

다는 계획 아래 여름방학과 겨울방학을 이용, 전국 고등학교 이상 학생 약 17만 명을 동원하는 농촌대중계몽교화사업을 추진하기로 했다. 이 계획에 따르면 각 읍면 단위로 해당 학생 전원을 배치한 학생향토계몽반은, 해당 읍면장, 학교장, 지역 유지로 구성된 추진위원회의 지도를 받으면서 강연회와 좌담회, 생활강좌 등을 담당하게 되었다. 학생향토계몽반은 읍면 내 촌락 단위 국문강습반을 개설하여 문맹일소를 비롯하여 정신계몽, 사회교화사업 등을 실시한다고 했다.[173] 당시 학생들은 대체로 전쟁 경험의 세대이면서 학도호국단에 편입되어 각종 반공집회에 동원될 뿐 아니라 학교의 반공교육강화 그리고 앞에서 살펴본 여러 매체를 통해 반공주의 선전에 노출되어 적잖게 반공주의의 내면화가 이루어졌을 것이다. 더욱이 이 같은 청년학생들은 읍면장, 학교장, 지역 유지로 구성된 추진위원회의 통제를 받으면서 계몽활동을 했기 때문에, 정신무장한 위원과 학생들을 통해 반공주의가 일반 대중에게 전달되었음은 미루어 짐작할 수 있다.

1953년 6월 18일, 이승만의 반공포로 석방행위는 "반공은 모든 것을 용서한다"는 것을 상징적으로 보여준 일반 대중을 향한 최고의 교육적 행동으로 평가할 만했다.[174] "대한민국의 선량한 국민이 될 것을 자원"하였음을 증명하는 '반공애국청년증', 전 국민을 대상으로 "반공으로써 조국대한에 충성"과 "조국 건설의 방패"가 될 것을 다짐하는 성명서를 발표하는 반공포로의 행동은[175] 반공학습의 교재가 되기에 충분했다. 여기에 반공청년이 각지로 분산 이동하는 중간에 내려 환영을 받을 때나, "환영탑에 오색찬연한 환영전등이 켜져 오랜 억류생활에서 자유품

173) 『조선일보』, 1953. 6. 25, 「문맹퇴치에 학도를 동원」; 1956. 7. 7, 「방학기에 향토계몽운동」.

174) 김동춘, 「한국전쟁과 지배이데올로기의 변화-반공주의를 중심으로」, 72쪽.

175) 『조선일보』, 1953. 8. 3, 「조국건설에 헌신」; 1954. 1. 21, 「반공포로들 자유의 세계로」.

찾는 그들의 기쁨을 더한층 북돋우어" 줄 때,[176] 어둠의 세계에 있던 북한 주민에게 광명의 빛을 던져주는 자유 한국이라는 명확한 구도의 재현은, 반공체제에 대한 또 하나의 동의기제를 창출하였다. 나아가 반공청년들은 각종 집회에서 "반공투쟁의 희망이며 북진통일의 역군"이 될 것을 선언하고 "악독한 공산제국반대격멸"을 주장했으며,[177] 이런 선전 행위는 각 지방 환영회 겸 좌담회와 강연회에서 되풀이되고 있었다.[178] 이들은 전국적인 단체인 대한반공애국청년회를 결성하고 이를 매개로 반공선전의 전위대와 같은 활동을 조직적으로 전개하였다.

4. 맺음말

이 글에서는 한국사회의 구성원들이 스스로의 자의식을 반공국가의 국민으로서 단속하게끔 내면화에 영향을 미친 구조와 장치들을 살펴보려고 했다. 반공 이외 다른 대안적 이념이 뿌리내리지 못했던 경직된 이념적 현실은, 이성과 논리가 아닌 감성과 편견으로 북한과 공산주의에 대한 적대감을 형성케 하는 데 근간적인 조건이었다. '공포와 전율'의 어휘들이 국민운동/국민대회, 언론방송 매체, 반공텍스트 등에 넘쳐났다. 이 같은 어휘들이 전쟁 경험과 결합되어 체험은 구체성과 지속성을 띠었고, 동일한 용어와 문구(표어/구호 형태)가 반복되면 될수록 반공주의는 무의식 세계에까지 각인되어 행동의 변화를 유도했다. 이러한 속성의 언어들은 서적, 언론 매체 등 반공텍스트를 통해, 또는 각종 국민운동, 국민대회, 강연, 성명, 구호 등으로 대중에게 전달되

176) 『조선일보』, 1954. 1. 21, 「반공포로들 자유의 세계로」.
177) 『조선일보』, 1954. 1. 25, 「멸공의기 충천」; 1954. 2. 21, 「반공청년들 궐기」.
178) 『조선일보』, 1953. 6. 29, 「반공청년맞아 좌담회를 개최」.

었다.

전람회/전시회 공간에서 남과 북은 '자유국가의 모습'(/발전상)과 '강제 노역의 공산괴뢰의 죄악상'(/학정)으로 대조 진열되어, 한 눈에 남한 체제의 우위성을 확인해 주었다. 시각적 매체는 언어적 매체보다 의심을 일축하고 재현의 사실성을 실증하며, 인식의 재구성에 강하고 직접적인 영향을 미쳤다.

남북대립구조는 반공주의 생성의 바탕이자 자기증식의 자양분이었고, 반공주의는 그 대립구조를 더욱 강화하는 메커니즘을 추동하는 기제로 작용했다. 반공주의는 '어린이 멸공저축' '반공 아동음악대회'에서 보듯이 아동에서부터 일반 대중에 이르기까지 '멸공통일의 날' '항공궐기일' '반공 주간' 등을 생활화할 정도로 일상에 깊이 전파되었다. 이런 사정에서 현실관계는 "반공체제란 '쇠사슬'의 연결"[179]이라고 표현하는 것도 가능하게 되었다. 게다가 개별적인 전쟁 경험은 한 번씩 호명되어 현재화되고 공유되어 공적인 집단기억의 한 자락을 이루게 되었다. 예컨대 진명여중고 학생들이 1953년 북한 공군의 폭격으로 본교 강당과 교사의 일부가 파괴된 것을 기억하기 위해 해마다 가두행진을 하여 시민들의 시선을 끄는 행위는[180] 그 일단이다.

그리고 잠재적 긴장을 내포한 남북대립구조는 간헐적으로 거듭되는 북한의 도발적 사건과 결합될 때마다 반공동원체제를 가동시켰다. 국민대회와 국민운동, 보수적 언론 등 다양한 선전 매체가 하나의 견고한 네트워크를 형성하여 개인 차원에서 내면화된 반공의식을 용출시키고 재확인하는 구조가 생활화되는 양상을 띠었다. 이 과정에서 반공

---

179) 『조선일보』, 1958. 11. 18, 「반공체제는 시급」.

180) 『조선일보』, 1956. 6. 9, 「8일 '반공행진', 진명여중-고교 생도들」; 1957. 6. 9, 「진명반공의날 네돐, 8일 전교생이 시가행진」; 1958. 6. 9, 「잊지못할 괴뢰만행, 진명교생들 반공시위행진」.

주의는 검증, 분석, 통찰의 절차를 생략한 채 보편적으로 수용되어, 너나할 것 없이 '용공' '좌익'이 아님을 증명하여 생존을 도모하고 사회적 활동을 유지하려고 했다. 반공집회에 "안 가면……그 취지에 찬동치 않는다고 생트집을 잡을 터이니 그런 일이 없도록 해야 좋을 것"이라면서[181] 그 체제에 편입되는 모습에서, 종적 횡적으로 구축된 반공체제 속에서 반공주의가 집단심성으로 삶을 억압하고 있었음을 단적으로 보여준다. 따라서 "反共않은 사람은 親共"이 되고,[182] 심지어 국회의원까지도 소리 높여 반공주의자임을 천명해야 했다. 즉, "민주당이 자유당 이상의 반공투사들"이라고[183] 말해야 하는 현실이었다.

181) 『조선일보』, 1957. 1. 10, 「聞外聞」.
182) 『조선일보』, 1958. 11. 23, 「聞外聞」.
183) 『조선일보』, 1958. 11. 23, 「민주당 냉담, '반공투위'구성에」.

한국자유주의의 전개와 그 속성 : 역사적 개관

정 용 화

1. 머리말

'자유주의'가 나라의 안과 밖에서 모두 활개를 치고 있다. 밖에서는 소련의 붕괴 이후 경쟁자 없는 '역사의 종착지(the end of history)'로서 자신감을 내보이더니 급기야 그 대표국가를 자임하는 미국이 전 세계에서 자유주의를 거역하는 나라들을 지목하여 직접 개입을 선언하고 있다. 안에서는 노무현 정권세력을 '친북좌파'로 규정하고 '위협받는' 자유주의를 옹호하는 세력임을 자부하면서 이른바 '뉴라이트(New Right)'단체들이 속속 등장하고 있다. 안과 밖에서 모두 자유주의는 이제 역사의 주인임을 당연한 전제로 하고 단지 그 정통성을 누가 담당하고 있는가의 경쟁을 벌이고 있는 형국이다.

현재 한국의 자유주의 논쟁과 그 성격을 이해하기 위해서는 한국에서 자유주의의 '역사적' 전개과정을 살펴볼 필요가 있다. 자유주의는 하나의 추상적 개념으로 시공간을 초월하여 이해되고 통용되는 것이 아니라, 근대시기 서구의 정치적 맥락에서 당면한 구체적인 문제들을 해결하기 위한 목적에서 형성된 것이며, 따라서 정치환경이 변화함에 따라 그 내용도 변화하는 역사적 이념운동이다. 자유주의는 개인의 자유를 최고의 정치적 가치로 설정하며 어떤 제도나 정치적 실천의 평가 기준이 개인의 자유를 촉진·조장하는데 성공적인가의 여부에 있다고 믿는 신념체계로서[1] 그 고유한 속성을 유지하지만, 역사적 정치적 환경에 따라 개인의 자유를 억압하는 '적'이 변화함에 따라 그것이 옹호하는 제도나 정치적 실천은 수정이 불가피하였다. 그러므로 자유주의는 단지 이념 자체가 아니라 구체적인 정치적 맥락과의 상호관계 속에서 파악되어야 한다.

이러한 사실은 한국에서 자유주의가 구체적으로 어떠한 정치적 과제를 해결하기 위해 활용되었는가에 주목해야 한다는 것을 말해준다. 또한 이것은 한국의 자유주의가 단순히 서구의 것을 답습하는 것이 아니라 한국의 현실적 조건이나 실천적 목표에 맞게 선택적으로 수용되고 재해석, 재구성될 수 있다는 것을 말해준다. 한국의 자유주의는 '근대의 충격'과 함께 서구로부터 수용되었지만 한국의 역사적 경험 속에서 나름대로 특성을 가지게 되었다. 특히, 식민지배하의 민족해방운동과 민족통일운동(Nationalism), 개발독재에 대항한 민주화운동(Democracy), 그리고 최근의 신자유주의(Globalization)라는 역사적 과제에 대응하는 과정에서 그 '보편성'과 함께 한국의 '고유한' 속성을 형성하였다.

2. 자유주의의 한국적 정당화

한국에서 자유주의가 현실정치의 명분과 제도의 양 측면에서 실제적으로 작동한 것은 1948년 대한민국의 건국이후부터 이다. 하지만, 자유주의가 한국에서 정치적 정당성을 획득하기 시작한 것은 그것이 한

---

1) Alan Ryan, "Liberalism", Robert Goodin & Philip Pettit (eds.), *A Companion to Contemporary Political Philosophy*, Blackwell Publisher, 1999, p.292.

국에 수용되는 19세기 후반으로 거슬러 올라간다. 자유주의는 그 선험적 가치에 의해서라기보다 '근대화'라는 세계사적 요구에 대응하는 과정에서 그 정당성을 획득해갔다.[2] 서구의 충격에 의해 촉발된 근대화는 일차적으로 자국의 부강을 추구하도록 하였는데, 자유주의는 부강의 주요 요인으로 이해되었다. 1880년대 근대개혁론자들은 서양이 부강한 궁극적인 원인이 인민 개개인의 자유와 권리가 잘 보장되어 있는 데 있다고 이해하고, "그러므로 진실로 나라의 부강을 기약하고 만국과 대치하려 한다면 군권을 축소하고 인민에게 정당한 만큼의 자유를 갖게 하여 각자 나라에 보답하는 책무를 지게 하여야 한다"[3]고 주장하였다. 여기에서 인민의 자유는 그 본질적 가치보다 인민의 정치적 동원의 필요성에서 비롯된 것이 분명하다.

하지만, 그들은 곧 자유의 본질적 가치를 문명의 보편성 차원에서 이해하고 수용하였다. 그들은 인민의 자유를 억압하고 형벌을 혹독하게 하는 정치를 '야만의 정치'로, 사람마다 자유권이 있으며 법률이 공정한 정치를 '문명의 정치'로 구분하고 한국의 현실을 '야만의 정치'로 진단하였다. '문명의 정치'는 전통의 언어로 '仁義의 정치'이며, 유교정치의 이상인 '요순의 정치'로 비유되었고, '야만의 정치'는 인민을 仁義禮智로 이끌지 않고 노예와 같이 보는 정치로 비판되었다. 그들은 한국의 정치가 "형벌을 혹독하게 하여 仁을 해치고, 처벌을 억지로 시행하여 義를 무너뜨리고, 법을 마음대로 시행하여 信을 잃음으로써, 인민의 마음을 지조없게 하고, 포악하게 하였다"[4]고 함으로써 자유주의의 정치적 정당성을 유교정치의 원리에 기대어 설득하는 한편 자유의

2) 이에 대한 자세한 내용은 정용화, 『문명의 정치사상 : 유길준과 근대한국』, 문학과지성사, 323~344쪽 참조.

3) 박영효, 「朝鮮國內政ニ關スル朴泳孝建白書」, 日本外務省編, 『日本外交文書』 第21卷, 문서번호 106, 306쪽.

4) 박영효, 위의 글, 297, 307쪽.

본질적 가치를 문명의 보편성 차원에서 이해하고 내면화하였다.

자유주의의 기본가치인 개인의 자연권사상은 전통 유교의 '하늘(天)' 개념을 통해 자연스럽게, 그리고 보다 깊은 의미로 소화되었다. '天賦(하늘이 준)'로 번역된 자연권은 다시 『중용』의 첫 구절의 '天命'으로 이해되고, 이는 다시 朱子의 注를 따라 인간의 도덕적 본성인 '性', 즉 지극히 자연스러운 이치(天理)로 이해되었다. 유교의 '천'은 본성과 관련된 보편타당한 이치를 포함하는 것이어서, 자연법은 추상적이고 보편적인 어떤 것－神－의 명령이라는 서구적 의미보다 인간의 도덕감정에 기초하여 훨씬 자연스럽고 포괄적인 의미로 이해되었다. 그리고 권리는 "당연한 이치"이지만 '正道'에 어긋나지 않아야 한다고 이해함으로써 자유의 사회적 책임을 강조하였다.[5] 그래서 '자유(freedom)'는 초기에 '自主(independent)' 또는 '自助(self-help)'로 번역되었다. 자유와 자유주의에 대한 이러한 이해는 이후 한국 자유주의의 기본성격을 형성하는 데 영향을 미친다.

근대한국의 정치적 맥락에서 자유주의적 개혁요구를 요약하면, 왕권의 입헌주의적 제한, 조세법률주의, 법치주의, 계급차별 폐지, 공개재판, 연좌제 폐지, 의회 설립 등인데, 이것들은 근대 서구의 맥락과 유사한 것들이다. 이러한 개혁요구는 1896년부터 1899년까지 독립협회활동을 통해 대중적으로 확산되고 추진되었다. 유교개혁론자들과 미국에서 교육받은 기독교인들에 의해 주도된 독립협회는 기관지 『독립신문』을 통하여 자유주의적 가치를 전파하는 한편, 만민공동회의 데모를 통해 그 실행을 요구하였다. 그러나 조선왕조의 조정은 이들의 요구를 일부 수용하였지만, 마침내 정권을 위협한다는 이유로 독립협회를 강제해산하였다.

---

5) 유길준, 『西遊見聞』, 일조각, 1995, 111쪽.

한국에서 자유주의가 공식적인 정치이념으로 천명된 것은 1919년 3·1독립운동과 이를 계승하여 설립된 상해임시정부의 헌법[6]에서이다. 임시정부 헌법은 한국의 역사상 처음으로 주권이 인민에게 있음을 선언하고 인민의 자유와 권리 규정을 상세히 갖추었다. 임시정부는 서로 다른 정치적, 사상적 배경을 가진 독립운동단체 구성원들이 모여 성립되었기 때문에 운동노선과 독립국가의 정치적 지향점을 결정하는 데 많은 갈등과 혼선을 겪을 수밖에 없었다. 특히 1920년대 전반기는 독립운동단체들에 공산주의의 영향이 크게 미치고 있었고, 게다가 중국에서 공산당과 국민당의 분열이 몰고 온 여파로 자유주의진영과 공산주의진영의 대립이 심각했다. 그럼에도 불구하고 헌법은 신앙의 자유, 언론출판집회결사의 자유 등 개인의 자유권과 함께 재산권의 보장을 명시하였다. 이것은 임시정부 헌법이 기본적으로 공산주의가 아니라 자유민주주의 이념에 입각하고 있었음을 보여준다.

임시정부 헌법의 또 다른 특징은 인민의 자유권 보장과 함께 "남녀귀천 및 빈부의 계급이 없고 일절 평등함"과 "국민생활의 균등한 향상"을 선언한 것이다. 이것은 정치적 권리의 평등과 함께, 나아가 경제적 불평등을 부분적인 국유정책을 포함한 국가의 개입을 통해 시정해야 할 문제로 간주하는 의미를 갖는 것이었다. 임시정부 헌법의 이러한 '사회적 자유주의'의 성격은 사회주의 이념의 독립운동세력들과 적대적으로 공존하면서 민족독립운동을 추진하는 과정에서 자연스럽게 형성되었다. 이러한 내용의 임시정부 헌법은 1948년 대한민국 건국헌법의 모체가 되면서, 한국 자유민주주의의 기본성격을 형성하였다.[7]

---

6) 임시정부 헌법은 1919년 4월 임시헌장 이래 1944년 4월까지 총 5차례의 개정을 거쳤다. 여기에서는 근대입헌주의적 헌법의 형식을 갖춘 1919년 9월의 1차개정헌법과 임시정부의 마지막 헌법으로서 가장 민주적이고 발전된 내용을 갖추고 있는 것으로 평가되는 5차 개정헌법을 중심으로 한다.

3. 식민지 시기의 자유주의

자유주의는 그 이념적 특성상 애국심과 민족주의를 약화시키고 제국주의를 정당화하는 논리를 내포하고 있다. 자유주의의 코즈모폴리터니즘과 진보주의는 문명과 야만의 관점에서 세계를 재편하여 '문명적 유아상태'로 낙후된 '야만' 지역을 '문명'으로 이끌기 위한 것이라는 명분으로 제국주의를 정당화하는 논리로 발전한다. 또한 자연권의 실현이라는 정치적 정당성에 치중하는 사고방식은 정치적 아이덴티티와 동포애의 구체적 조건인 영토성(territoriality)을 무시하는 경향을 내포하고 있다.[8] 실제로 일제는 한국병합의 논리로 자유주의적 내용을 활용하였다. 즉, 조선왕조의 학정 아래에서 신음하는 백성들의 생명권과 재산권을 일본이 지켜주겠다는 점을 내세웠다.

한국의 자유주의자들은 이에 대해 서로 다른 두 가지 방식으로 대응하였다.[9] 하나는 자유주의의 논리 자체에 충실하여 결국 일제의 식민지배에 협력하는 길과 다른 하나는 민족주의와의 결합을 시도하여 일제에 저항하는 길이다.[10] 하지만, 양측은 공통적으로 독립의 방법으로 점진적 실력양성을 주장하였다. 전자의 논리를 들어보자. "종교와 도덕은 민족의 영혼이고, 지식은 민족의 두뇌이며 부는 민족의 실체라 할

---

7) 문지영, 「한국의 근대국가 형성과 자유주의」, 『한국정치학회보』 39-1, 2005, 194~196쪽.

8) Uday Singh Mehta, *Liberalism and Empire*, The University of Chicago Press, 1999, pp.119, 144~146.

9) 자세한 내용은 정용화, 「근대적 개인의 형성과 민족 : 일제하 한국자유주의의 두 유형」, 『한국정치학회보』 40-1, 2006 참조.

10) 자유주의 국제관계론에서는 자유경쟁의 명분 하에 현실주의적 힘의 경쟁을 용인하여 결과적으로 강자의 우월성과 제국주의를 불가피한 현실로 인정하였다. 그러므로 식민지의 정치현실에서 벗어나기 위해서는 우선 민족의 경제적, 문화적 힘을 키우고 시민사회를 공고히 하여야 한다는 논리이다.

수 있다. 정치적 지위란 그저 민족의 의복에 불과하다. 한 민족이 도덕적으로 건전하고, 지적으로 수준이 높으며, 경제적으로 자립을 이루었다면, 정치적 지위야 어떻든 매우 편안하게 살 수 있다." "조선인들은 정치적 평등을 요구하기 전에 경제적 평등에 도달해야 한다." "지금으로서는 텅 빈 주머니를 가지고 독립을 외치는 것보다 교육, 종교, 기업에 힘쓰는 게 더 중요하다."[11] 경제적 자유와 안전을 중시하는 이러한 관점에서는 당시 민족운동의 한 방법으로 성장하고 있던 사회주의를 용납할 수 없었다. 사회주의는 걷잡을 수 없는 혼란과 유혈사태를 유발할 뿐만 아니라, 기본적으로 자구(selp-help)하려 하지 않고 남에게 의존해 살려는 조선인들의 오랜 기생(dependent)본능과 연결되어 있다고 보았기 때문이다. 그래서 그들은 일본통치와 러시아 볼셰비즘 사이에서 선택해야만 한다면 전자를 고르겠다고 확신하였다. 그들은 독립운동 대신 일제 총독부에 민족적 차별 철폐, 민족적 다원성 보장, 강압적 통치 철폐 등 자유주의 원리에 부합하는 지배를 촉구하였다. 이러한 태도는 식민지하의 한국인의 일반적인 요구 및 정서와 유리되었고 일제의 지배를 강화하는 효과를 가져왔다.[12]

자유주의를 민족주의와 결합하려는 시도는 개인의 자유와 민족의 자유를 분리할 수 없는 것으로 전제하는 사고를 필요로 하였다. "지금 세계는 민족경쟁시대이다. 독립한 국가가 없이는 민족이 서지 못하고 개인이 서지 못한다. 국민 개개인이 각성하여 큰 힘을 내지 않고는 조국의 독립을 획득할 수 없다." "큰 힘을 내는 길은 개개인이 분발하여 도덕적으로 참된 인격이 되고 지적, 기술적으로 유능한 인재가 되어 견고한 단결을 이루는 것이다." "우리는 자유인이기 때문에 우리를 명

11) 『윤치호일기』, 1920. 5. 17 ; 1919. 8. 11 ; 1920. 11. 12.
12) 그렇지만, 개인/민족을 분리하여 개인을 우선하는 관점은 오히려 역설적으로 '근대적 개인'의 출현을 촉진하였다고 볼 수도 있다.

령할 수 있는 것은 오직 각자의 양심과 이성뿐이다.” “자기의 양심에 귀 기울이는 사람은 누구나 식민지 조국의 상황을 변화시키려고 노력할 것이다.”[13] 이렇게 생각한 자유주의적 민족주의자들은 되도록 많은 민족구성원들의 참여를 이끌어내기 위해 1920년대 이래 민족운동의 한 줄기로 형성되어 가고 있던 사회주의 이념을 대폭 수용하였다. 즉, 보통선거제 실시, 토지와 대생산기지의 국유화, 公費에 의한 의무교육제 실시 등을 통해 정치·경제·교육의 평등에 기초한 신민주국 건설을 지향하였다.

이것은 당시 좌우로 분열되고 있는 독립운동 진영을 통합하려는 목적에서 시작되었지만, 그 과정에서 이미 자유주의는 크게 수정되고 있었다. 그리고 실력양성론의 한계를 비판하면서 비타협 무장투쟁을 주장하였다. 과거 조선왕조국가에 대한 부정적 경험에서 국가에 대한 시민사회적 가치를 우선하는 실력양성논리가 도출되었다면, 이제 제국주의의 침략과 자본가의 횡포로 개인의 자유와 민족의 자유가 위협받자 자유방임의 고전적 자유주의를 넘어 ‘사회적 국가’의 개입을 모색하기에 이른 것이다. 한국의 역사적 맥락에서 이렇게 변용된 자유주의는 앞에서 지적한대로 임시정부 개정헌법에 반영되어 한국자유주의의 특성을 이룬다.

식민지 시대에 나타난 이 두 가지 유형의 자유주의는 해방 이후 한국자유주의의 원형을 이룬다. 전자가 고전적 자유주의론에 기초하여 지배권력과 결탁하는 경향을 보인다면, 후자는 사회적 자유주의론에 기초하여 민족주의와 결합하는 경향을 보인다.

---

13) 이광수, 『도산안창호』, 범우사, 2000, 27～28쪽 ; 도산기념사업회, 『안도산전서』 중권, 1993, 9～10쪽.

4. 건국기의 자유주의와 그 제도화

1945년 한국의 해방은 그동안 민족주의의 큰 틀 아래 공존하고 있던 자유주의와 사회주의, 공산주의 등 각기 다른 정치이념들의 분열과 갈등을 유발시켰다. 하지만, 한국인들은 민주주의적 민족국가를 건설한다는 데는 이견이 없었고, 다만 어떤 민주주의를 어떻게 실현할 것인가의 문제를 두고 이념적, 정책적 대립을 치열하게 전개하였다. 그런데 해방이 한국민족의 투쟁에 의해 직접 획득된 것이 아니라 연합군의 승리에 의해 주어진 것이었고, 그 결과 남북한이 미군과 소련에 의해 분할 점령됨으로써 정치이념도 자유민주주의와 인민민주주의(=공산주의)간의 대립으로 수렴되고 있었다. 그러므로 북한 지역에서의 자유주의는 사실상 존립하기 어려웠고, 남한에서의 자유주의는 여러 계파로 분화되어 경쟁하였다.

남한의 자유주의세력은 단독정부 수립 문제를 둘러싸고 재편되었다. 일찍부터 미국을 배경으로 하여 반공주의를 내걸고 남한만의 단독정부를 추진한 이승만−후에 초대 대통령−은 친일경력의 지주층을 중심으로 한 정당과 제휴하여 한국자유주의의 한 세력을 이루었다. 그들은 '민족' 보다 '자유'의 가치를 앞세웠다. 한편, 독립운동과정에서 사회주의와 경쟁적 공존을 경험한 바 있는 자유주의적 민족주의세력은 '민족'과 '자유' 사이에서 어려운 선택을 해야만 했다. 그들은 결국 민족통일을 우선하여 단정을 반대하는 측과 자유민주국가 수립을 먼저 한 다음 이를 북한으로 확대하여 통일을 추진한다는 '통일을 위한 단정참여' 측으로 분화되었다. '민족통일'을 우선하여 단정에 반대하는 세력은 남한과 북한 모두에서 소외되었다. '통일을 위한 단정 참여'세력은 공산주의 독재에 반대하며 자유민주주의를 지향한다는 차원에서 단정수립에 동조한 만큼 이후 단독정부의 정치가 반민주적 독재의 길로 치달으며 그 정당성을 상실해가자 정권에 대한 반대세력의 선두에 서서 치열한 저항을 전개하였다.

'통일을 위한 단정 참여'세력은 자유권적 기본권과 절차적 민주주의 보장을 강조하는 한편 공공복리, 국민생활의 균등한 향상을 위해 국가의 개입을 허용하는 사회적 자유주의를 주장하였다. 이들의 자유주의는 지난 독립운동 과정에서 형성된 자유주의의 내용을 계승하고 있었다. 하지만, 분단이 고착화되면서 민족주의가 점차 더 큰 비중과 호소력을 갖게 되자 한국에서 자유주의는 그 '원죄'로 인해 민족주의로부터 항상 경계되고 경시되었다. 단정수립을 매개로 자유주의적 민족주의 세력이 극우반공세력과 어설픈 동맹을 맺음으로써 정부수립 후 자유주의는 민족주의와 무관한, 심지어 반민족주의적 분단체제 수호이념으로 인식되는 경향을 피하기 어려웠다.[14)]

1948년 대한민국 헌법제정과 정부수립은 한국에서 최초로 자유민주주의를 제도화하는 의미를 갖는 것이었다. 건국헌법은 자유주의적 기본권을 근간으로 하면서도 "사회정의의 실현과 균형있는 국민경제 발전"을 위해 국가에 상당한 정도의 권한을 부여하는 특징을 갖고 있었다. 건국헌법의 이러한 특성은 '제도형성자'로서 미국이 구조화해 놓은 한계선 내에서 극우반공세력과 자유주의적 민족주의 세력이 타협해 낸 결과였다. 사유재산권이나 시장의 절대성보다 분배정의나 균점을 강조한 것 역시 북한 공산정권과 대치상태에서 국가형성을 완수해야 했던 한국의 특수성과 밀접한 관련이 있었다. 한국의 자유주의 이념과 제도는 미국식 자유민주주의를 그대로 이식한 것이라기보다 한국의 역사적 맥락과 정치 사회적 조건 속에서 획득된 특성이 부분적으로 담긴 것이었다.[15)]

---

14) 문지영, 앞의 글, 2005, 197~202쪽.

15) 제헌헌법의 성격에 관해서는 문지영, 앞의 글, 2005, 202~205쪽 ; 장동진, 「대

5. 민주화운동 시기의 자유주의

반공주의를 내걸고 단정을 주도한 세력의 자유주의는 자유주의의 내재적 가치보다 공산주의와의 대결이라는 외재적 가치를 주로 고려한 것이어서 국제정치의 도구적 성격이 강하였다. 하지만 공식 '지배이념'으로 제도화된 자유주의는 그 외재적 가치만을 필요로 했던 지배세력의 의도를 넘어 기대하지 않은 효과를 불러왔다. 자유민주주의의 헌법적 제도와 현실간의 괴리를 자각한 사람들은 자유주의적 원리의 실질적 구현을 요구하면서 자유주의를 '저항이념'으로 활용하였다.16)

자유주의를 반공주의와 동일시한 집권세력은 냉전의 정치환경과 6·25전쟁의 경험을 이유로 권위주의 정치현실을 자유주의로 합리화하였다. 그리고 집권연장과 권력강화를 위해 건국헌법이 제도화한 삼권분립 원칙을 파기하고 불법 부정선거를 자행하였다. 한국에서 자유민주주의는 국민들의 내면화보다 제도화가 먼저 이루어졌기 때문에 일반국민들이 정권의 '반민주성'을 인식하는 데는 건국헌법으로 합의된 자유민주주의 제도화에 대한 부정, 변개가 직접적인 계기가 되었다. 한국의 민주화운동은 국가형성과정에서 합의된 초기 자유민주주의 제도화의 유지, 회복을 지향하였다. 정권의 반민주성이 초기 자유민주주의 제도화의 훼손으로 대변(represent)됨으로써 민주화운동 역시 그러한 제도적 훼손에 대한 저항과 반발이 주를 이루었던 것이다. 민주화운동은 특히 간접선거와 부정선거에 의해 '인민주권'의 원칙이 훼손되는 것에 크게 분노하고 저항하였다. 그러므로 제도화의 문제에 집중된 민주

한민국 제헌과정에 나타난 자유주의」, 『정치사상연구』 11-2, 2005, 63~82쪽 ; 강정민, 「제헌헌법의 자유주의 이념적 성격」, 『정치사상연구』 11-2, 2005, 83~106쪽 참조.

16) 노재봉, 「한국민족주의와 자유주의」, 『사상과 실천』, 도서출판 녹두, 1985, 358쪽.

화요구는 단순히 민주주의의 형식 내지 절차에 대한 문제제기라기 보다는 인민주권의 원칙과 '동의에 의한 정부' 구성을 요구하는 본질적인 의미를 갖고 있었다.[17)]

민주화운동은 자유민주주의의 기본적 가치들을 학습한 학생 및 지식인들에 의해 주도되었다. 그들은 마침내 1960년 4월혁명을 통해 12년간의 독재정권을 유지해온 초대 대통령을 몰아내었다. 하지만, 1년도 채 지나지 않아 자유민주정부는 군사쿠데타에 의해 대체되었다. 군사정부는 냉전의 격화를 배경으로 한 강력한 반공주의와 자본주의적 근대화를 집권의 명분으로 삼아 권위주의적 통치를 하였다. 군부집권세력은 몇 차례의 헌법개정을 통해 국민의 자유권을 공개적으로 유보하는 등 자유주의적 외피마저 차례로 벗겨내었다. 그리고 헌법의 경제원칙을 복지와 사회정의에서 외형적 성장을 중시하는 방향으로 수정하였다. 권위주의적 제도화를 배경으로 한 개발독재는 경제성장을 이루었지만 인권탄압과 경제적 불평등의 심화를 초래하였다. 독재가 불평등한 경제현실의 원인이라고 생각하게 되면서 민주화운동은 반독재와 함께 경제민주화의 요구를 포함하게 되었다. 한국에서 자유주의적 민주화운동이 자유경쟁을 원리로 하는 효율적 시장과 사유재산의 절대성에 대한 강조보다 경제민주화에 대한 옹호를 그 특징으로 하게 된 것은 독재정권 주도하의 자본주의적 근대화가 왜곡된 경제현실을 초래하였다는 인식을 반영한 것이었다.[18)]

민주화운동의 또 다른 특징은 자신들의 독재정권에 대한 항거를 일제로부터의 독립투쟁 및 공산주의에 대한 항전과 동일선상에 놓는 경우가 많았다는 점이다. 즉, 독재정권에 의한 억압이 일제 및 공산당에

---

17) 문지영, 「한국의 민주화과정에서 자유주의의 동학(1945~1987)」, 『학진 기초학문지원과제 공동학술회의논문집』, 2004.
18) 문지영, 「한국의 민주화와 자유주의」, 『사회연구』 7-1, 2006, 91~93쪽.

의한 억압과 유비됨으로써 '자유'의 가치와 정당성은 그만큼 설득력을 얻을 수 있었다. 민주화운동세력은 스스로를 민족주의의 주체로 설정함으로써 자유주의와 민족주의의 연대를 재구축하였다. 그들은 점차 반공 국시에 문제를 제기하였다. 그리고 자유주의적 민주화세력은 '반공을 위한 반공'과 '자유민주체제의 확립 및 신장을 위한 승공', '구실로서의 반공'과 '진정한 의미의 반공'을 구별하였다. 그리고 '반공의 최대 무기가 자유'임을 강조하면서 현 정권이야말로 진정한 반공을 외면하고 있다고 주장하였다. 자유민주주의와 반공주의를 동일시하거나 혹은 반공을 국시로 자유민주주의 자체보다 우선시하던 지배이데올로기를 비판하고 오히려 자유민주주의를 반공의 목적으로 제시함으로써 자유민주주의 발전을 통일과 연계하였다.[19] 자유주의가 이제 국제정치의 도구적 성격에서 벗어나 한국정치의 내부에서 자리잡기 시작한 것이다.[20]

1980년대로 접어들면서 반독재 민주화운동과 그 이념적 기반이었던 자유주의는 중대한 전환을 맞게 되었다. 그 계기는 자본주의의 발전에 따른 경제적 모순의 심화와 광주민주화운동의 경험이었다. 불평등한 경제구조가 심화됨에 따라 민주화운동은 자유민주주의적 가치인 정권교체나 인권 같은 수준을 넘어 보다 근본적인 사회변혁의 요구를 포함하게 되었다. 한국의 자본주의를 종속적 자본주의로 규정하고 이로 인한 사회경제적 모순과 계급갈등에 주목하게 된 것이다. 또한 1980년 광주민주화운동의 좌절은 군부독재를 지원하는 세력으로서 미국을 재인식하게 하였다. 그래서 미국을 모델로 한 자유민주주의는 '반미자주 민족해방'을 내세운 친북성향의 노선에 의해 '보수적'인 것으로 비판되었다. 그리고 자유주의는 그동안의 '민중'이념으로서의 지위를 박탈당

19) 문지영, 위의 글, 2006, 93~95쪽.
20) 노재봉, 앞의 글 참조.

하고 편협한 '계급'이념으로 규정되었다.[21)]

그럼에도 불구하고 자유주의는 1987년 6월 민주항쟁을 통해 직접민주주의를 쟁취하여 민주화를 달성하는 데 주도적인 역할을 하였다. 한국 민주화과정에서 자유주의는 자유주의적 헌정질서의 확립(헌정주의의 제도화)을 민주주의의 '최소강령'으로서 동의를 얻어내고 다양한 운동세력들의 결집을 이끌어내는 데 기여하였다.[22)]

6. 민주화 이후의 자유주의

1948년 건국헌법 제정 이래 9번의 헌법개정을 통하여 1987년 탄생한 제6공화국 헌법은 직접민주주의 실현, 대통령으로의 권력집중 방지, 국민의 기본권 보장 확대, 경제의 균형발전 및 적절한 소득재분배의 내용을 담았다. 이것은 한국인에 내면화된 자유민주주의적 가치를 제도적으로 표현한 것으로서, 이제 더 이상 자유민주주의가 외래적 가치가 아님을 보여주었다. 제6공화국 헌법의 또 다른 특징은 또 다시 발생할지 모르는 권력남용을 방지하기 위해 헌법적 강제장치로서 헌법재판소를 도입했다는 것이다. 헌법재판소 설치는 오래된 법치주의의 소망을 담은 것이었다. 하지만, 사법적 판단이 정치적 결정의 우위에 서게 함으로써 민주주의의 정치공간을 위축시키는 부작용도 낳고 있다. 예를 들면, 2000년 총선 때 시민단체가 주도한 부패정치인에 대한 '낙천 낙선운동'에 대한 위법판결, 2004년 대통령탄핵심판에 대한 위헌판결, 국가보안법 합헌판결 등은 법치의 보수성과 정치의 위기를 보여주었다.[23)]

21) 문지영, 앞의 글, 2006, 99쪽.
22) 문지영, 앞의 글, 2004, 38쪽.

민주화 이후 자유주의는 저항이념에서 지배이념으로 전환되었다. 이에 따라 자유주의는 그 이념과 세력 면에서 분화, 재편되고 '자유주의자들'간 대립, 경쟁하는 새로운 모습을 보여주고 있다. 자유주의의 분화와 재편의 중요한 계기는 국내정치의 민주화 외에 세계화의 국제환경, 그리고 남북관계의 변화를 지적할 수 있다. 이것은, 바꿔 말하면, 한국의 자유주의가 민주주의, 세계화, 민족주의와 새로운 관계형성을 요구받고 있는 것을 의미한다.

민주화는 자유주의의 관심을 헌정주의에서 벗어나 다양한 의제로－예를 들면, 여성과 동성애자, 외국인노동자 등 사회적 소수의 권리문제나 양심의 자유, 종교적 자유문제 등－확장할 수 있게 하였다. 뿐만 아니라 민주화는 이전에 국가에 의해 그 이해가 대변되었던 자본가나 반공주의세력 등 보수집단들을 시민사회의 일원으로 자리를 잡게 하여 기존의 자유주의세력과 경쟁하게 하였다. 기존의 자유주의세력 내부에서도 민주주의와 자유주의의 조심스러운 분리를 시도하고 있다. 민주화운동과정에서 자유주의와 민주주의는 서로를 필요로 하면서 한 쌍으로 연대하였으나 민주화 이후 자유주의는 민주주의와 차별성을 주장하고 있다. '자유'의 가치를 우선하는 자유주의와 '평등'의 가치를 우선하는 민주주의는 더 이상 화목한 관계를 유지할 수 없게 되었다. 특히 경제와 교육 부분에서 최근 '자유주의'단체들이 결성되어 기존의 '민주주의'단체들과 경쟁, 대립하고 있다. 민주화는 시민사회의 확장을 가져왔을 뿐만 아니라 시민사회내의 다양한 이해관계와 갈등구조를 드러내게 하였다.

세계화의 시대적 조류를 배경으로 기존의 사회적 자유주의에 반대하면서 시장자유주의를 주장하는 세력들이 등장하였다. 그들은 최대한

23) 박명림, 「헌법, 헌법주의, 그리고 한국민주주의 : 2004년 노무현대통령 탄핵사태를 중심으로」, 『한국정치학회보』 39-1, 2005.

의 경제적 자유 허용과 사유재산권의 절대성, 정부의 개입 및 통제 금지 또는 완화, 사회복지정책 확대 및 노동조합의 정치세력화 반대를 주장하고 기존의 민주화세력을 '진보좌파' 또는 '민중주의(populism)'로 규정하면서 스스로를 자유주의의 본령이자 '정통보수'로 자처하고 있다.

이른바 '정통보수'세력은 강력한 반공주의를 배경으로 북한과 화해를 시도하는 움직임을 비판하고 있다. 민주화 이후 사회적 자유주의세력은 탈냉전의 환경을 배경으로 민족통일에 접근하기 위해 남북한간의 긴장을 줄이고 반공규율사회의 틀을 개혁하고자 했다. 햇볕정책과 남북정상회담, 그리고 국가보안법 철폐 시도 등은 그 예이다. 그런데 시장자유주의세력은 북한의 '인권'이 '민족'의 가치보다 우선하며 김정일독재의 종식을 주장하였다. 반면 노무현 정권의 경우, 직접적인 인권문제 제기가 남북관계의 악화를 초래할 것으로 보고 경제지원과 개혁개방 유도를 통해 북한 스스로 민주화와 인권향상을 시도할 수 있는 토양을 마련해주어야 한다고 주장했다.

이러한 관점의 차이는 미국에 대한 태도의 차이를 불러왔다. 1980년 광주민주화운동 당시 미국의 배신을 경험한 민주화운동세력은 미국에 대한 불신을 키워왔는데, 부시행정부의 북한 강경정책은 민족의 화해를 방해하는 것으로 이해되었다. 그리고 '종속적' 한미동맹관계를 '평등한' 관계로 조정할 것을 요구하고 있다. 한편 정통보수를 자처하는 측에서는 6 · 25전쟁의 기억과 반공주의를 배경으로 미국을 동맹 이상의 '혈맹'으로 간주하고 '자주외교'를 추진하려는 노무현 정권을 친북좌파로 비판하였다.

민주화 이후 한국자유주의는 자유주의의 다원성만큼 다양한 이념과 세력으로 분화되어 경쟁하고 있다. 누가 자유주의의 상을 올바로 표상하고 있는가의 논쟁은 한국 근현대사의 정통성을 누가 가지고 있는가의 문제를 내포하고 있다.

7. 맺음말

한국 근현대사에서 자유주의의 발전과정 뿐만 아니라 개인의 사회적 책임을 강조하는 한국인의 정서를 고려할 때 한국자유주의의 속성은 시장자유주의 보다 사회적 자유주의에 더 가까운 것으로 보인다. 하지만, 오랫동안 민주화운동과 결합하는 과정에서 한국의 자유주의는 '평등'의 가치에 압도되어 '비자유'적인 경향을 내포하고 있었던 것도 사실이다. 민주화 이후 '민주주의'와 분리를 시도하면서 본래의 '자유' 가치를 회복하고자 하고 있는 한국의 자유주의는 질적 심화와 재구성의 단계에 있다고 할 수 있다. '세계화'의 대세에도 불구하고 한국자유주의의 역사성을 고려할 때 시장자유주의가 주류가 되기는 어려울 것으로 보인다. 한국자유주의는 '민족주의'와 결합 또는 분리되는 이중의 모습을 식민지시기 이래 보여주고 있다. 한국자유주의는 '민족'의 가치와 '자유'의 가치 사이에서 항상 어려운 선택을 요구받고 있다. 건국기 '통일을 위한 단정'세력의 고뇌는 민족통일을 이루는 그날까지 계속될 것이다.

민주화는 자유주의의 의제와 활동영역을 확장시켰지만, 시민사회 내의 갈등을 노출시키고 확대하는 결과도 초래하였다. 시민사회 내의 복잡한 이해관계의 대립과 갈등을 합리적으로 조정하지 못하면 그것은 곧 자유주의의 위기이자 민주주의의 위기를 몰고올 수 있다. 시민사회 내의 가치관과 이해관계의 다양성을 인정하고 그들간의 공존과 협력을 가능케 하기 위해서는 자유주의의 기본덕목인 관용의 문화가 필수적이다. 어쩌면 지금 한국은 자유주의의 출발점에 서있는지도 모른다.

한국사회의 진보와 보수에 대한 일 성찰
—박정희의 '대표/재현'의 논리와 '지도자상'의 구축을 중심으로

공 임 순

1. '혁신'의 전유와 군부의 '대표/대변'의 논리

4·19혁명의 열기로 온 나라가 뜨겁게 달아오르던 1960년 6월 『사상계』는 시위에 참여했던 젊은 (대)학생들을 중심으로 좌담회를 개최했다. 이들의 공통적인 인식은 자유당 정권으로 대변되는 기성세대는 부패하고 무능력할 뿐만 아니라 뚜렷한 지도이념조차 없다는 것이다. 무이념, 무원칙으로 권력에 아부하고 영달만을 추구했던 기성세대의 유일한 판단기준은 '이박사의 유시'였다고 이들은 지적한다. "십이 년간의 한국 정치는 이박사의 유시로부터 시작되었고 유시에서 끝났다"고 하는 이 발언이 의미하는 바는 한국사회의 후진성이다.[1] 나치스의 독재조차 뚜렷한 지도이념이나 원리를 갖고 있었던 데 반해, '인의 장막'에 갇혀 권력유지에 급급했던 한국사회의 전근대적인 면모는 이마저도 결여했다. 이 결핍과 부재의 총체적 상징이 바로 '이박사의 유시'로 압축되어 드러난다.[2] 한국사회가 이러한 후진적 양태를 벗어나 선진사

1) 좌담회, 「노한 獅子들의 證言」, 『사상계』 1960. 6, 38~55쪽.
2) 이승만 정권이 과연 지도이념을 결여했는가에 대해서는 이견이 있을 수 있다.

회로 도약하기 위해서는 사회전반에 걸친 '혁신'이 뒤따라야할 것은 당연할 터, '혁신', '진보', '개혁'의 정당성은 이로부터 도출되는 동시에 확보된다.

비록 젊은 (대)학생들로 한정된 시국토론이었다고 해도 4·19 이후 한국사회를 지배하던 지식인들의 전반적인 인식틀과 담론 지형을 엿볼 수 있는 이 좌담회는 '혁신'과 '개혁'의 시대적 당위성을 누가 어떤 방식으로 전취하고 정당화하느냐에 따라 그 의미망이 달라지는 대단히 불안정하고 불투명한 과도기에 한국사회가 처했음을 반증하고 있다. '혁신', '개혁', '진보'의 시대적 당위성은 그야말로 당위성일 뿐, 이를 어떻게 입안하고 구현할 것인가는 또 다른 사회정치적 의제이기 때문이다. '혁신'과 '개혁'의 실제 내용과 대상에 관한 논란이 분분한 가운데, 적어도 1960년 이 시점에 구세대/신세대 그리고 보수/혁신의 대립과 분절선은 시간적으로는 이전/이후의 위계적 가치화를 담지한 채 신세대=혁신=진보=이후가 등가화되어 긍정되는 특정한 시대인식을 정초하게 된다.[3] 이 변별적인 위계화에서 구세대=보수=정체=이전에 대한 대다수 지식인의 부정적 인식과 열패감은 또한 커질 수밖에 없다. 이 모든 착종된 열망과 좌절을 4·19를 전후해 민주당이 떠맡았던 것은 민주당이 거대야당이었다는 점 외에 다른 이유는 찾기 힘들다. 민주당은 이 좌담회에서도 명시되듯이 자유당과 그 뿌리를 같이하는

하지만 당대 대부분의 지식인들은 '이승만의 유시'를 전근대적인 것으로 간주하고, 이를 만회할 총체적인 개혁과 쇄신을 요구했다. 따라서 실체적 진실의 여부와 상관없이 이러한 심리적인 보상 기제가 실제 정치현실을 규정짓는 강력한 동인이 되었다.

3) 이념과 결부된 대립이 신구의 세대론적 갈등으로 돌출되는 양상은 이미 1950년대 후반 문학계에서는 순수와 참여 논쟁으로 시작되고 있었다. 신세대와 구세대 혹은 신지식인과 구지식인간의 날카로운 구분선은 문단의 헤게모니 투쟁과 '민족'과 '국가'의 건설에 참여할 것인지를 둘러싼 광범위한 논란을 불러일으켰던 것이다.

자유당의 분신이자 거울상이었기 때문이다.[4)]

민주당이 지닌 이런 태생적 한계가 신세대=혁신=진보=이후에 대한 폭발적 욕구를 수렴하지 못하고 5·16 군사쿠데타의 군부세력에게 그 자리를 내어주었을 때, 이는 제3세계의 새로운 지도세력으로 군부에 착목했던 로스토우와 콜론 보고서의 이른바 한국판 현실화였다.[5)] 로스토우가 예외 지역으로 분류했던 한국이 오히려 로스토우의 충실한 이행자로 변모했던 사정은 한국을 둘러싼 복잡한 대내외적인 상황의 산물이었을 것이다. 그러나 왜 하필이면 구태와 혁신, 구세대와 신

---

4) 민주당에 대한 평가는 일률적이지 않다. 민주당에 대한 언론의 무차별적인 공격은 언론의 상업주의적 속성이 초래한 파행적인 결과이고, 5·16이 일어날 즈음에는 민주당의 장면 정권이 어느 정도 안정기에 들어섰다는 평가가 일부 존재하는가 하면 민주당이 자유당 정부의 반민주 행위자와 부정 축재자 처리에 미온적인 태도를 보임으로써 학생과 지식층들의 불신과 저항을 자초했다는 부정적인 평가도 이에 못지않게 개진되고 있다. 이에 대해서는 김동춘, 「4·19 시기 과연 혼란기였나」, 『역사비평』 10, 1990 ; 홍석률, 「4·19, 5·16 연구의 쟁점과 과제」, 1997 ; Gregory Henderson, *Korea : the politics of the vortex*, Harvard University, 1968(박행웅, 이종삼 옮김, 『소용돌이의 한국정치』, 한울 아카데미, 2000) ; 강준만, 『한국현대사산책』, 인물과 사상사, 2004 ; 서중석, 「한국 야당의 두 얼굴-민주당(1955-1961)을 중심으로」, 『이승만의 정치이데올로기』, 역사비평사, 2005 등이 대표적이다.

또한 1960년대 대다수 지식인들은 자유당과 민주당 그리고 혁신정당에 이르기까지 보수와 혁신의 차별성에 별다른 의미를 부여하지 않았다. 한 예로 신상초는 「보수세력의 계보」에서 "사실 외국인들의 지적에 있어서와 같이 8·15 이후부터 오늘에 이르기까지의 우리 사회에 있어서의 모든 정강은 그 보수, 혁신의 구별에도 불구하고 그 정강정책에 있어서는 그 모두가 혁신적이며 사회주의적인 것"이라고 전제한 후, "민주당과 사회대중당의 그것은 오해할 정도의 유사성을 보여주고 있다"고 지적한 바 있다. 신상초, 「보수세력의 계보」, 『사상계』 1960. 8, 62쪽.

5) 여기에 대해서는 이 글 2장에서 본격적으로 다룰 예정이다. 로스토우의 「비공산당 선언」 및 「콜론 보고서」 한국편은 1960년 1월 『사상계』에 동시에 게재되었다. 마치 한국의 상황을 암시하는 듯한 이 두 보고서는 박정희의 군부가 이를 예의 주시했다는 점에서도 살펴볼 가치가 다분하다.

세대로 첨예하게 양분되는 시공간적 심상지리에서 박정희의 군부가 이 혁신과 신세대의 자리를 선점/전유할 수 있었는가는 우리가 흔히 말하는 재현(representation)과 대표성의 문제와 관련해서 한국사회의 전반적인 정치문화적 헤게모니와 역사인식에서 간과할 수 없는 의미를 지니고 있다. 자유당의 실정과 이승만의 일인독재체제가 무너지면서 표면화된 구세대와 신세대간의 격렬한 인정 투쟁은 박정희의 군부가 등장하기 이전에 일종의 先정치적인 담론 자원을 형성하며, 이 이분법에서 사회적 열망과 도덕적 우위의 바로미터로서 혁신과 신세대의 자리를 누가 차지하느냐가 강제적 물리력 못지않게 중요한 사회정치적 헤게모니 투쟁의 관건이었음을 말해준다.[6] 신세대/혁신을 대표/재현할 수 있는 세력으로 최소한의 동의와 지지 기반을 확보하는 일은 4·19가 열어놓은 다양한 가능성을 실제 정치현실에 구현하기 위한 일종의 '위험' 부담이자 '안전' 장치로 이 사회정치적 지형에서 박정희의 군부는 혁신과 신세대의 위계적 가치화를 가로질러 정치세력화와 집권에 성공하게 된다.

이 글은 박정희의 군부가 한국 최초의 시민혁명이라고 흔히 일컬어지는 1960년 4·19의 유일무이한 계승자로 스스로를 정립해갔던 초기 메커니즘을 규명하는 데 그 주안점을 둔다. 박정희의 군부에 대해서는 이미 많은 연구 성과물들이 존재하는 만큼, 이 글은 박정희의 군부체제에 대한 전반적인 분석과 해명에 주력하지 않는다. 오히려 이 글은 2장에서 박정희의 초기 대표/재현의 논리와 담론 체계에 대한 비판적 검토를 거쳐 3장에서 '민족적' 혹은 '한국적'이라는 수식어가 실은 미국

6) 여기서 쓰고 있는 先정치적인 담론 자원이란 현실 정치와 일대일로 대응되지는 않지만 현실 정치를 견인하는 이념적이고 문화적인 당대의 독특한 자원들을 가리킨다. Robert Nisbet, *Conservatism*, Open University Press, 1986(강정인 옮김, 『보수주의』, 이후, 2007, 14쪽)을 참조해서 필자가 정리했다.

의 외적 시선이 투영된 식민지적 오리엔탈리즘의 양가적 소산물임을 밝히는 데 보다 많은 관심과 주의를 기울일 예정이다. 이러한 일련의 과정을 통해 한국사회의 진보와 보수가 당대의 한정되고 특수한 자원을 둘러싸고 전유와 재전유가 일어나는 복합적이고 유동적인 상호작용의 영역이며, 박정희의 군부 역시 '진보'와 '혁신'에 대한 기층의 압도적인 요구와 타협·교섭하는 가운데 초기 대표/재현의 논리를 구축하고 정당화했음을 명확히 제시했으면 한다. 말하자면 박정희의 군부가 내세웠던 '혁신'과 '진보'의 담론 체계와 인식 양상은 언제나 균일하지 않으며, 시기와 국면에 따라 달라지는 미묘한 변주상을 드러낸다. 한국사회의 진보와 보수 양 진영이 현재까지도 공히 박정희를 반추하는 근저에는 한국사회의 한정된 정치자원과 그의 초기 대표/재현의 메커니즘이 깊숙이 작용한 결과라면, 한국의 정치체제와 한국적 '근대'와 식민지적 오리엔탈리즘이 결착되는 박정희의 대표/재현의 사회역사적 전개과정을 되짚는 일은 여전히 긴요한 작업이라 하지 않을 수 없다.[7)]

---

7) 이 글은 지난 7월 연세대 국학연구소 중점연구팀 전체 학술대회에서 발표한 원고를 수정·보완한 것이다. 그러나 애초 필자가 목표로 했던 한국사회의 진보와 보수에 대한 종합적인 분석에는 턱없이 모자라는 글이 되고 말았다. 이는 필자의 현재 역량이 부족한 탓이고, 이 과제가 향후 지속적인 탐구와 심화를 필요로 하기 때문이다. 해방 직후부터 5·16군사쿠데타에 이르는 한국사회의 진보와 보수의 상호 작용과 변주에 대해서는 아쉽지만 다른 지면을 기약한다. 공임순, 「한국사회의 진보와 보수-박정희의 '대표/재현'의 논리와 '지도자상'을 중심으로」, 연세대학교 국학연구원 전체 학술대회 발표문, 2007에서는 해방직후부터 박정희 집권 초기까지 한국 사회의 진보와 보수의 전체 지형도를 살피고자 했던 필자의 의도가 다소나마 개진되었다.

2. '특권계급'에 대한 부정과 집단지도체제의 수평적 동지애

1961년 박정희의 군부가 군사쿠데타를 일으킨 직후 꼭 한 달 만인 6월 16일 박정희는 『지도자도』와 1962년 2월 『우리 민족의 나갈 길』, 1963년 9월 『국가와 혁명과 나』를 연이어 출간한다. 이 세 권의 책들을 전부 박정희가 썼다고 볼 수는 없지만,[8] 박정희가 연속해서 발표한 이 세 권의 저서들은 이들 군부가 인식한 당대의 상황과 역사적 위상을 분석하기에 좋은 참조 자료가 된다. 1961년 6월 16일 비매품으로 박정희가 저술한 것으로 되어 있는 『지도자도』는 총 35쪽에 불과한 짧은 분량의 저작이다. 이 『지도자도』에서 박정희는 "국가의 번영과 안전을 가져오기 위하여 올바른 지도자도"가 시급히 확립되어야 한다고 주장한다. 특히 혁명기에 처해 있는 지도자도란 '영웅적'이어야 한다는 것이 그의 일차적인 판단이다. "우리 사회가 불타오르겠다는 기름 바다라면, 이 바다에 점화 역할을 해주는 신화적 작용이어야" 하며, 이를 위해서는 "안일주의, 이기주의, 방관주의, 숙명주의로부터 탈각하여 피지도자가 부르짖는 것을 성취하도록 이끌어나갈" 새 지도자상을 그는 강력하게 요청하고 있는 것이다.[9]

군사 쿠데타 직후에 그가 저술한 이 책에서 5·16의 결단은 곧 혁명의 계승이자 파종에 다름 아니다. 그에 따르면 "이번 혁명은 꼭두각시의 반민주체제를 근본적으로 전복하고 진실한 자유민주주의를 실현하기 위한 기틀을 마련하는 것이었다."[10] 새로운 독재와 전체주의를 수

8) 『우리 민족의 나갈 길』의 경우 한국 역사에서부터 아시아의 정치상황까지 다방면에 걸쳐 전문지식과 용어들을 등장시키고 있기 때문에 전문가들이 대필을 했거나 조언을 했을 가능성이 크다. 전인권, 『박정희 평전』, 이학사, 2006, 164쪽도 이 점을 피력하고 있다.

9) 박정희, 『지도자도』, 국가재건최고회의, 1961, 9~10쪽.

립함이 아니라 진정한 자유와 민주정신을 불어넣는데 모든 힘을 다하여야 한다는 박정희의 확고한 혁명정신의 천명은 공산주의보다 민주주의가 우월하다는 배타적인 구획화와 타자화를 기저에 깔고 있다. 민주주의가 공산주의보다 우월한 증거는 그에 따르면 민족단결과 생활수준의 향상이다.[11] 민주주의와 공산주의를 나누는 핵심 척도가 민족단결과 생활수준의 향상이라면, 그가 지향하는 민주주의는 이러한 민족단결과 생활수준의 향상을 가시적인 물증으로 확인·공유할 수 있어야 한다. 이 두 가지가 해결되지 않는 한 민주주의는 아직 도래하지 않은 미완의 지점으로 유예되거나 연기되며, 자연스럽게 민주주의의 완성 역시 언제나 한국적 현실에서는 '때 이른' 것으로 간주되어 이를 증명하는 미성숙의 유표화된 징표들이 동원되거나 활용될 가능성이 크다. 박정희가 유달리 한국경제의 수량화된 지표에 집착했던 사실은 익히 알려져 있거니와 이 수량화되고 기능화된 지표가 때로 절대 법칙으로 추인되기도 했다.[12] 이러한 경제적인 수량화의 양적 지표와 더불어 그는 5·16 군사쿠데타뿐만 아니라 1963년 군정연장 발언 그리고 1972년 유신체제에 이르기까지 일관되게 한국의 미성숙한 민주주의적

---

10) 박정희, 위의 책, 23쪽.

11) 전재호, 「박정희 체제의 민족주의 : 담론의 변화와 그 원인」, 『한국정치학회보』 32, 한국정치학회, 1999는 박정희 체제의 민족주의적 담론을 시기별로 나누어 검토했다. 민족주의적 담론의 시기별 변천에 대한 연구는 물론 중요하지만, 민족주의가 어떤 완결된 형태로 존재하는 것이 아니라 다양한 기층 담론들과 결합하여 배제와 선택, 포함과 분리의 역동적 과정으로 전개된다는 점에서 오히려 필자는 이 두 가지 축을 중심으로 그의 민족주의 담론이 어떻게 변모하는가에 더 큰 관심이 있다.

12) 여기에 대해서는 공임순, 『식민지의 적자들』, 푸른역사, 2005에서도 언급했다. 단계적 발전론에 입각한 박정희의 조국 근대화와 경제발전은 그를 합리화하는 기제이자 선진국의 입성을 보장하는 객관적 척도로 실체화되었다. 그러나 세계 자본주의의 현실과는 거리가 먼 그의 주장은 경제적 종속과 군사적 의존도의 심화로 대항 세력의 격렬한 저항과 반발에 부딪히게 된다.

토대와 불안정한 경제 여건을 들어 혁명 과업의 진정한 완수가 아직 성취되지 않았음을 국민들에게 납득시키고자 전력을 기울였던 것이다.

요컨대 한국의 허약한 물적·정신적 토대가 서구식 민주주의의 발현을 가로막았던 셈인데, 이 때문에 박정희는 한국을 항상적인 '과도기'이자 '전환기'로 규정하게 된다. 몰락과 재생(신생)의 양 갈림길에서 한국은 양자택일의 어려운 선택에 직면해 있다. 이 위기를 극복하고 타개하는 길은 현명한 판단력과 혜안을 겸비한 진정한 지도자의 역할이 필수적이다. 국민보다 앞서 구국의 결단과 실천을 '몸소' 보여주는 지도자의 여부가 위기의 타파에 결정적인 변수가 된다. 박정희가 계엄령 등의 긴급조치들을 정당화했던 합리화의 기제는 이러한 항상적인 위기 상황과 국면 타파에 대한 지도자의 고뇌에 찬 '결단'으로 특화되어 되돌아온다. 그것은 역사와 시대의 요청이면서 국민의 요청이라는 전도된 형태를 띠게 되는데, 왜냐하면 국민의 요청이란 국민보다 앞서 선견지명을 갖춘 지도자의 역량과 지도력에 전적으로 좌우되기 때문이다. 따라서 국민의 열망과 요구란 지도자의 결단과 실천을 사후에 승인하는 형식적인 절차로 환원되고 마는 역설에 처하게 된다. 국민의 대표자/대변자로 스스로를 형상화하는 박정희의 이러한 지도자론의 내적 논리는 상황과 국면에 따라 미묘하게 변주되면서 나타나게 되는데, 이는 집단적인 것에서 개인적인 것으로 전환되는 특징을 지니고 있다. 박정희의 재현/대표의 구축양상을 면밀하게 고찰해야 할 이유가 이 때문이다.

박정희의 군부독재에 대해 요즘 청산과 정화, 대중독재, 대중동원과 민족주의 담론 등과 관련해 이를 재조명하려는 연구가 활발하게 진행되고 있다. 탈식민주의의 풍미와 민족주의에 대한 비판적 성찰이 이러한 연구를 주도하고 있는 것이 사실이다. 그러나 이 과정에서 박정희의 군부독재는 그 특정한 사회역사적 맥락을 상실한 채 파시즘과 근대화 일반론으로 일괄 처리되는 감이 없지 않다. 박정희의 군부독재가 파시즘 일반으로 돌려지거나 민족주의에 대한 비판이 역으로 박정희의 근대화를 저개발국의 불가피한 상황논리로 정당화하는 일련의 연구 경향[13)]은 박정희가 '혁신'을 전유할 수 있었던 당대의 사회역사적 맥락에 대한 폭넓은 진단과 '영웅적' 내지 '권위적' 지도자에 대한 한국인의 뿌리 깊은 심성구조를 파헤치는 데 역부족인 듯이 보인다. 이것이 초래하는 폐해는 현재 벌어지고 있는 한국사회의 소모적인 논쟁과 갈등만으로도 충분히 짐작 가능하다. 따라서 영웅적이거나 권위적인 지도자에 대한 한국사회의 뿌리 깊은 갈망과 희구의 메커니즘을 밝히는 일은 바람직한 '지도자상'이 무엇인가에 대한 21세기적 전망과 대안을 모색하는데 긴요한 작업이라고 하지 않을 수 없다. 이러한 점에서 5 · 16 군사쿠데타 직후에 쓴 『지도자도』와 『우리 민족의 나갈 길』 그리고 『국가와 혁명과 나』, 나아가 1971년 「국가비상사태선언에 즈음한 특별담화문」과 『한국 민주주의』에 이르기까지 그의 달라지는 발언 위치와 언술 내용에 대한 규명은 한국사회의 지층을 파고드는 하나의 단초이자 실마리로 우리의 관심에 값하리라고 여겨진다.

---

13) 필자가 염두에 두고 있는 책은 장문석, 이상록 등의 『근대의 경계에서 독재를 읽다』, 그린비, 2006 중에서 이상록의 「박정희 체제의 '사회정화' 담론과 청년문화」이다. 그의 논문은 여러 면에서 흥미롭기는 하지만, '정화'의 논리가 5 · 16 직후에 '혁신'과 '진보'와 동일시될 수 있었던 메커니즘에 대한 탐구를 결여함으로써 파시즘 일반이 갖는 청산 내지 배제의 논리와 별반 다를 바 없다는 느낌을 준다. 또한 조이제 · 카터 에커트의 『한국 근대화, 기적의 과정』, 월간조선사, 2005 중 조이제의 총론과 카터 에커트의 「5 · 16 군사혁명, 그 역사적 맥락」은 이승만과 박정희의 공적을 찬양함으로써 독재체제를 저개발국가의 어쩔 수 없는 상황논리로 포장 · 윤색하고 있다. 이들의 논의는 현재 유포되고 있는 식민지 근대화론의 연장선상에 서 있으며, 이를 통해 한국의 근현대사를 식민지적 오리엔탈리즘의 관점에서 세련되게 재구축하고 있다는 의심을 지우기 어렵다. 이에 대해서는 박정희의 아시아적 기원과 계보 만들기를 통해 우회적으로 재검토되고 재비판될 것이다.

5·16 직후에 쓴 『지도자도』는 위에서도 잠깐 언급했듯이 집단적인 동지애를 두드러지게 강조하고 있다. 수평적이고 동지적인 관계가 무엇보다 중시되는 이 책자에서 박정희는 지도자를 영웅적인 동시에 인간적인 면모를 두루 갖춘 인물로 제시한다. "지도자는 대중과 유리되어 그 위에 군림하는 권위주의자나 특권계급이 아니라 그들과 운명을 같이 하고 그들의 편에 서서 동고동락하는 동지로서의 의식을 가진 자라야 한다"[14]든가 "피지도자의 단결보다 지도자들 사이의 단결은 더욱 중요하다.……알력의 요인을 극복하고 단결을 이룩하는데 가장 중요한 요소는 협조정신이다. 그리고 그러한 협조는 언제나 공동의 이념에 입각하여야 한다. 자기 소신에 대하여 신념을 갖되, 다른 사람의 의견을 포용하는 아량이 있어야 한다. 자기 능력에 자신을 갖되 남의 능력을 멸시하는 태도를 버려야 한다"[15] 등으로 그는 개인이 아닌 집단 구성원들 간의 동등한 협조와 단결에 우선순위를 두고 있다. 지도자는 대중과 유리되어 그 위에 군림하는 권위주의자나 특권계급이 아니라는 그의 이러한 진술이야말로 그와 이승만 혹은 장면 정권을 가르는 예리한 분절선이 되고 있다.

1948년 대한민국이 수립된 이후 대한민국의 정치 지도자들은 국민 위에 군림하여 국민을 착취하고 억압하는 특권계급에 지나지 않았다. 이승만 일인독재에 의한 전횡과 이승만 측근들의 부정, 부패, 무능은 한국사회의 후진성을, 또한 '이박사의 유시'는 한국사회의 전근대성을 압축적으로 표상하는 용어였기 때문이다. 따라서 일인이든 일당이든 독재를 연상시키는 개인적인 지도자'상'의 이미지를 희석시키는 일이 그에게는 필요했다. 집단 내의 평등한 의사수렴과 소통은 집단지도체제를 의미하는 동시에 합리적이고 민주적인 절차와 규칙에 대한 보편

14) 박정희, 앞의 책, 18쪽.
15) 박정희, 위의 책, 30~32쪽.

적인 공감과 동의에 기초할 수 있었다. 자유당의 압제와 半봉건적인 이승만의 권력욕에 환멸과 염증을 경험한 지식인과 국민들로서는 개인적인 지도자상보다는 수평적이고 인간적인 동지애를 설파하는 그의 주장에 공명했을 터이다.[16] 박정희의 군부통치와 자유당 일당 체제가 갖는 유사한 속성들, 가령 권위적이고 수직적인 명령체계와 위계질서는 누락/은폐되고 집단지도체제의 수평적이고 동지애적인 관계가 전면에 부각됨으로써, 비합법적인 수단에 의한 권력 탈취는 대의를 위한 일시적인 방편으로 축소되는 반면 4·19혁명의 계승자로 그가 이월/위임되는 특정한 메커니즘이 만들어진다.

"만약 그들 지도자들이 진실로 국민을 대표하고 사랑하고 민주주의 이념에 투철하고 성의를 가졌더라면 그들이 무능했을망정 나라가 이와 같은 궁지에 빠지는 일은 없었을 것이다. 결국 나라의 안태와 민족의 번영은 지도자도의 확립 여하에 달려 있다고 해도 과언은 아니다"[17]와 "물론 군사혁명은 법실증주의의 견지에서 볼 때 현재 법질서에 대한 침범일지도 모른다. 그러나 그것은 법질서 이전에 있는 또 실지로는 현재 법질서의 기저에 있는 아무에게도 양보할 수 없는 국민의 기본권의 행사이며 기본적 의무의 이행인 것이다. 이러한 관점에서 혁명은 정당성과 합법성을 가진다. 그러나 그것은 어디까지나 수단이지 그 자체가 목적이 되어서는 안 된다는 것은 당연한 일이다"[18]로 표현

16) 이것은 비단 새로운 사실이 아니다. 유진오, 한태연과 같은 『사상계』 필진들 뿐만 아니라 혁신신문을 제창하고 나온 「민족일보」의 조용수 등이 5·16 군사쿠데타를 지지했거나 군부의 정책과 입안에 참여했다는 점은 기존논의에서 거론된 바다. 이에 대해서는 도진순·노영기, 「군부 엘리트의 등장과 지배양식의 변화」와 정용욱, 「5·16 쿠데타 이후 지식인의 분화와 재편」, 『1960년대 한국의 근대화와 지식인』, 선인, 2004를 참조할 만하다.

17) 박정희, 앞의 책, 34쪽.

18) 박정희, 위의 책, 27~28쪽.

되는 재현과 대표성의 문제가 4·19를 전후한 이른바 진보적 지식층의 견해와 별반 다르지 않은 이유도 여기서 멀지 않다. 1960년 5월『사상계』좌담회는 지도자에 대한 당시의 높은 관심을 반영하듯 지도자의 자질과 구성에 대해 다음과 같이 지적한다. "후진국가의 현재 영도자로 나선 사람의 출신가정을 분석한 것을 보면 一流 영도자는 영국이나 미국에 유학한 사람, 二流는 식민지 안에서 대학을 졸업 맡은 사람……그러한 지도구성이 있고 또 하나 출신은 최하급에서 나오는 영도자는 대개 군대출신으로 나온다"는 부완혁의 설명이 있자 한태연은 "그런데 우리나라 현상은……부 선생님이 말씀드린 것은 공식인데 우리나라 현상은 공식이 들어맞으면 장래성이 있는데 우리나라는 안 맞아요. 일류급에는 여당이나 빽이나 붙들고, 머리 좋은 놈들이 나서면 우리사회가 이렇게 안 되었을 것이라"[19]고 군부의 출현을 환영하는 듯한 발언을 하고 있다.

군부에 의한 쿠데타설은 1960년 4월부터 공공연하게 회자되고 있었다는 점에서 사상계 지식인들도 이러한 정황을 어느 정도 포착하고 있었을 법하다. 보수적이거나 진보적 지식인을 막론하고 군부의 출현에 대한 일정한 우려와 기대가 교차되는 복잡한 심경은 이만갑의「군인=침묵의 데모대」가 잘 보여준다. 그는 "군인에 대해서는 무력에 의해서 쿠데타를 일으키는 것을 막연히 생각하는 점이 있었을는지도 모른다. 만일 그렇다면 이것은 진정한 민주주의 사회를 염원하는 입장에서 볼 때 극히 위험한 생각이라 하지 아니할 수 없다. 쿠데타에 의해서 기존 정권을 물리친 세력은 혼란을 수습한다는 명목 아래 모든 권력을 장악하고 처음에는 민주체제를 지향한다고 약속하더라도 권력을 장악한 뒤에는 대개 독재정권으로 墮해 버리는 경우가 많기 때문이다"고 못박

19) 김상협, 부완혁, 신상초, 한태연,「민주정치 최후의 교두보」,『사상계』1960. 5, 38쪽.

고는 있지만, 다른 한편으로 "후진사회에서는 선진민주사회에서보다도 더 선의의 강력한 지도자가 요구되고 있는 것이다. 불행하게도 한국에서는 아직 그러한 선의의 강력한 민주적 지도자를 발견하고 있지 못하다. 그러한 훌륭한 지도자들 없이 중의가 날뛰고 혼란만이 조성된다면 민중은 민주주의 자체에 대해서 회의를 갖게 되기 쉬울 것이며 강력한 지도자에 의한 통제를 원하게 될는지 모른다. 그런 틈을 타서 나서는 인물은 다른 어떤 층에서보다도 무력을 갖고 성미가 급한 군인들 중에서 나오기 쉽다"[20]고 현 정세와 군부의 출현 간에 긴밀한 상관성을 배제하지 않는다. 이만갑을 비롯한 『사상계』 필진들의 공통된 인식은 4·19를 학생과 지식인의 의거로 한정[21]하고 학생과 지식인이 실제 정치세력이 되지 못하는 이상 신진 정치세력의 부재와 공백이 초래할 한국사회의 혼란과 불안정을 끊임없이 상기시킴으로써 이를 대체할 강력한 지도세력에 대한 희구를 보편적인 분위기로 만드는 데 일조했다고 해도 과언이 아니다.

"흔히 항간에서 말하듯 이번 4월혁명은 3분의 1이 학생, 3분의 1이 선생, 3분의 1이 미국대사관의 공이라고 한다"[22]는 조순승의 발언은 이의 단적인 표현이다. 4·19 주체세력이 이처럼 학생과 선생과 미국으로 적시되는 순간, 기존 정치세력을 대신할 신진 정치세력의 부재와 공백은 더욱 뚜렷해진다. 여기에 비례해 여타의 정치세력에 대한 불신과 불안은 깊어질 수밖에 없다. 조순승의 말처럼 4·19의 3분의 2가 학생과 지식인의 공이고 다른 3분의 1이 미국의 몫이라면 한국사회를 제어·규율하는 또 다른 축은 미국의 시선과 입장이 될 것이다. 『사상계』

20) 이만갑, 「군인=침묵의 데모대」, 『사상계』 1960. 6, 80~81쪽.
21) 4·19의 성격에 대해서는 1960년 당시부터 논란이 되었다. 혁명인가 개혁인가. 하지만 4·19를 학생과 지식인의 공으로 돌리는 순간 4·19의 정치적 역학과 헤게모니는 대체세력의 부재를 여실히 드러내는 것으로 귀결되고 만다.
22) 조순승, 「국토통일의 가능성」, 『사상계』 1960. 6, 162쪽.

및 4 · 19를 전후한 지식인들의 전반적인 담론 체계와 인식 구조는 미국이 한국을 바라보는 오리엔탈리즘을 내면화하여 이를 역투사하는 방식으로 정립된다. 1960년 1월 『사상계』가 특집으로 마련한 『이코노미스트』의 로스토우, 「비공산당 선언 上」[23]과 「콜론 보고서」 한국편 및 이후 아시아편은 이러한 미국의 시선이 정향된 지점을 정확하게 알려주고 있다. 『사상계』는 1월 로스토우의 「비공산당 선언 上」에 이어 2월과 3월에 각각 중 · 하를 실었고, 1월 「콜론 보고서」 한국편의 후속편으로 2월에서 5월까지 아시아편을 특별 연재함으로써 미국의 입장과 정책에 대해 그 어느 때보다 예민한 촉수를 뻗었으며, 이러한 『사상계』의 동향은 당대 지식계에서 부동의 영향력을 지니고 있었던 『사상계』의 전체 위상으로 미루어보건대 여기서 타진된 견해가 한국의 사회정치적 역학에 미칠 파장은 예고된 것이나 다름없었다. 따라서 제3세계 혹은 후진국의 정치지도자에 대한 이들 보고서의 평가와 예측은 1960년대 보수와 진보를 망라하여 한국사회의 지식층에게 선정치적인 담론 자원을 제공했던 것으로, 박정희의 군부는 이를 전유하여 자기화하게 된다. 다음 장에서는 이러한 로스토우와 「콜론 보고서」를 박정희의 군부가 어떻게 재활용하여 재구축하고 있는지를 살펴보고자 한다.

---

23) 박태균, 「로스토우 제3세계 근대화론과 한국」, 『역사비평』 66, 2004년 봄호는 로스토우의 이론이 1960년 3월 9일자 『서울신문』을 통해 소개된 이래 『경제성장의 제 단계』의 저자로 알려졌다고 했는데, 이 부분은 재고의 여지가 있다. 1960년 1월 『사상계』는 비록 『경제성장의 제 단계』의 전문은 아니라 하더라도 『이코노미스트』에 게재된 로스토우의 「비공산당선언 上」을 소개하면서 이 글이 全譯임을 밝히고 있기 때문이다. 덧붙여 「에코노미스트 편집자의 코멘트」와 「로스토우 성장론에 대한 프라우다 지상의 비판」도 부록으로 싣고 있다. 『서울신문』의 로스토우 소개는 이런 점에서 『사상계』보다 두 달이나 늦게 나온 것이다. 로스토우의 「비공산당 上」에 이어 下는 『사상계』 3월에 게재되었다.

3. 미국의 응시와 아시아적 기원과 계보 만들기

로스토우의 「비공산당 선언」은 현대사를 경제적인 측면에서 해명하기 위해 경제성장의 단계를 5가지로 대별한 후, 각 단계의 특징을 세분화하여 설명한다. 그가 각기 구분하여 규정한 단계에서 두 번째와 세 번째인 과도기와 도약(또는 비약)의 단계는 군부를 포함한 새로운 지도세력과 근대사회로의 전환에서 민족주의의 동력에 초점을 맞추고 있다. 로스토우와 더불어 「콜론 보고서」 역시 하층경제계급이 고등교육의 기회를 받을 수 있다면 그것은 군부학교라고 정의한 후 이 군부학교를 졸업한 유망한 청년장교가 '특권적' 관리 정치가에 분노를 표출하게 되고 이에 따라 군사지배가 정당을 대체할 여지가 있다고 전술한다. 물론 당분간은 그럴 가능성이 없다고 한 발짝 물러서고 있기는 하지만,[24] 1960년대 한국의 농업사회적 토대와 1958년부터 실체화된 미국의 대외원조 감소[25]는 한국 경제에 커다란 부담으로 작용했음을 감안한다면 미국은 한국의 외원 감소에 따른 정치경제적 불안정을 해소시켜줄 다른 정치세력을 강력하게 원했을 것은 자명한 일이다.[26] 이러한 미국의 국제정치적 역학이 로스토우와 「콜론 보고서」로 드러났던 것이다. 따라서 이것은 미국의 의도를 내장한 자기 예언적인 성격을 띠고 5・16 군사쿠데타를 뒷받침하게 된다. 1962년에 발표된 박정희의 『우리민족의 나갈 길』은 미국의 시선과 입장이 내화되어 자기 정체성

24) 「콜론・어쏘시에이츠 보고서-미국의 대아세아 정책 한국편」, 『사상계』 1960. 1, 197쪽. 이외에도 『사상계』는 2월에서 5월까지 「콜론 보고서」의 아시아편을 계속해서 특별 연재하고 있다. 콜론 보고서 자체가 미국의 대아시아 정책에 대한 건의이자 조사였음을 고려한다면 「콜론 보고서」가 한국에 끼쳤을 영향력은 두말할 나위가 없을 것이다.

25) 「드레이퍼 보고와 수출 진흥책의 태동」, 『사상계』 1959. 4, 174~176쪽.

26) 이는 박태균의 앞의 논문과 정일준, 「미국의 제3세계정책과 1960년대 한국사회의 근대화」, 위의 책에서도 언급되고 있다.

을 구축하는 식민지적 오리엔탈리즘의 전형적인 면모를 띠고 있다.

"「콘론」 보고가 자유당 치하의 한국정세를 분석하고 한국은 아마 야당제도가 아니라 야당이 위협받고 불편을 받고 있어 차라리 '1·5 정당제'를 갖고 있다고 할 것이다라고 했으니"[27] 운운하는 대목은 박정희가 「콜론 보고서」를 군사쿠데타의 한 준거로 삼았음을 암시한다. "참신하고 강력한 사회세력이 건재하고 있었다면 모르되, 현실적으로 시민적인 사회세력이 건재하지 못하는 곳에서는 비단 우리나라뿐만 아니라 신진민주국가에서는 이러한 부패와 아울러 부패에서 오는 공산당의 간접침략을 막을 수 있는 유일한 사회세력은 말할 것도 없이 군의 장교단이라고 알려져 있다.(「콘론 보고서」 참조)"[28])에서도 「콜론 보고서」가 재인용되고 있다. 마찬가지로 박정희의 군부에 일정한 영향력을 행사한 로스토우 역시 과도기와 도약의 단계에서 군부가 갖는 중요성을 다음과 같이 언급한다. "군인－과도기의 절대적으로 중요한 인물인－은 외국지배에 분개 또는 전쟁에 있어서 미래의 국가적 영광에 대한 꿈 이상의 일을 때때로 해왔던 것이다. 이리하여 혼합된 이해관계와 동기로부터 중앙정부를 강하게 만드는 것을 목적으로 하는 제휴가 전통적 제 사회 내에서 형성되었다. 그들은 이 목적에 반하는 농업에 기반을 둔 지방의 정치적 사회적 집단 또 식민 또 準식민 세력에 의하여 합세된 세력과 싸웠고 결국 득세하였다"라는 지적으로 후진국이 선진국으로 진입하는 길목에서 군부의 군사적 경력이 '비특권 계급, 특히 시골 출신 남성들에게 열려 있는 유일한 길'이며, '기술적이고 행정적인 부분을 연마할 수 있는 기회를 제공'한다는 점을 들어 젊고 정력적이고 선진적인 지도세력의 한 축으로 군부를 지목했다.[29]

---

27) 박정희, 『우리민족의 나갈 길』, 동아출판사공보부, 1962, 198쪽.
28) 박정희, 위의 책, 221쪽.
29) 로스토우, 「비공산당 선언 上」, 152쪽과 박태균, 「로스토우 제3세계 근대화론

이처럼 로스토우와 「콜론 보고서」 한국편 및 아시아편에서 제시된 후진사회의 아시아적 특수성은 서구식 민주주의와는 다른 차별화된 기원과 계보를 상정할 수 있는 길을 터주게 된다. 로스토우와 「콜론 보고서」가 아시아 각국의 차이를 강조하고 있음에도 이 두 보고서에 의해 호명된 아시아는 몇 가지의 공통 요소로 분류·추출·일람되어 객체화된 '대상'으로 위치지어진다. 로스토우와 「콜론 보고서」는 아시아의 '현실'을 '창조'하고 '예언'했던 것이며, 박정희는 여기에 호응해 아시아의 특수성을 재구성한 셈이다. 동양에 관한 사고 체계로서 오리엔탈리즘은 언제나 특수한 인간의 세부로부터 일반적이고 초월적인(초인간적인) 유형학으로 재가공되며 이 과정에서 일반화된 본질은 역사의 기원을 거슬러 올라가기 때문에 역사적인(historical) 동시에 그 내부에 고착되기 때문에 비역사적(a-historical)이라는 에드워드 사이드의 명쾌한 설명처럼[30] 아시아는 몇 가지의 공통된 요소로 분류·정리되어 본질화된다. 로스토우와 「콜론 보고서」의 아시아가 미국의 구성된 '타자'로 미국에 의해 그 의미와 활동이 채워져야 할 연구 '대상'으로 객체화될 수 있었던 이유는 이러한 오리엔탈리즘이 작용한 결과이자 효력인 것이다.

로스토우와 「콜론 보고서」의 아시아적 특수성은 아시아적 특수성 내에 한국을 위치시켜 '서구식 대의제도와 민주정치'가 한국사회에 부적합함을 증명하는 안전판이 된다. "아세아에 있어서는 국민대중의 생활조건을 개선하려는 의도와 노력이 효과를 거두기 위해서는 말할 것도 없이 대개 비민주적인 비상수단을 쓰지 않으면 아니 되기 때문에 정부가 서구에서 말하는 민중의 정부가 되기에는 불가능에 가깝다"[31]

과 한국」, 149쪽.

30) Edward W. Side, *Orientalism*, Vintage Books, New York, 1994(박홍규 옮김, 『오리엔탈리즘』, 교보문고, 1999)의 논의를 정리해서 서술한 것이다.

고 하여 박정희가 군부통치를 정당화하는 맥락도 그 궤를 같이 하고 있다. 아시아적 특수성은 미국이 규정한 것이되, 이 규정된 아시아적 특수성은 군부에 의한 통치와 이에 기반한 아시아적 기원과 계보의 적극적인 재창출로 반전되는 것이다. 박정희는 이 아시아적 기원과 계보를 모태로 한국적 특수성을 구체화하고, “민족적인 위기와 국가적인 존망의 기로”[32]로 5 · 16의 의미를 재구한다. 목숨을 바칠 각오로 5 · 16을 일으켰다는 그는 한국적 특수성을 확립하기 위해 그 기원을 찾아가는 역사적 이야기를 구축하기에 이른다. 이조의 부패와 무능에서 식민지화 그리고 6 · 25동란에서 자유당의 독재와 부패, 4 · 19학생혁명과 이를 가로챈 민주당 정권을 가로질러 ‘애국적인’ 국군의 궐기까지 역사 이야기, 즉 일원적이고 동질적인 한국사가 만들어진다. 군인 · 학생 · 지식인의 새로운 지도세력에 의한 새로운 혁명이념은 이러한 역사적 계열화를 통해 박정희의 군부통치로 집약되고 박정희는 이제 이 수난과 고통의 한국사 전체를 떠안는 역사적 ‘지도자’로 거듭난다. “고달픈 몸이 한밤중 눈을 감고 우리 민족이 걸어온 다난한 역정을 생각해보며”[33] “이 호기를 선용하느냐 다시 파국의 되풀이를 감수하느냐의 엄숙한 선택”[34]의 갈림길에서 민족과 국가에 대한 막중한 책임을 걸머쥔 자는 다름 아닌 박정희 그 자신이다.

1961년의 『지도자도』와 달리 『우리민족의 나갈 길』은 박정희에게 집중된 권력의 극화된 스펙터클이 진행되고 있음을 말해준다.[35] 수평

31) 박정희, 『우리 민족의 나갈 길』, 224쪽.
32) 박정희, 위의 책, 228쪽.
33) 박정희, 위의 책, 1쪽.
34) 박정희, 위의 책, 4쪽.
35) 『지도자도』와 『우리민족의 나갈 길』의 달라지는 면모를 박정희가 국가재건위의 의장에서 1962년 3월 대통령권한대행에 취임한 것과 대응시켜 생각해 볼 수도 있을 것이다. 하지만 시기가 정확히 일치하지는 않기 때문에 면밀한 조

적이고 동등한 동지애적인 지도자상은 전위・굴절되어 오직 '그'만이 민족의 위기와 파국을 막을 지도자로 형상화된다. "더 이상 관용이나 이해를 그들(구정치인)에게 베풀 수 없다. 진정 이대로 저들에게 정권을 넘긴다는 것은 다시 제3차의 혁명의 불씨까지 덤으로 보내는 것과 다름이 없다"는 1963년 『국가와 혁명과 나』의 선언[36]은 4・19를 계승한 5・16의 연쇄 혁명을 끝으로 더 이상의 혁명을 초래해서는 안 된다는 제3혁명의 차단과 봉쇄로 이어진다. 이는 혁명의 유일한 합법자로 '그'를 규정하는 것이나 다름없다. 한국적 특수성이 그 내부에 고착되어 비역사적인 본질로 유형화되는 과정과 조응하고 있는 박정희의 이러한 혁명의 독식과 전용은 이조시대부터 축적된 한국의 불변하는 악유산과 구태가 뒷받침한다. 한국의 불변하는 악유산과 구태는 불변하는 것이기 때문에 조금만 허점을 보여도 우리를 잠식해 들어와 이전의 퇴영과 조잡과 퇴폐로 몰아갈 것이라는 항상적인 위기와 불안의 폐쇄적이고 순환적인 '독백'의 체계가 정초되는 것이다. 민족과 국가를 위해 제3의 혁명을 사전 차단해야 한다는 그의 역사적 소명의식은 5・16을 지속시키는 외에 다른 방도가 없다. 제3의 혁명을 차단하기 위해 역으로 지속적인 정신개조와 무장이 촉구되는 이른바 영구혁명의 숨 가쁜 쳇바퀴는 4・19의 구세대/신세대, 보수/혁신의 분절선이 오리엔탈리즘의 외적 시선과 조우해 '독백'의 체계로 화하고 마는 역사의 아이러니를 낳는다.

이러한 혁명의 독식과 '독백'의 체계는 1972년 유신체제 직후 그가 펴낸 책자인 『한국 민주주의』[37]에서 1884년 갑신정변의 실패를 현재

사와 검토가 필요하다.

36) 박정희, 『국가와 혁명과 나』, 지구촌, 1997, 151쪽.

37) 박정희, 『한국 민주주의』는 정확한 출판연도가 밝혀져 있지 않다. 황병주는 이 책이 인쇄 직전까지 갔음에도 불구하고 출판되지 않은 것은 의구심을 불러일으킨다고 지적하고 있다. 황병주, 「국민교육헌장과 박정희 체제의 지배

에 되풀이하지 않는 역사적 소명의식의 표출인 '임자유신'으로 구체화된다. '임자유신'은 박정희의 유신체제를 규정하는 명명으로, 그는 '임자유신'이 "외세에 의존하지 않고 외세의 간섭도 받지 않는"[38] 민족적 대과업임을 역설한다. 그가 '임자유신'을 주장할 수밖에 없는 이유는 1950년대와 1960년대에는 상상치도 못했던 일들이 안팎에서 밀려드는 엄중한 현실 앞에서 이 위기를 극복하고 타개해나가기 위해서이다. "적과 동지를 구분할 수도 없고 전선과 후방도 혼란 속에 우리가 말려들어가 있는 감마저 있는 이때" "영원한 맹방이 없고 오직 자기 이익의 영원한 추구만이 있을 뿐인 이 냉혹한 국제사회에서"[39] 살아남기 위한 필수적인 자위책이 '임자유신' 곧 유신체제이다. 이러한 긴박한 정세에서 서구식의 민주주의는 그야말로 '국적 없는 모방'에 불과하다. '子曰'이 '선진국에서는'으로 대체되었을 뿐인 사대주의의 형식적 모방만으로는 이 절박한 위기에 대처할 수 없다는 위기의식이 이 책 전체를 가로질러 일관되게 강조되고 있다.

그가 『한국 민주주의』에서 유독 방점을 두고 있는 것도 서구식 민주주의에 대한 형식적 모방이 아닌 '국적 있는' 민주주의 그것이다. 1960년대 '민족적 민주주의'와 1970년대 '한국적 민주주의'가 유사한 듯 다른 이유는 '국적'에 대한 그의 이러한 파상적인 공세와 추구에 있다. '국적 있는' 민주주의를 위해 그는 각 나라의 고유한 전통과 문화에 입

담론」, 『역사문제연구』, 역사문제연구소, 2005, 138쪽. 이 부분은 필자로서도 정확하게 알 수 없지만, 해외공보처의 낙인이 찍혀있고 대출한 사람의 이름까지 적혀 있는 것으로 보아 비매품이긴 하지만 출판되었을 가능성도 높다. 다만 이 책은 유신체제를 전후로 씌어졌음은 의심의 여지가 없다. 1962년 『우리민족의 나갈 길』을 저술한 지 10년이 지났다는 표현이 이 책 본문에 분명하게 명시되어 있기 때문이다.

38) 박정희, 위의 책, 25쪽.

39) 박정희, 위의 책, 22~23쪽.

각한 개별 국가와 국민의 토착 민주주의를 주장한다. 서구식의 민주주의가 아닌 토착 민주주의에 대한 그의 논지가 귀결되는 지점은 대의정치와 의회정치에 대한 부정과 거부이다. 10년에 걸쳐 대의정치와 의회정치를 실행한 결과는 온갖 부패와 부정의 양산이었다는 그의 설명에서 대의정치와 의회정치에 대한 짙은 불신과 거부감을 읽어내기란 그리 어렵지 않다. 대의정치와 의회정치는 그에 따르면 능률과 생산을 저해하는 낭비와 소모의 정치일 뿐으로, 그는 능률의 극대화를 꾀할 수 있는 제도의 개선이 시급하다고 이야기한다. "생산하고 건설하고 수출하는 이 구체적인 우리 민족의 당면 과업들을 수행해오면서 비생산적인 입씨름을 일삼는" 대표적인 분야가 정치라는 지적에서, 나아가 이 낭비와 비능률 속에서도 우리가 "건설하고 생산하고 가난의 굴레에서 벗어난 것은 차라리 우리 민족의 우수성 때문"이라는 그의 언급에서 그가 대표/재현의 대표적인 기관인 의회를 부정하는 대신 국민의 참여확대=여론창출이라는 집단의지와 통합역량을 강화하는 쪽으로 선회하고 있음은 쉽게 간취할 수 있다. 국민을 대표/재현하는 유일한 대표자/대변자로 '그'를 자리매김하기 위해서는 집단의지의 표현체인 국민을 대신하여 국민의 뜻과 의사를 국정에 직접 반영할 수 있는 '그'가 국민의 영도자/지도자로 적격이라는 논리가 여기서 도출된다.

한국적 민주주의가 표방되던 이 시기에 전국민적인 운동으로 새마을 운동이 제창되었던 것은 이와 긴밀하게 연관된다.[40] 박정희는 새마을 운동을 농산어촌을 막론하고 지방 말단까지 온 국민이 참여하여 국가 건설과 발전에 이바지하는 집단의지의 총화로 간주하고, 국민은 이 새마을 운동을 통해 양과 질의 면에서 진정한 주권자로서 국정에 참여하게 된다고 공언하고 있다. 박정희는 주권자인 국민이 전국적인 선거

40) 새마을 운동에 대해서는 김대영, 「박정희 국가동원 메커니즘에 관한 연구-새마을 운동을 중심으로」, 『경제와 사회』, 2004. 3에서 자세하게 다루고 있다.

와 투표만을 주권자의 자기표현인 양 인식하는 태도를 비판하며, "도시 중심의 소수 정치인과 지식인 중심의 전유물로 화한"[41] 선거 위주의 의례적이고 수동적인 참여에서 벗어나 아래로부터 위로 올라가는 상향식 참여를 적극 유도하기에 이른다. 이것이 바로 자치라는 그의 주장은 한국적 민주주의가 지방적이고 일상적인 차원의 참여와 동일시되고 있음을 보여준다. 우리 주변의 일상생활에서 출발하는 자치와 자립의 생활개혁이야말로 참여를 통한 정신혁명이다. 명목적이고 의례적인 참여가 아니라 실질적인 참여가 지역과 개인 차원에서 펼쳐짐으로써 국민은 자발적이고 창조적으로 국가와 지역과 개인의 생활수준을 향상함은 물론 정신함양을 꾀할 수 있다. 이러한 취지를 담아 새마을 운동이 고안·창출되었고, 그에 따르자면 새마을 운동은 "우리 민족의 정치·경제·문화 모든 면에서 우리의 빛나는 장래를 약속하는 가장 바람직한 새 생활 운동이요, 정신 혁명의 구체적 표상"[42]으로 이 운동에 국민 모두가 참여하는 총력전의 임전태세가 요구된다. 이를테면 새마을 운동은 국민 모두가 지지하고 실천하는 집단의지의 가시화된 증거로 언제든 소환될 채비를 마쳐야 한다는 뜻이다. 그래서 새마을 운동에 대한 체제 내적 통제와 관리는 전국민적인 실천운동의 차원에서 라디오와 텔레비전 등의 대중매체를 통해 문자해독력이 떨어지는 저소득계층까지 파고들었으며, 그 성패의 유무와 상관없이 현장의 목소리로 국민들의 안방에 생생하게 전달되었던 것이다.

새마을 운동이 가장 한국적인 전통과 유산을 되살린 한국적인 것의 표본으로 고양된 이유도 이 때문이다. 박정희가 새마을 운동을 한국적 민주주의의 '협동적 융화'를 실현하는 대표적인 사회운동으로 정의하여, 한국적 민주주의를 분리와 대립의 서구식 민주주의와 상반되는 협

41) 박정희, 앞의 책, 232쪽.
42) 박정희, 위의 책, 265쪽.

동과 조화의 한국적 전통으로 가치 부여한 것은 새마을 운동의 한국적인 것과 유신체제와 식민지적 오리엔탈리즘이 복합적으로 착종되는 한국의 사회역사적 전개과정의 한 사례로 이러한 사회역사적 지층을 따라 새마을 운동은 그 역사적 부침을 거듭했다. 이른바 민족적인 것에서 한국적인 것으로의 전환과 이동은 그가 대표/재현을 독점하는 일련의 과정과 정확하게 겹쳐지며, 국민의 참여와 동원에 대한 독려와 촉구 역시 이와 비례하여 더욱 강화되었던 것이다. 박정희의 군부가 혁신과 신세대의 자리를 전취할 수 있었던 1960년대 한국 지식계의 전반적인 인식 구조와 담론 체계는 미국의 시선과 입장이 내화된 식민지적 오리엔탈리즘을 중층적으로 드러내지만, 박정희는 이를 '민족적'이고 '한국적'인 것으로 특화시켜 보이지 않는 심연 저편으로 밀어버리고 말았다. 하지만 바로 이 때문에 그의 '민족적'이고 '한국적'인 것의 수사는 역으로 식민지적 오리엔탈리즘의 사회역사적 관계망에 깊숙이 빠져드는 역설을 피할 수 없었다. 그의 '국적 있는' 한국적 민주주의는 서구를 대타항으로 하여 서구와는 다른 한국적인 제도와 양식을 만들겠다는 의지의 피력이었지만, 사실 그것은 국민과 국가의 유기적 일체화를 통해 국민의 집단의지를 오직 '그'만이 대표/재현하겠다는 독백의 체제 즉 유신체제의 다른 이름에 지나지 않았다. 그의 '국적 있는' 한국적 민주주의는 서구식 민주주의를 반사경으로 하여 '그'만이 국민의 전체 의사를 대변한다는 독백의 일방향적인 전체주의로 변질된 채, 한국적인 것의 이율배반을 온몸으로 증거했던 셈이다.

4. 대한민국의 진보와 보수를 추동하는 메커니즘에 대한 일 성찰

이 글은 대한민국의 보수와 진보에 대한 명확한 척도를 제공하는 데 그 목적이 있지 않았다. 보수와 진보라는 동일한 기표에는 다양한 기의들이 담지되어 여러 층위를 넘나든다. 대한민국의 진보와 보수에 대한 연구가 대한민국의 출생과 전개과정을 모두 되짚는 역사적 고찰과 탐색을 필요로 하는 이유도, 우리의 사후적 개입과 해석을 요청하는 미확정의 영역인 이유도 여기에 있다. 대한민국의 보수와 진보가 동일한 정의와 위상을 내포했던 적이 없었다고 한다면, 사회역사적 맥락에 대한 진단과 규명이 일차적으로 선행되어야 함은 물론 사회역사적 맥락에 따라 스스로를 대표/재현해왔던 보수와 진보의 재현 체계와 메커니즘에 대한 검토도 함께 동반되어야 한다. 재현과 대표성과 관련하여 박정희의 군부는 혁신과 개혁 그리고 진보를 선점/전용했다. 4·19를 계승하는 유일한 세력으로 스스로를 정립해갔던 박정희의 폐쇄적이고 순환적인 독백의 체계는 제3혁명에 대한 차단과 배제로 이어졌다. 하지만 이 제3혁명을 차단·방어하기 위해 역으로 끊임없는 정신개조와 무장에 대한 영구혁명의 외연이 박정희를 진보와 개혁의 대표자/담지자인 양 인식하게 만드는 원인이 되었던 것도 사실이다. 현재 진보와 보수 진영 공히 박정희를 기념하고 추억하는 공통된 향수의 근저에는 진보와 개혁에 대한 박정희와, 박정희를 지탱했던 4·19 지식인들의 일정한 이해와 시각이 짙게 그림자를 드리우고 있다. 기존 정치세력을 대체할 신진 정치세력의 부재와 공백을 지속적으로 환기하고 유포했던 4·19 지식인과 지적 담론 체계는 미국이 구상했던 로스토우와 「콜론 보고서」의 군부세력에 대한 이해관계와 합치되어 박정희의 집권과 연장을 승인하는 내적 기제가 되었다.

그렇다면 과연 한국은 군부가 출현할 수밖에 없는 현실적 기반과 토대를 갖추고 있었던 것인가? 이른바 아시아와 한국의 '현실'은 이러한 군부 출현의 비옥한 토양이었는가는 담론과 현실이 착종되는 앎-권력의 쉽지 않은 문제를 제기한다. 로스토우와 「콜론 보고서」의 한국판

'현실'은 창조된 현실과 실제 현실 사이를 오가는 해석의 다층적 균열과 틈새를 남겨놓는다. 저개발국가인 한국은 군부가 아니었다면 이러한 발전을 이루지 못했을 것이라는 일부 식민지 근대화론의 주장들은 한국적 '근대'에 대한 사후 추인이자 긍정으로, 한국적 '근대'가 식민지적 오리엔탈리즘의 특수성론과 공모·밀착되는 보편과 특수의 적대적 공존을 상기시키기에 충분하다.[43] 하지만 박정희의 군부가 진보와 혁신을 대표/대변할 수 있었던 것은 실제 현실이 그러했기 때문에 아니라 그 대상을 구성하는 지식과 담론의 효과이자 재생산의 결과였다는 점을 결코 잊어서는 안 될 것이다. 여기에 덧붙여 해방 직후 이념의 대립과 한국전쟁은 한국사회의 진보와 보수의 스펙트럼을 극도로 축소시켜 진보와 개혁의 역사상을 굴절시켜왔다. 이러한 점을 고려하여 박정희의 대표/재현에 대한 보다 적실한 평가는 그의 한국적인 것의 창출과 계보가 자유민주주의라는 협소한 틀에서 자유를 곧 서방의 자유진영과 동일시해온 한국의 냉전 구도와 식민지적 오리엔탈리즘이 만나 창출한 특정한 사회역사적 정세의 산물로 보는 것이 보다 온당할 것이다. 이 말은 박정희의 진보 혹은 혁신의 전용은 반공 체제와 냉전 구도에 포박된 한국의 지식생산주체들과 지식 체계가 어떻게 구축되고 정립되었는가를 묻는 일과도 일맥상통한다는 뜻이다. 이 질문을 지금 이 시점에 할 수밖에 없는 이유는 전 지구적인 신자유주의가 세계를 재편하는 요즘 미국화를 체제 내화시키고 있는 현재의 정부와 진보진영의 분열상을 한국의 진보와 보수라는 사회역사적 맥락에서 재성

43) 한국의 이른바 보수세력들이 박정희의 한국적이거나 민족적이라는 것에 과도한 의미부여를 하고 있지만, 그의 한국적이거나 민족적인 것은 식민지 오리엔탈리즘의 바깥에 있지 않다. 한국적인 것을 강조할수록 미국에 대한 선망과 동일시가 강화되는 이러한 내적 모순은 보편(서구식 민주주의)과 특수(한국적 민주주의)가 공모·유착하는 적대적 공존의 일례로, 한국 보수세력의 분열상을 보여주는 심리적 증후라고 할 수 있다.

찰하는 일이 현재의 우리에게 던져진 과제이자 쟁점이라는 점을 재차 강조하고 싶은 이 글의 잠재적인 의도 때문이다.

남북한 교과서 속의 민족과 국민

김 경 미

1. 머리말

국사교육은 국가 구성원의 정체성 형성에 중요한 역할을 한다. 해방 직후 새로운 독립국가 건설 과정에서 남한의 국사교육은 국민의 국가에 대한 귀속성을 강화하기 위해, 국민의 자기 인식이 오랜 역사적 배경을 가진 것으로 가르치고자 했다. 이를 위해 초역사적 존재로 동원되었던 것이 민족이다. 민족은 마치 공동체 역사의 시원에서부터 존재했던 것처럼 불려나와 국가 구성원을 당위적인 하나의 공동체로 묶는 데 주요한 도구가 되었다.[1] 이에 비해 사회주의 국가로 설립된 북한에서는 유물사관에 의한 역사법칙에 따라 역사를 편찬하고자 했다.[2] 사회주의 국가에서의 국민의 정체성은 민족보다 계급이 우선시되었다.

한국 학계에서 남북한 역사교육의 비교 연구는 1990년대에 본격적으로 시작되었다. 1980년대 후반부터 통일 논의가 활발해지면서 민족

---

1) 김경미, 「일제 파시즘 교육체제의 재생산 구조-해방 전·후 국사교과서의 논리구조를 중심으로-」, 방기중 편, 『식민지 파시즘의 유산과 극복의 과제』, 혜안, 2006 참조.

2) 북한의 1949년 1월 14일자 '내각지시 제8호'에는 역사편찬위원회의 기본과제를 규정했는데, "식민사관을 극복한다는 것"과 "유물사관에 의한 역사법칙으로 서술한다"고 했다. 조동걸 외, 「북한에서는 우리 역사를 어떻게 보는가」, 『역사비평』 1988년 겨울호, 6쪽.

의 동질성 회복이라는 문제가 화두로 떠올랐기 때문이다. 1980년대까지 북한의 교육에 관한 연구가 주로 공산주의 체제 비판을 위해 수행되었던 데에 비해, 1990년대부터 본격화된 남북한 국사교육의 비교 연구는 민족동질성 회복을 위해 역사 인식의 차이를 극복하기 위한 방안 마련을 목적으로 하였다.[3] 1990년대에 이루어진 연구에서는 남북한 역사 인식의 차이를 대개 북한 역사교과서의 '역사 왜곡'이라는 관점에서 지적하였다.[4]

한편 2000년대의 연구는 남북한 역사 인식의 기본적인 차이에도 불구하고, 민족을 강조하며 민족을 초역사적 실재인 것처럼 간주하는 민족주의적 성향이 남북한 공통으로 나타난다는 점에 주목하였다.[5] 이는 1990년대 중반 이후 남한 사학계의 남한 국사교과서의 민족주의 성격

---

3) 이찬희, 「북한의 역사교육 연구 : <조선력사> 신·구 교과서 내용분석」, 성신여대 박사학위논문, 1993 ; 강상철, 「남·북한 교과서 내용의 비교 분석」, 『사회과교육』, 1995 ; 이찬희 외, 『남북한 중등학교 역사과 교육과정 및 교과서 비교 분석 연구』, 한국교육개발원, 1997 ; 차미희, 「현행 남북한 중학교 국사 교과서의 비교-조선전기 서술을 중심으로」, 『사총』 48, 1998 ; 차미희, 「현행 남북한 중학교 국사 교과서의 서술내용 비교」, 『사학연구』 57, 1999. 5 ; 김선규·김인식, 「남북한 국사교과서에 등장하는 국왕·왕족의 인물 비교」, 『교육과정연구』 18-2, 2000.

4) 이는 일본 국사 교과서 문제에서도 볼 수 있듯이 본래 객관적으로 증명할 수 있는 '정사(正史)'가 있다는 전제에 기초한 것이다. 그런데 '정사'의 판단은 사료의 객관적 해석으로만 이루어지는 것이 아니며, 사료 해석의 근저에는 그 사회가 지향하는 가치와 그에 기반한 국가 공동체 구성원의 정체성 형성의 문제가 있다. 즉 이 시기의 남북한 교과서 연구는 역사학의 문제는 될 수 있으나 역사교육의 문제를 보는 관점에서 이루어진 것은 아니었다고 할 수 있다.

5) 이연복·문동석, 「남북한 초등 역사교과서 비교 연구」, 『사회과 교육』 41(2), 2002 ; 이찬희, 「북한 중학교 『조선력사』 교과서 내용분석」, 『북한연구학회보』 8-1, 2004 ; 박철희, 「남북한 초등 역사관련 교과서에 나타난 민족담론 분석」, 『열린교육연구』 13-1, 2005 ; 김한종, 「북한의 일제통치기 인식과 교과서 서술」, 『역사교육논집』 34, 2005.

에 대한 자각[6]과 더불어 2001년 개정된 북한 역사교과서의 내용 변화를 반영하고 있다. 북한의 변화는 김일성 사망 이후 김정일이 집권하면서 김정일이 내세우는 '민족제일주의'가 역사교육에 본격적으로 적용된 결과라고 생각되고 있다.

그런데 이상의 북한 역사교과서에 관한 연구는 통일에 관한 현재의 연구 관심에 따른 것이었으므로, 연구 당시 사용되던 1980년대부터 현재까지의 교과서 『조선력사』를 대상으로 했다. 따라서 북한이 해방 직후 마르크스-레닌의 유물사관에 따른 역사 기술을 원칙으로 역사교과서를 기술하기 시작하여 남한과는 다른 체제의 국가를 형성해 갔던 시기의 북한 역사교육의 실제에 대해서는 공백으로 남아있다.[7]

본 논문에서는 해방 직후부터 1950년대까지 새로운 국가 건설 및 체제 경쟁 과정에서 남북한 각각의 국민 정체성 형성을 위해 국사교과서에서 '민족' 개념이 어떻게 활용되었는지 밝혀보고자 한다. 분석 대상 역사교과서는 다음과 같다. 남한의 것은 해방 직후 처음으로 나온 초등용 역사교과서 『초등 국사교본』(1946),[8] 전쟁 전후의 『우리나라의 발달』 시

---

6) 1990년대의 중등학교 국정 국사교과서에서 민족을 초역사적·자연적 실재로 전제한다는 지적과 그에 대한 문제제기는 1994년 임지현으로부터 시작되었다. 임지현, 「한국사학계의 '민족'이해에 대한 비판적 검토」, 『역사비평』 26, 1994년 가을호.

7) 역사학계에서도 북한의 국가차원에서 발행된 통사인 1958년의 『조선통사』부터 분석 대상으로 하고 있을 뿐 이전의 교과서에 대해서는 별 관심을 갖지 않았던 것으로 보인다.

8) 경기도 학무과 임시교재연구회 편, 『초등 국사교본 오륙학년용(임시교재)』, 조선문화교육출판사, 1946. 해방 후 가장 먼저 나온 초등교육용 국사교과서로, 미군정 학무국 편수과에서 편찬하여 1946년 1월 남한 각도 학무과에 1, 2책씩 분배하여 발행하게 했다(이종국, 「'우리 나라의 발달 1' 편찬발행에 대한 고찰」, 『출판학연구』 27, 1985. 11, 71쪽). 이 교과서는 당시 편수관이었던 황의돈이 저술하였다고 한다(박진동, 「한국의 교원양성체계의 수립과 국사교육의 신구성 : 1945-1954」, 서울대학교대학원 박사학위논문, 2004, 215쪽).

리즈(1950~1953),9) 제1차 교육과정에 따른 『사회생활 6-1』(1959)10) 등이다. 북한의 역사교과서 『조선력사』11)는 1953년 출판된 김석형과 박시

---

9) 1946년 12월 7일에 제정 공포된 사회생활과 교수요목에 따라 문교부에서 편찬한 초등학교 6학년용 국정 국사교과서이다. 이 교과서 편찬에는 단지 초등학교 학생들에게만 사용을 국한하지 말고 일반 성인용도 겸하게 하여 학생들을 통해 가족에게도 국사교육을 보급시키려는 의도도 있었다 한다. 이때 역사는 공민 지리와 함께 사회생활과에 통합되어 있었는데, '우리 나라의 발달'은 1, 2권은 국사, 3권은 공민의 3권으로 편찬할 예정이었다. 그러나 『우리나라의 발달 1』(1950)만 6·25전쟁이 발발하기 1개월 전에 발행되었고 2, 3권은 편찬 도중에 전쟁으로 중단되었다(이종국, 앞의 논문, 71~74쪽). 전쟁 중인 1952년에 『우리나라의 발달 6-1』과 『우리나라의 발달 6-2』가 국사교과서로, 『우리나라의 발달 6-3』이 공민 교과서로 발행되었다. 그런데 『우리나라의 발달 1』과 『우리나라의 발달 6-1』을 비교해보면, 전자는 고려말까지 본문이 171쪽이지만, 후자는 『우리나라의 발달 6-2』로 넘어가 있는 고려말 부분까지 합쳐서 106쪽에 불과하여 내용이 대폭 축소되었음을 알 수 있다. 1953년부터는 공민 교과서인 『우리나라의 발달 6-3』의 내용을 『우리나라의 발달 6-1』과 『우리나라의 발달 6-2』의 뒷부분에 나누어 붙여 2권으로 발행되었다. 내용은 동일하다.

10) 1955년 8월 1일에 제정 공포된 제1차 교육과정에 따른 초등학교 사회생활과 국정교과서이다. 국사는 역시 공민, 지리와 함께 사회생활과에 통합되어 있었다. 사회생활과의 통합교과로서의 의미를 강조하여 각각을 종합적으로 다룬다는 교과운영의 기본 방침에 따라 각 학년에 역사, 공민, 지리 영역의 단원이 나누어 배치되어, 역사 관련 내용은 4, 5, 6학년에 걸쳐 편성되어 있다(김홍수, 『한국역사교육사』, 대한교과서주식회사, 1992, 190쪽). 국사는 6학년 1학기의 교육과정에 가장 많이 배치되었는데, 『사회생활 6-1』 교과서에는 제2과 '우리나라의 내력'에서 국사의 중심 내용이 통사적으로 기술되어 있지만, 다른 여러 단원에서도 주제를 달리하여 국사의 내용이 통사적으로 서술되어 있다.

11) 북한은 1945년 11월에 새로 우리 말로 된 인민, 국어, 력사, 음악 등 새 교과서 편찬에 착수하여 1946년 말까지 57종의 교과서를 발간했으며, 1947년 8월 교육국 내 교과서 편찬부를 편찬처로 개편하여 기구를 강화하고, 1947년도에는 교과서 내용이 일부 수정되어 75종의 교과서를 출판했다. 1948년에는 174종의 교과서를 발행했다(교육성 편집위원회, 『해방후 10년간의 공화국 인민교육의 발전』, 평양 : 교육도서출판사, 1955, 60쪽). 역사교과서는 교과서가 처

형[12]의 『조선력사』,[13] 1955년 출판된 고급중학교용 『조선력사』,[14] 1957

음 발간된 1946년 말에도 나왔을 것으로 보이나, 현재 알려져 있는 것 중 가장 이른 시기의 것은 1947년에 출판된 김석형의 『조선력사』이다. 김석형의 『조선력사』는 1949년의 것도 있는데 현재 두 권 모두 소재 여부를 확인하지 못했다.

12) 김석형과 박시형은 해방 이후 북한 역사학계를 대표하는 역사학자이다. 김석형은 1915년 대구 출생. 1940년 경성제국대학 사학과 졸업, 1946년 8월 월북한 후 여러 교과서를 집필. 1947년과 1949년에 초중 1년용 교과서 『조선력사』를 썼고, 박시형과 함께 1951년에 초중1·2·3학년용 교과서 『조선력사교과서』(수정본), 1953년에 『조선력사』를 썼다(임영태, 「북으로 간 맑스주의 역사학자와 사회경제학자들」, 『역사비평』 1989년 가을호, 1989. 8, 306~310쪽 ; 송호정, 「북한 역사학계의 거두 김석형과 한국사연구」, 『역사비평』 1997년 봄호, 1997. 2). 박시형은 1912년 경북 출생. 1940년 경성제국대학 사학과 졸업. 김석형과 사학과 동기. 월북 후 김석형과 함께 교과서 집필에 많은 성과를 냄. 1949년 초중 2년용 교과서 『조선력사』를 썼고, 박시형과 같이 두 권의 교과서를 집필했다(위의 논문, 315~318쪽).
북한에서 교과서 편찬사업은 북한 전문인력의 부족으로 소련군정의 지원을 받게 되는데, 국어와 역사 같은 한국 관련 내용이 아닌 다른 교과서들은 거의 소련교과서를 그대로 번역하거나 북한의 실정에 맞게 개작되었다. 초급 및 고급 중학교용 조선력사 교과서, 조선어문법 교과서를 비롯하여 조선문학, 조선지리 등 조선관계 교과서들은 종합대학의 해당 강좌 교수요원들이 편찬했고, 교육국의 비준을 얻어 출판되었다(신효숙, 「소련군정기 북한의 교육개혁」, 경남대학교 북한연구원 편, 『북한현대사 1』, 한울아카데미, 2004, 207쪽). 김석형과 박시형은 1946년 10월에 설립된 김일성종합대학의 교수 인력의 필요와 역사교과서 집필 인력의 필요에 따라 앞서 월북했던 지인의 권유에 의해 월북하여 『조선력사』를 집필했던 것으로 보인다.

13) 김석형·박시형, 『조선력사』, 1953년 6월 30일 교육성 발행, 1954년 2월 8일 학우서방 번각. 이 교과서는 어느 정도의 학교에서 사용된 교과서였는지는 불분명하지만 조선민주주의 인민공화국 교육성의 비준을 받은 것으로 1955년의 고급중학교용 『조선력사』와 비교해 볼 때 내용 정도가 비슷하다. 시기는 1910년 일제의 강점까지이다.

14) 『조선력사』 고급중학교용, 평양 : 교육도서출판사, 1955. 조선민주주의 인민공화국 교육성의 비준을 받은 것으로 초판이다. 1860년부터 1953년까지이다. 이 책의 목차를 보면, 완전히 인민 투쟁사로 구성되어 있어서 혹시 1949년에 나온 최초의 『조선민족해방투쟁사』의 학교본이 아닌지 검토해 볼 필요가 있다.

년 출판된 『조선력사』 제3분책,[15] 1962년에 출판된 『조선력사』(상・하)[16]이다.

2. 남한 교과서 속의 민족과 국민[17]

1) 국민과 민족

해방 後 미군정 하에서 새롭게 건설해야 할 독립국가는 '민주국'으로서 '민주국민' 형성이 과제로 대두되었다. 그런데 민주국민은 민주주의 생활양식 보다 민족의식을 갖출 것이 우선시되었다. 민주공민생활을 가르치는 공민과는 우리 민족문화에 바탕을 둔 공민생활을 강조하는 생활과목으로 규정되었고,[18] 해방 후 처음 나온 공민교과서는 제1과에 '개천절'을 두었다.[19] 이는 국민은 고조선 이래 역사를 공유해 온 민족으로 구성되어야 하며, 국민의 정체성은 민족의식을 토대로 형성되어야 한다는 것을 의미했다.

국사교육은 민족의식에 기초한 국민의식과 국민도덕 배양을 교육목적으로 하였다. 국사교과서 편찬을 맡은 진단학회는,[20] 국사 학습의

15) 『조선력사』 제3분책, 학우서방, 1957. 조선민주주의 인민공화국 교육성의 비준을 받은 것이고, 17세기부터 19세기 중엽까지의 사회형편과 농민 폭동을 한 장에 다룬 1장이 더 붙어있는 것을 제외하고는 1955년의 『조선력사』와 완전히 동일하다.

16) 『조선력사』(상), 동평양 인쇄공장, 1962 발행/ 학우서방, 1963 번인 ; 『조선력사』(하), 동평양 인쇄공장, 1962 발행/ 학우서방, 1963 번인. 3・1운동까지 기술되어 있다.

17) 김경미, 앞의 논문, 2006, 223~237쪽을 보완・재구성하였다.

18) 『동아일보』, 1945. 12. 28.

19) 『초등공민 제삼사학년함께씀』, 군정청 학무국, 1945, 1쪽.

20) 『동아일보』, 1945. 12. 15.

의의는 우리 민족 및 문화의 전통과 발전에 대한 인식을 깊게 하고, 민족성의 본질을 체득하여 건전한 국민의식과 국민적 도덕 및 정조를 배양함에 있다고 명시했다.[21]

학생들의 민족의식을 앙양시키는 것을 교육 목적으로 한 국사교과서는 민족을 역사의 주체로 내세웠다. 민족은 국가에 앞서 존재했던 것으로, 교과서는 모두 첫 페이지를 민족의 형성으로부터 시작한다. 기술된 내용을 통해 민족의 개념을 보면, 민족은 혈연과 언어가 같고 종교와 풍속이 유사한 사람들이다. 우리 민족은 단일민족으로 단군을 중심으로 첫 국가인 고조선을 성립시켰다.[22]

국가에 앞서 민족이 있었고 민족이 단일민족이라는 전제는, 고조선 이후 한민족이 설립하는 나라들이 일정 기간 별개의 나라로 존재한다고 해도 궁극적으로는 하나로 통일되어야 할 당위성을 부여한다. 역사가 역사적 실재인 '나라'들의 설립과 멸망의 흥망사로 전개된다고 해도, 궁극적으로는 "한 때는 갈라졌던 그들도 뒤에 다시 합쳐져, 지금은 우리 겨레로 한 덩어리가 된"[23] 민족의 역사이다.

하나로 합쳐져야 할 민족의 범위가 있는 만큼, 민족은 타민족과의 경계를 분명히 하지 않을 수 없다. 따라서 타민족과의 관계에서 민족의 존립을 위협하는 타민족과의 갈등이 중요한 역사적 사실로 선택되어 기술되며, 민족의 문화적 특징을 분명히 하는 타문화와의 차이와 민족문화의 독자성이 강조된다. 고구려와 수・당의 전쟁은 고구려와 수・당이라는 국가 간의 싸움 이전에 '우리 민족'과 '漢民族'간의 싸움이며,[24] 신라의 석굴암이나 고려의 자기는 신라와 고려라는 지역과 시

21) 진단학회 편, 『국사교본』, 경성 ; 조선교학도서, 1946, 1쪽.
22) 『초등 국사교본』, 1～2쪽 ; 『국사교본』, 1～2쪽 ; 『우리나라의 발달 1』, 1～6쪽 ; 『우리나라의 발달 6-1』, 1952, 1～7쪽.
23) 『우리나라의 발달 1』, 2쪽.
24) 『초등 국사교본』, 13쪽.

대의 문화적 성격을 나타낸다는 점보다 '우리 민족'의 정신을 표현한 것[25]이라는 점에 초점이 맞춰지는 것이다.

이민족에 의해 독립을 상실했다가 막 해방되어 새로운 독립국가를 설립해야 하는 역사적 시점에서, 민족을 주체로 한 역사 기술은 사회의 구성원들이 '민족'을 자기 정체성으로 삼아 '국민'을 구성해야 한다는 근거를 마련하기 위한 것이었다. 이미 민족이라는 용어가 국가체제 부재의 상황에서도 존재할 수 있는 국가의 원형적 집단을 가리키는 개념으로 한말에 형성되기 시작하여 일제강점기를 통해 확립되어 갔다[26]고 할 때, 36년간 일제 식민지배의 경험을 겪었던 사람들에게 '외적'의 대항 개념으로서 '민족'은 역사적 실재로 느껴졌을 것이라 생각된다. 그런데 문제는 민족의 성격을 어떻게 규정하는가이다. 민족의 역사에서 펼쳐지는 민족의 특성은 바로 국민이 갖추어야 할 자질을 비추는 거울이 된다.

역사교과서는 민족의 역사를 기술하며 역사에 대한 평가를 통해 그로부터 오늘날의 국민이 갖추어야 할 도덕을 이끌어내려 한다. 이를 위한 역사 서술 방식이 바로 민족사를 수난의 역사와 영광의 역사로 기술하는 것이다. 먼저 민족의식을 보다 강하게 불러일으키는 것은 민족 수난의 역사이다. 교과서는 사람들에게 생생한 기억으로 남아있는 일제의 식민지 지배의 고통뿐만 아니라 그 이전 조선조의 임진왜란으로부터의 일본의 조선침략사를 강조한다. 임진왜란은 식민지화 이전의 조선 역사상 가장 큰 민족적 수난이었다. 이순신이 결국 왜란을 평정했지만 왜병은 닿는 곳마다 불을 놓고 사람 죽이기를 일삼아서 온 나라가 다 참혹한 화를 당했다.[27] 물론 가장 큰 민족적 수난은 일제의 식

25) 『우리나라의 발달 6-1』, 1952, 59쪽 ; 『초등 국사교본』, 38쪽.

26) 권보드래, 「근대 초기 '민족' 개념의 변화-1905~1910년 『대한매일신보』를 중심으로」, 『민족문학사연구』 33, 2007, 190~210쪽.

민지가 되어 민족의 독립을 상실한 일이다. 『초등 국사교본』은 13과의 「임진왜란과 이순신의 큰공」에서 전란의 상황을 상세히 기술하고, 이어서 14과의 「일본인의 침략」에서 합병까지의 상황을 기술했다. 그리고 15과 「독립운동」에서 일제의 학정과 독립운동에 대한 가혹한 탄압, 일제 말의 참상을 기술하여 일본에 의한 민족의 수난사를 강조하였다.

그런데 민족이 수난을 겪게 되었던 원인은 민족분열로 인해 힘이 약화되었던 점에 있다고 보았다. 교과서는 사화와 당쟁으로 인한 분열로 이민족의 침략에 제대로 대처하지 못하여 어떻게 민족적 수난을 겪어야 했는지를 강조한다.[28] 민족을 최고 가치로 하여 역사적 사실을 평가하면서, 민족의 분열을 초래하는 것을 악으로 규정할 수 있는 근거는 바로 분열이 민족의 힘을 약화시킨다는 점 때문이었다.

조선시대 이후의 민족 수난의 역사와 대비하여 고대사는 민족이 큰 힘을 발휘했던 역사이다. 한국의 역사상 최고의 강력한 국가였던 고구려는 중국의 수·당과도 싸워 이겼다. 이 일은 "우리 나라 역사상 가장 크고 빛난 사실"이다. 광개토왕과 장수왕의 영토 확장의 역사에 이어 수·당의 침략을 물리친 일은 "만주 벌판에 퍼져 사는 우리 민족과 황하 가에 번식하는 한민족" 사이의 "두 큰 민족의 자웅을 다투는 싸움"이었다.[29] 발해가 "한 때엔 바다를 건너 산동성의 한쪽까지 점령하여 우리 역사상 가장 큰 나라가 되"었던 일은, "우리 한족이 두 번째 한민족과 자웅을 다투든 큰 운동"[30]이었다. 신라의 통일은 고구려의 강역의 크기와 수·당과의 전쟁 승리에 비할 만하지는 않다고 해도, 당나라를 몰아내고 한반도의 대부분을 통일하여 우리 민족이 한 지역, 한

27) 『초등 국사교본』, 45~50쪽.
28) 『초등 국사교본』, 46쪽.
29) 『초등 국사교본』, 13쪽.
30) 『초등 국사교본』, 19쪽.

정치, 한 경제, 한 문화 안에서 한 정신으로 생사고락을 같이 할 수 있는 기반을 마련했다고 본다.[31]

고구려가 광대한 영토를 차지하고 한민족과 자웅을 다툴 수 있었던 것은 고구려인의 강함 때문이었다. 고구려인의 강함은 "옳은 지도자의 명령이면 죽음도 피하지 않고, 나라를 위하여는 한 몸의 생사를 돌보지 않"[32]는 정신에 있었다. 처음에는 작은 나라였던 신라가 통일을 할 수 있었던 이유도 나라와 사회를 위하여서는 한 몸의 이해와 감정을 돌아보지 않고 나라를 위하여 목숨바치기를 아까워하지 않는 화랑도의 협동봉공의 정신 때문이라고 하였다.[33]

그런데 이상과 같이 기술된 민족의 수난의 역사와 영광의 역사를 통해 도출되는 결론은 이제 더 이상 민족의 수난을 겪지 말고 번영한 역사를 만들어가야 한다는 것이다. 그것을 가능케 하는 것은 '민족의 힘'이다. '민족의 힘'이 역사 전개의 원리라는 것이다. 국사교과서는 민족의 힘이 약하여 수난을 겪게 되는 원인은 분열 때문이고 민족의 힘이 강하여 번영을 누릴 수 있었던 것은 사리사욕을 버리고 협동봉공의 정신을 발휘했기 때문이라고 하였다. 결국 역사교과서에서 새로운 독립국가 건설과 발전을 위해 학생들에게 고취하고자 하는 바는 민족의 단결을 통해 힘을 극대화해야 한다는 것이다. 민족단결의 당위성은 정치적 실재인 '국민'이 내부의 갈등을 무마하고 오로지 단결하기를 요구한다. 국사교과서를 통해 역사적으로 증명된 바와 같이, 타민족과의 항쟁 속에서 민족의 보존과 발전을 이루기 위해 국민들은 "우리 삼천만 한마음 한 뜻"이 되어[34] "자기를 희생하는 훌륭한 정신으로 사회를 위하

---

31) 『우리나라의 발달 1』, 70~72쪽 ; 『우리나라의 발달 6-1』, 1952, 48쪽.
32) 『우리나라의 발달 1』, 63쪽.
33) 『초등 국사교본』, 28~29쪽 ; 『우리나라의 발달 1』, 93쪽.
34) 『초등공민 5 · 6학년 합병용』, 1946, 24쪽.

여 일"해야 하는 것이다.[35)]

2) 전쟁과 민족

해방 직후 서로 다른 체제의 국가를 형성해 가던 때에 남한의 민족주의의 입장에서 계급을 주장하는 공산주의는 경계의 대상이었고, 양측의 적대관계는 점점 더 분명해졌지만, 전쟁 전에는 그러한 정황이 교과서에 소극적으로 반영되어 있었다. 일제하에서의 독립운동의 정통성은 임시정부에 있음을 강조하면서, 사회주의나 공산주의 계열의 독립운동은 전혀 기술하지 않는 식이었다. 이제 전쟁으로 현실의 적은 공산주의와 북한이 되었다.

전쟁 전후의 교과서 기술의 차이를 비교해 보면, 전쟁 전의 교과서에서 소련은 중국, 미국, 영국과 더불어 우리나라의 해방에 도움을 준 나라였다. 카이로 회담과 포츠담 회담에서 조선을 자주독립국으로 하자고 결의한 좋은 뜻을 잊을 수 없으며 앞으로도 다른 나라와 같이 잘 교제해야 할 나라였다.[36)] 남북이 각각 체제를 달리하는 정부를 수립한 뒤에 나온 교과서에서도 해방 후 미국과 소련은 남북을 각각 점령하고 우리나라의 완전 독립을 위해 힘쓰고 있는 나라로 기술되었으며, 양자에 대한 호오의 감정은 표현되지 않았다. 북한에 대해서도 "아직도 우리나라의 말을 듣지 않는 것은 섭섭한 일이다"라는 정도로 기술하였다.[37)] 그러나 한국전쟁을 거치며 교과서는 공산주의에 대한 증오를 드러내게 된다.

---

35) 『초등공민 5・6학년 합병용』, 1946, 10쪽.

36) 『초등공민 5・6학년 합병용』, 1946, 22쪽. 카이로회담에 소련은 참여하지 않았다.

37) 『우리나라의 생활(2)』, 1949, 126쪽. 『우리나라의 생활』은 교수요목에 따른 4학년용 사회생활과 교과서이다.

전쟁 중에 출판된 교과서에는 소련에 대한 적대감이 표현되었다. 우리나라의 해방을 도운 고마운 연합국의 이름 중 소련이 제외되었으며 미국의 도움이 강조되었다.[38] 소련 공산주의는 민주정치에 반대하고 국민을 노예로 만들고 다른 나라를 정복하여 속국으로 만들려는 나라이다.[39] 한국전쟁은 공산제국주의 소련이 그 앞잡이 김일성을 사주하여 "동족 상쟁의 내란"을 꾸미게 한 것이라고 했다.[40] 북한의 김일성 정권을 소련의 괴뢰라고 규정한 것은 남북한의 대립을 민족의 분열이 아니라 체제의 대립에 따른 분열이라고 보기 위해서였다. 민족의 분열을 금기시하는 민족주의의 입장에서 민족인 북한과의 전쟁은 "우리 민족의 내란이 아니라, 민주주의와 공산주의의 싸움"인 것이다.[41]

민족이 민주주의와 공산주의로 분열되어 있는 상황을 극복하고 국토통일을 이룬다는 것은 민족의 독립과 통일을 가장 중시하는 민족주의의 입장에서 정당한 듯이 보인다. 그러나 민족의 구성원인 북한을 민족의 위치가 아니라 공산주의의 일원의 위치에 놓는 것은, 그동안의 역사 기술에서 최고 상위의 위치를 차지했던 '민족'이 민주주의와 공산주의의 이데올로기의 하위에 위치하게 됨을 의미한다. 전쟁에서 우리는 '민족' 보다 이데올로기를 같이 하는 '민주 우방'을 더 우선시하기 때문이다. 민주주의와 공산주의의 싸움의 최전선에서 우리는 민주 우방과의 친선을 더욱 두텁게 하여 집단 방위를 굳게 하고 앞으로 국토통일을 이루기에 노력해야 하는 상황에 놓이게 된 것이다.[42] 어떠한 내부의 차이보다 우선시 되었던 민족은 이데올로기 대결 앞에서 사실상 허구가 되었다. 민족의 허구화를 감추기 위해 '국토통일'이라는 민

---

38) 『우리나라의 생활 4-2』, 1952, 117쪽.
39) 『우리나라의 발달 6-3』, 1952, 47쪽.
40) 『우리나라의 발달 6-2』, 1952, 118~119쪽.
41) 『우리나라의 발달 6-2』, 1952, 124쪽.
42) 『우리나라의 발달 6-2』, 1952, 124쪽.

족적 사명은 더욱 더 강조된다. 국토통일은 적인 북한 공산주의의 절멸을 통해서만 가능한 것이었기 때문에, 북한 공산주의에 대한 증오심도 증폭되었다.

전쟁 후 분단 상태가 고착화하는 가운데 출판된 『사회생활』 교과서는 냉전 교과서로서 공산주의에 대한 증오로 가득하다. 교과서는 학생들에게 한국전쟁의 고통스러운 경험을 되풀이하여 되새기도록 함으로써,[43] 공산군에 대한 적개심을 앙양하고 멸공의식을 높이도록 했다. 이와 함께 북한 공산주의의 비참함과 자유의 억압을 강조하면서 남한의 체제 우월을 과시했다. 참으로 자유의 나라인 대한민국과는 대조적으로, 북한 사회는 총을 들고 있는 군인의 감시하에서 발목이 쇠덩이에 묶인 채 노동하는 자유가 없는 모습으로 묘사되었다.[44] 민주정치를 하고 있는 우리나라에 사는 우리는 퍽 행복한 국민이며, 독재정치를 하고 있는 공산주의 나라의 국민은 불행한 생활을 하고 있다고 기술되었다.[45] 교과서는 인간이 마땅히 누려야 할 자유라는 이름으로 더욱 더 멸공과 민족통일의 당위성을 강화했다.

현재의 적 공산주의의 그릇된 생각과 침략을 막아내기 위해서 국민의 협동과 단합의 중요성도 더 강조되었다.[46] 협동과 단결의 당위성은 민족의 구성원들이 협동하지 못했기 때문에 민족의 수난을 초래했다는 비난으로 이어지며, "뭉치면 살고, 헤어지면 죽는다"는 '이승만 박사'의 말로 귀결한다.

---

43) 『사회생활 6-1』(1959)에는 6·25사변을 언급한 과가 총 6과 중 제2과. 「우리나라의 내력」, 제3과. 「우리 역사를 빛낸 이들」, 제6과. 「국제 연합」, 『사회생활 6-2』(1959)에서는 제1과. 「우리나라의 통일」이다.

44) 『사회생활 4-1』, 1959, 50쪽.

45) 『사회생활 6-1』, 1959, 84~85쪽.

46) 『사회생활 4-2』, 1956, 82쪽.

> 좋은 가정, 좋은 학교, 좋은 사회, 좋은 나라를 이룩하려면, 그 모듬살이를 이루고 있는 한 사람 한 사람이, 각각 자기 직분을 다하고, 다 같이 힘을 합쳐서, 일해야 한다. 일찍이 이승만 박사는, 뭉치면 살고, 헤어지면 죽는다고 하셨다. 이것은 우리 민족이 협동하고 단결해야 한다는 뜻이다. 우리 민족은 협동하는 데 있어서, 그다지 훌륭하지 못했기 때문이다.[47]

민족 이야기를 통하여, 특히 민족의 큰 수난을 겪게 한 일본에 대한 적개심을 통하여 '민족의식'을 이끌어 냈던 해방 후의 교육은, 민족 간의 전쟁을 거치면서 반공주의와 결합하여 현실의 적인 공산주의 북한을 대상으로 하여 '민족'의 이름으로 증오를 불러일으키기 시작했다. 이제 '민족'은 이데올로기 싸움의 수단으로 전락하게 되며, 남한 내부의 차이를 억압하고 국민 동원을 위한 구호로 이용된다.

3. 북한 교과서 속의 민족과 국민

1) 인민

소련 군정기 동안 마련된 교육요강에서 역사과는 물질적 생활조건이 인간의 정신발전에 어떠한 영향을 주었으며, 동시에 인민의 정신현상이 사회의 물질적 발전에 어떻게 작용하였는가를 교과서 내용에 반영해야 했다.[48] 1953년의 교과서는 목차에서 사회주의의 역사발전 단계를 명시했다.[49] 역사는 원시공동체 사회→ 고대국가(고조선~삼국시

---

47) 『사회생활 4-1』, 1959, 63쪽.

48) 신효숙, 「소군정기 북한의 교육정책」, 정신문화연구원 박사논문, 1997.

49) 1953년 교과서의 목차는 다음과 같다.

우리 나라의 원시 공동체

대)→ 중앙집권적 봉건국가(통일신라~조선, 1910년까지)의 차례로 전개되었다. 그러한 역사 전개 과정에서 중심이 되는 것은 외래 침략세력에 대한 인민들의 투쟁과 내부 지배층의 착취에 대한 농민들의 폭동이다. 즉 '인민', '농민' 등으로 지칭되는 생산수단을 소유하지 못한 계급이 역사의 주체로 되어 있다.

남한의 교과서에서 역사의 주체였던 '민족'은 북한의 교과서에서는 외래 침략자와 관련되어 사용될 뿐, 역사의 주체는 생산수단을 갖지 못한 계급으로서의 '인민'임을 분명히 하고 있다. 역사의 가치는 '인민

제1장. 우리 나라의 원시 공동체
고대 국가의 발생과 발전
제2장. 북방 종족
제3장. 남방 제 종족
제4장. 3국의 발전
제5장. 7세기 초의 외래 침략자를 반대하는 고구려 인민의 투쟁
제6장. 신라의 통일
제7장. 3국의 문화
중앙 집권적 봉건 국가의 성립
제8장. 통일 신라와 후삼국
제9장. 고려 초기의 대내 대외 정책
제10장. 무인 집권과 농민 폭동
외래 침략자를 반대하는 고려 인민의 투쟁(이것은 다음 줄, '몽고의 침략' 다음에 이어져야 하는 것으로 보임)
제11장. 몽고의 침략
제12장. 14세기의 고려
제13장. 15세기의 리씨 조선 왕조
제14장. 인민 생활의 파괴와 함경도 농민의 폭동
제15장. 16세기 말 왜의 침략군을 반대한 조선 인민들의 항전
제16장. 만주의 동란과 녀진족의 침입
제17장. 17,18세기의 인민 생활과 농민 폭동
제18장. 자본주의 렬강의 침략과 항쟁
제19장. 1894년의 농민전쟁
제20장. 일본 침략 세력의 발전과 항전

의 자유와 독립'이다. 따라서 역사의 흐름은 인민 계급이 지주 및 자본가, 그리고 외래 침략세력의 억압에 대해 투쟁을 통해 스스로의 자유와 독립을 찾아나가는 과정으로 그려진다. 따라서 인민 계급이 피지배계급으로 억압과 착취를 당했던 고대 이래 봉건시대까지의 오랜 역사는 인민 계급의 수난의 역사이며 동시에 저항의 역사이다.

이와 같은 사실을 학생들에게 이해시키기 위해 역사수업에서 역사적 사실은 계급투쟁적 관점에서 해석하여 제시하도록 했다. 예컨대 중학교 역사수업에서 갑신정변이 실패한 이유에 대해 단순히 독립당이 일본침략가들의 힘에 의거하였기 때문에 인민들이 조선의 원수인 왜인들과 또 이에 야합한 독립당을 타도한 것이라고 설명해서는 안 된다. 조선사회에서 자본주의의 미발달로 인한 부르주아계급의 미성숙, 농민계급의 혁명성 부족, 지도조직의 부재 등 사적유물론과 계급투쟁의 관점에 입각하여 설명하도록 했다.[50)]

또한 계급투쟁론의 관점에서는 민족 보다 계급이 앞선다는 점이 1953년 『조선력사』에서 강조된다. 청일전쟁을 기술하면서 조선 인민과 중국 인민 간에는 마르크스-레닌주의에 기초한 프롤레타리아 국제주의에 의해 완전한 자유와 평등의 기초 위에서 우의적 정신을 발휘한다는 점을 강조한 것이다.[51)] 양국의 인민은 오랜 역사를 통해서 정치적 경제적 문화적으로 깊은 우의적 전통을 갖고 있으며, 1592년의 임진왜란에서도 양국 인민은 공동의 적에 반대하여 함께 피를 흘리고 싸웠으며 또 함께 영광의 승리를 쟁취했다는 것을 실례로 들고 있다.[52)] 물론 이 점은 한국전쟁에서 중국 인민군이 북한을 지원하여 전쟁에 참전했던

---

50) 이향규, 「북한 사회주의 보통교육의 형성 1945-1950」, 서울대학교 박사학위논문, 156～157쪽.

51) 김석형 · 박시형, 『조선력사』, 309쪽.

52) 위의 책, 305쪽.

사실을 반영한 것이기도 하다. 그런데 양국의 그러한 국제주의적 상호 원조 관계는 "그 국가의 정권이 소수 착취자의 손으로부터 인민의 것으로 되고 그 나라의 기본적 생산수단이 역시 인민의 것으로 된 그러한 기초 우에서 비로소 형성될 수 있"[53]다는 김일성의 말을 인용하면서, 계급이 민족에 앞선다는 역사관을 강조하고 있다.

그런데 유물사관에 의한 역사 기술이 '과학적 세계관'이라고 강조되었던 것은 그만큼 당시의 일반적인 역사 감각에 생소했음을 말해준다. 이 시기에 교사들은 전반적으로 마르크스주의와 유물론에 대해 학생들을 지도할 만한 지식을 갖고 있지 못했다. 왕조 중심의 역사적 지식을 가진 교사들이 생산양식의 변화에 따른 역사발전에 대해 가르쳐야 했다.[54] 따라서 사회주의 체제의 국가 구성원으로서의 정체성을 확립하기 위해서 역사교육은 '오랜 역사 속에서 지배계급으로부터 착취를 당했던 인민 계급'으로서의 공감을 불러일으킬 필요가 있었다. 이때 가장 효과적인 방법은 일제 식민지 지배의 고통을 생생하게 기억하고 있는 사람들이 갖고 있던 민족의식을 활용하는 것이었다.

2) 민족

53) 위의 책, 309쪽.

54) 이향규, 앞의 논문, 163쪽. 이향규가 채록한 구술 "옛날에 우리 역사는 단군으로 해서, 기자조선, 삼국시대, 이렇게 배우는데, 그렇지 않구 옛날 원시사회에서부터 뭐 이렇게 되어가지고 봉건사회가 되고, 그렇게 모두 책을 체계를 만들었어. 봉건사회가 되서 그 다음에 자본주의 사회구, 자본주의 사회가 어떻다 뭐 이래가지고, 그걸 자본주의 사회가 최고를 발달하면 제국주의 사회가 되고, 그게 이제 사회주의로 넘어가고, 공산주의로 넘어가고, 그걸 다 가르치지. 그런 말들도 나 그 때 들어서 알지. 따로 공부한 것두 아니구. (그 때 처음 들어보신 말이면 교과를 어떻게 가르치세요?) 교과서, 교과서를 보고 가르쳐야지."

남한의 역사교과서가 '민족'에서 시작하는데 비해, 북한의 1953년의 『조선력사』는 '종족'에서 시작한다. 스탈린 민족이론에 따르면, 민족이란 남한에서와 같이 초역사적인 존재가 아니라, 자본주의가 발생할 때 형성되는 것이다. "민족은 온갖 력사적 현상과 마찬가지로 변화의 법칙에 따라 자체의 시초와 종말을 가지고 있는 일정한 력사적 범주인바 특히 자본주의 시대의 력사적 범주이다. 봉건사회의 청산과 자본주의의 발전 과정은 동시에 민족 형성 과정이었다."[55] 자본주의 발전 과정에서 형성되는 민족은 부르주아적 민족이며, 소련의 10월 사회주의 혁명으로 사회주의적 민족이 형성되기 시작한다.[56] 따라서 조선사 기술에서 자본주의가 발생하기 이전 시대에는 민족이란 있을 수 없는 것이다.

1953년 『조선력사』에서 '민족'이라는 말은 강화도조약에서부터 나온다. 이것이 스탈린식 개념대로 강화도조약에서 자본주의 침략이 시작되면서 민족이 형성되었다고 보는 것인지는 알 수 없다. 그런데 이 이후에는 '우리 민족의 오랜 역사'라는 표현에서 볼 수 있듯이 민족을 스탈린식 근대민족이 아니라 교과서 앞에 자리 잡은 김일성의 어록[57]에서 사용한 오랜 역사를 지닌 민족으로 거슬러 올라가는 민족개념을 사용하고 있다. 이 점은 『조선력사』에서 스탈린식의 민족개념을 사용하면서도 그 불철저함을 드러내는 것이라기보다는, 사회주의 체제 형성을 위해서는 계급의식을 주입함과 더불어 사람들이 갖고 있던 민족의식을 적절히 활용하는 것이 효과적이라고 보았기 때문일 수도 있다.

북한의 민족주의에 관한 대부분의 연구들은 북한의 민족이론이 스

---

55) 『조선 력사 교과서 용어 해설』, 교육도서출판사, 1956, 196쪽.

56) 위의 책, 196~197쪽.

57) "애국심은 자기 조국의 과거를 잘 알며, 자기 민족이 갖고 있는 우수한 전통과 문화와 풍습을 잘 아는 데서만이 생기는 것입니다."

탈린의 민족이론을 그대로 받아들이다가 1970년대 주체사상의 체계화와 함께 변화하기 시작했거나[58] 1950년대 중반 북한 국내외에서 발생했던 여러 정황들[59]로 인하여 북한지도부가 사회주의 형제국가들과의 관계를 재고하기 된 일을 계기로 변화하기 시작했다[60]고 본다. 본 연구를 통해서 볼 때, 이미 1953년의 『조선력사』에서 스탈린의 민족이론이 적용되지 않는 민족개념이 사용되고 있을 뿐 아니라, '민족'의 대체용어라고 할 수 있는 '조국'과 '애국'이라는 용어가 '외적'에 대한 대항개념으로 빈번히 사용됨을 알 수 있다.[61]

민족주의적 경향은 1957년의 『조선력사』에서는 더 분명히 드러난다. 1955년 4월에 마르크스-레닌주의 사상교육을 당의 제1사업으로 간주하던 전후복구기간의 입장과는 달리, 1956년 8월에 마르크스-레닌주의의 창조적 학습과 우리나라 현실에 결부시킨 연구의 대담성 발휘를 제시했다는 사실[62]이 1957년에 출판된 『조선력사』에 반영되어 있는 것이다.

1957년의 『조선력사』[63]는 19세기 중반부터 조선 인민의 투쟁의 역

---

58) 이종석, 「주체사상과 민족주의 : 그 연관성에 관한 연구」, 『통일문제연구』 6-1, 1994.

59) 1955년 12월 박헌영 재판에 대한 소련의 지속적인 외교적 압력, 1956년 2월말 소련 공산당 제20차 대회에서 행해진 흐루시초프의 개인숭배 비판과 이에 따른 북한 국내의 정치적 파장, 1956년 6월 김일성의 소련방문과 흐루시초프·미코얀의 김일성 비판, 1956년 8월의 8월종파사건.

60) 김태오, 「북한의 스탈린 민족이론 수용과 이탈 과정」, 『역사와 현실』 44, 2002. 6.

61) 이 점에 대해서는 앞으로 더 검토가 필요하므로 아이디어 수준에서 머물기로 한다.

62) 김태오, 앞의 글, 262~263쪽.

63) 1957년 『조선력사』의 목차는 다음과 같다.
제1장. 17-19세기 중엽의 사회 형편과 농민 폭동
제2장. 자본주의 렬강의 조선 침입. 외래 침략자들을 반대하는 조선 인민의

사가 시작되기 전, 17세기부터 19세기 중반까지의 사회 형편과 농민 폭동을 한 장에 간략히 기술하고 있다. 그런데 '민족'이라는 용어가 처음 나오는 것은 김정호의 대동여지도에 관한 부분이다. 교과서는 대동여지도가 19세기 중엽 우리나라의 과학 수준을 자랑하는 대표적인 작품이라고 하며, 大자를 붙인 것은 당시로서는 민족적 자각심을 표시한 것이라고 강조하고, 중국 명나라나 청국에 사대하고 있었던 조선 양반들은 자기 조국에 대하여 이러한 <대>자를 쓰지 못했다고 했다. 또 대동여지도는 피로써 봉건제도에 반대하여 싸우는 우리 인민들과 또 이 시기의 훌륭한 문화적 활동가들과 함께 새로운 시대와 새로운 사회를 지향하는 훌륭한 작품이라고 평가했다.[64] 여기서는 '민족'과 '조국'

투쟁(1880～1878년)

제3장. 조선 봉건 경제의 변화. 조선 인민의 반봉건 반침략 투쟁(1876～1884년)

제4장. 봉건 통치 계급과 외래 자본주의 침략자들을 반대한 농민 전쟁(1885～1894년)

제5장. 조선의 반식민지화와 일본 제국주의 조선 강점을 반대하는 투쟁

제6장. 일본 제국주의 강탈 정책과 초기의 반일 민족해방운동

제7장. 위대한 로씨야 사회주의 10월 혁명 영향하의 조선 민족해방운동의 장성(1919～1930년)

제8장. 반일 민족해방운동의 무장 투쟁 계단에로의 발전. 김일성 원수 령도하의 항일무장투쟁(1931～1945년)

제9장. 쏘베트 군대에 의한 조선 해방. 새 형태의 인민정권 수립과 민주개혁의 실시(1945. 8～1946. 8)

제10장. 조선 로동당의 창건. 인민 경제 부흥 발전을 위한 조선 인민의 투쟁(1946. 9～1948. 3)

제11장. 조선 민주주의 인민공화국 창건. 평화적 조국 통일을 위한 조선 인민의 투쟁(1948. 4～1950. 5)

제12장. 자유와 독립을 위한 조선 인민의 위대한 조국해방투쟁(1950. 6～1953. 7)

제13장. 전후 인민 경제 복구 발전과 조국의 평화적 통일을 위한 투쟁

64) 『조선력사』, 1957, 32～33쪽.

이 유사한 이미지를 갖고 함께 사용되고 있다는 점, '인민'과 함께 '훌륭한 문화적 활동가'가 연대 세력으로 기술되고 있는 점을 주목할 수 있다. 그리고 이 두 가지는 밀접한 관계가 있다.

1955년과 1957년의 『조선력사』는 김석형의 『조선력사』 보다 전통 문화나 일부 '비 인민' 인물에 대해 높은 평가를 내린다. 그 가장 뚜렷한 실례가 실학에 대한 높은 평가이다. 김석형은 실학자들에 대한 특별한 평가없이 "종래의 량반 학자들과 달리, 자연과학의 지식을 소유하였으며, 락후한 봉건사회를 개량하여야 하겠다는 의견을 토론한 사람"으로 기술했다.[65] 유형원의 토지개혁론에 대해서는 "대토지 소유자들이 남의 토지를 빼앗지 못하게 하고, 토지를 가지지 못한 농민에게 이를 가질 수 있도록 하여 보자는 그의 의견은 량반들의 토지소유는 어디까지나 그대로 두면서 그렇게 하자는 것"이었다고 평가했다.[66] 이에 비해, 1957년의 『조선력사』는 실학자의 토지개혁론은 농민들의 이익을 반영한 것이었으며, 실학사상은 진보적 사상이었다고 평가했다. 실학자가 모두 양반지주 출신이라서 농민들의 계급투쟁과 직접 결부시킬 줄은 몰랐다고 그 한계를 지적하면서도 "그러나 아주 훌륭한 사상을 가졌으며 정의와 진보를 위하여 일생을 바친 사람들"로서 "우리 인민들의 정의로운 투쟁에 큰 도움"을 주었다고 평가했다.[67]

김석형이 인민과 계급적으로 대립하는 양반계급에 대해 철저하게 비판적 입장이었던 것에 비하면, 1955년과 1957년의 『조선력사』는 양반계급이 그 계급적 한계에도 불구하고 그 진보성에 의해 일정 부분 농민과 연계할 수 있다는 것이다. 또한 1955년의 『조선력사』에서 의병활동에 참여하는 사람을 이전 보다 더 포괄하면서, 일부 유생의 참가

65) 김석형, 『조선력사』, 208쪽.
66) 위의 책, 204~205쪽.
67) 『조선력사』, 1957, 16쪽.

가 의병 활동의 단점을 야기했다고 한계를 지적하기는 하지만, 1953년판에서 지배계급은 아무리 진보적이라고 해도 그것은 자기 이익을 위해 같은 입장에 선 피지배계급을 철저히 이용할 뿐이라고 기술한 것에 비하면 커다란 변화인 것이다. 이러한 점은 전쟁 전 사회주의 체제를 완성한 후 시도했던 한국전쟁이 실패로 돌아가면서 앞으로의 북한 사회의 지향점을 명시하고 자신의 권력을 확고히 하기 위한 것이다.

1955년 말에 김일성이 「당 사상사업에서 교조주의, 형식주의를 퇴치하고 주체를 확립할 데 대하여」라는 유명한 연설을 하는데, 연설에서는 학교에서 세계사, 소련사에 대해서는 엄청나게 많이 가르치는데 조선사에 대해서는 가르치지 않는다고 지적하고 근대사 부분에서 6·10만세운동이나 광주학생운동, 3·1운동조차 얘기를 하지 않고 있다고 했다. 지금 혁명과 건설을 위해서 공산당원뿐만이 아니라 진보적이고 양심적인 민족주의 인사, 민족적 양심을 가지고 있는 비공산주의자들까지도 포괄해야 하는데, 이런 식으로는 절대로 포괄해 들일 수가 없다고 하며, 우리는 주체를 세워야 한다고 강조했다.[68] 이 말은 역사교육에서 부르주아 민족주의측이 주도한 일제하 저항운동도 민족해방투쟁의 차원에서 다루어야 함을 말한다.

이것이 바로 1955년, 1957년의 『조선력사』에서 실학을 긍정적으로 평가하고 의병 활동에 참여하는 세력을 더욱 포괄적으로 설정한 이유이다. 물론 역사의 주체를 피지배계급으로 명시하면서도 '애국자'라는 일종의 '민족'을 대신한 용어를 사용하여 보다 넓은 범위의 사람들을 끌어들이려 한 것이다.[69]

---

68) 조동걸 외, 「북한에서는 우리 역사를 어떻게 보는가」, 『역사비평』 1988년 겨울호, 1988. 12, 10쪽.

69) 1955년 『조선력사』에서 3·1운동을 언급하고 있지만 민족주의 계열을 부정적으로 기술했다. 광주학생운동과 6·10만세운동은 언급하지 않았다.

3) 인민과 지도자

전쟁 이전의 북한의 통치제제는 집단지도체제였다고 하고 전쟁 후 1956년부터 1958년까지 2년여에 걸친 연안파와 소련파에 대한 숙청을 통해 김일성 유일지배체제의 기초가 마련되었다고 하지만, 이미 1955년 『조선력사』에는 일제하 항일운동이 오로지 김일성을 중심으로만 기술되어 있다. 일제하 항일운동부터 북한정부 수립, 한국전쟁 수행까지 오로지 김일성을 중심으로 기술되었을 뿐만 아니라 비판 대상이 되는 인물을 제외하고는 다른 독립투쟁가나 북한 지도자들의 이름은 아무도 나오지 않는다. 김일성 등장 이전의 인민 투쟁은 모두 '올바른 지도를 할 수 있는 지도자'의 결여로 실패했다고 하며, 결국 투쟁의 중심이 김일성으로 귀일되도록 하였다. 그런데 '올바른 지도'를 명분으로 '지도자'가 투쟁의 중심이 되면 그동안 역사와 사회의 주체였던 인민은 주체적 지위가 약화되지 않을 수 없다.

1953년판은 1910년까지만 기술되어 알 수 없지만, 마르크스-레닌주의와 스탈린 숭배와 더불어 김일성 유일지배체제를 구축하기 위한 교육은 이미 한국전쟁 이전에 시작되고 있었다.[70] 「북한 노획문서(RG242)」 중에서 발견한 1949년 인민학교 교과서를 조사한 이향규에 의하면, 이 시기에 '스탈린 대원수'와 함께 '김장군'은 최고의 지도자로 교육되었다.

인민학교 1학년 국어교과서(1949년 12월 발간) 단원 중, 국가 및 사회생활에 관한 단원은 총 66과 중 9과(1.새나라, 3.꽃다발, 4.아름다운 조선, 51.쓰딸린 대원수, 52.해방탑, 53.인민군대 아저씨, 61.공장연기, 62.기차, 66.김장군 노래)로, 조국애, 지도자에 대한 존경, 소련군에 대

---

70) 1960년대의 김일성 숭배가 이미 한국전쟁 이전에도 존재했다는 점은 암스트롱에 의해 밝혀진 바이다. 찰스 암스트롱, 「북한 문화의 형성, 1945-1950」, 경남대학교 북한연구소 편, 『북한현대사1』, 한울아카데미, 2003 참조.

한 감사 등을 주제로 한 글이었다.[71] 지도자와 인민의 관계에서 교과서는 특정한 주제를 담고 있다. 1학년 교과서에서 구체적인 인물이 실명으로 언급되는 것은 두 사람, 즉 김일성과 스탈린뿐이다. 김일성과 관련된 이야기는 세 개 과에 소개된다. 제3과 「꽃다발」은 고운 꽃을 꺾어 꽃다발을 만들어 "우리의 령도자 김일성 장군에게 드리자"는 내용으로 되어 있다. 16과 「두손을 높이 들고」는 아가의 재롱을 묘사하면서 마지막에 "김장군 만세 만세 부르자"는 문장으로 끝난다. 66과 마지막 단원인 「김일성 장군」[72]은 직접 김일성에 대해 언급한 과로 김일성은 독립을 위해 싸워 승리하고 국가를 창건하고 어린이들에게 배움의 문을 열어주며 행복을 위해 애쓰는 사람으로 표현되었고, 그의 뜻을 받들어 함께 나가자는 것을 강조하였다. 이와 같이 지도자의 위대함이 강조될수록 인민은 주체적 성격 보다 지도자에게 복종해야 하는 위치에 처하게 된다.

4. 맺음말

해방 후 남북한은 서로 다른 사회체제를 지향하면서 각각의 국가 구성원의 정체성 형성을 위해 국사교육을 활용하였다. 본 논문에서는 해방 직후부터 1950년대까지 남북한의 국민의식 형성과 관련하여 국사

---

71) 이향규, 앞의 글, 136쪽.

72) 우리나라 독립 위해/ 싸우신 김장군/ 승리의 깃발 휘날리며/ 돌아오셨네.//
동무야 노래하자/ 김일성 장군님을/ 뒤를 따라 배우며/ 어깨 겯고 나가자.//
빛나는 공화국을/ 세우신 김장군/ 어린이들 앞길을/ 밝혀주셨네//
동무야 노래하자/ 김일성 장군님을/ 공화국기 높이어/ 어깨 겯고 나가자//
우리들의 행복 위해/ 애쓰시는 김장군/ 배움의 문 우리에게/ 열어 주셨네//
동무야 노래하자/ 김일성 장군님을/ 한뜻으로 받들어/ 어깨 겯고 나가자.

교과서 속에서 민족 개념이 어떻게 사용되었는지 살펴보았다.

남한의 국사교과서는 민족을 주체로 하여 역사를 기술하면서, 국가의 구성원들이 민족을 자기 정체성의 근원으로 삼아 '국민'으로 묶여지기를 꾀했다. '우리 민족'은 국가의 성립 이전부터 존재했던 단일민족이며, 따라서 반드시 하나의 국가를 이루어야 한다는 당위성을 지닌 것으로 기술되었다. 민족 이야기는 영광스런 역사와 수난의 역사로 구성되었고, 민족의 단결은 영광의 역사를, 민족의 분열은 수난의 역사를 가져왔다. 그 과정 속에서 민족은 각 시기의 역사적 실체인 국가의 국민과 동일시되었다. 이와 같이 단일민족을 강조하고 민족분열을 죄악시하는 역사교과서의 기술은 '우리 민족'이 바로 현재의 국민을 이루며, 국민은 오로지 단결해야 한다는 국민의식을 주입하게 된다. '다른 민족'에 의한 국가 상실의 고통을 생생하게 겪었던 당시의 사람들은 '외세'의 대립항인 '민족'에 적극적으로 호응할 수 있는 정서적 상태에 있었을 것이다.

민족의 큰 수난을 겪게 한 일본에 대한 적개심을 통해 민족의식을 이끌어냈던 역사교육은 민족 간의 처절한 전쟁을 거치면서, 현실의 적이 이데올로기를 달리하는 민족이 되는 모순에 맞닥뜨리게 된다. 민족통일의 당위성은 민족의 통일을 방해하는 적인 북한 공산주의의 박멸, 곧 민족의 일부를 절멸시켜야 이루어지는 것이 되었다. 또한 민족의 통일을 위해서 남한의 국가 구성원은 보다 더 단결해야 했다. 이로써 국민은 한편으로는 민족의 일원으로서 이데올로기를 달리하는 민족을 증오해야 하며, 다른 한편으로는 민족의 일원으로서 같은 이데올로기 아래에서 무조건 단결해야 하는 존재가 된다.

한편, 북한의 교과서는 '인민'으로 지칭되는 생산수단을 소유하지 못한 계급을 역사의 주체로 기술했다. 계급투쟁론의 관점에서 계급이 민족보다 앞서며, 민족은 외래 침략자와 관련되어 사용될 뿐이다. 역사의 이야기는 인민계급의 수난의 역사이며 동시에 투쟁의 역사로 그려졌고, 인민은 계급투쟁의 주체였다.

그런데 역사교과서는 사회주의 체제 형성을 위해 인민들에게 계급의식을 주입하는 동시에 보다 포괄적인 인민을 형성하기 위해 당시 사람들이 갖고 있던 민족의식을 적절히 활용했다. '민족'의 대체 용어라고 할 수 있는 '조국'과 '애국'이라는 용어가 '외적'에 대한 대항 개념으로 번번이 사용되었으며, 계급투쟁의 인물이 아니지만 외적과의 싸움에서 활약한 애국적 인물을 역사적 위인으로 소개하였다. 이러한 점은 북한에서 국가 구성원을 계급의식에 터한 '인민'으로서의 정체성을 갖도록 하면서도 그것이 민족의식과의 밀접한 관련 속에서 이루어지고 있었다는 점을 보여준다. 즉 인민은 계급으로서 민족에 우선하지만, 외세에 대해서는 '민족'의 일원으로서의 성격도 지닌다.

그러나 일제강점기 김일성을 유일한 민족해방투쟁의 지도자로 내세우는 역사 기술 속에서 역사와 사회의 주체였던 인민은 사실상 주체적 지위가 약화될 수밖에 없었다. 민족의 독립투쟁을 올바로 지도하여 권력의 정통성을 확보한 지도자에게 인민은 복종해야 하는 것이다. 결국 북한에서 국가 구성원인 인민은 역사상의 계급으로서는 투쟁하는 존재였으나 현실에서는 민족의 지도자에게 복종하는 위치에 처하게 되었다.

재일조선인 영화로 본 재일조선인의 정체성
-영화 「우리학교」 「박치기 1·2」 「달은 어디에 떠 있는가」를 중심으로

신 명 직

1. 들어가기

1) 재일조선인 사회의 비동일성

재일조선인 사회를 보는 한국 내국인들의 일반적 시각은 어떤 것일까. 최근 교토 우토로 마을 지원과정에서 알 수 있는 것은, 재일조선인이란 식민지 조선의 연장선상에서 호명되는 존재, 언제나 동일한 '문화적-사회경제적 정체성'을 지닌 공동체 구성원으로 인식되고 있다는 점이다. 일본이라는 '닫힌' 사회를 '열기' 위해 고생하는 재일조선인의 이미지가 한국의 내국인들에게 제일 먼저 떠오를지 모른다.

재일조선인 역시 자기 공동체의 순수성과 배타성을 주장하며, 재일조선인 공동체에 폐쇄적으로 집착하는 모습을 보이기도 한다. 어쩌면 '문화공동체의 게토'[1]를 자의반 타의반 만들어왔을지도 모른다. 하지만 재일조선인 사회는 생각하는 것 이상으로 훨씬 다양한 일상을 형성하고 있다. 특히 조선학교(특히 고급학교) 졸업하기 이전과 이후가 크게

1) 마르코 마르티니엘로(Marco Martiniello), 『현대사회와 다문화주의(*SORTIR DES GHETTOS CULTURELS*)』, 한울, 2002, 40쪽.

차이가 난다.

이번에 살펴볼 영화 가운데, 조선학교를 졸업하기 이전까지를 다룬 영화 「우리학교」[2]가 주로 재일조선인의 '동일성'에 무게 중심이 맞춰져 있다면, 조선학교를 졸업한 이후의 삶을 다룬 영화 「달은 어디에 떠 있는가」의 세 명의 동창생의 삶이 어떻게 다를 수 있는지에 초점이 맞춰져 있다. 국경 안의 한국 사람들을 비롯한 많은 사람들이 재일조선인의 '동일성'에만 주목하고 있을 때, 영화 「달은 어디에 떠 있는가」[3]는 그 '동일성' 속의 '비동일성'을 집요하게 추적해 들어간 작품이라 할 수 있다.

프랑스로 이주해 온 부모에게서 태어난 젊은이 가운데 '뵈르주아지(beurgeoisie)'로 불리는 그룹이 있다. 이들은 모로코, 튀니지, 알제리를 포함한 북아프리카 마그렙(Maghreb) 지역에서 프랑스로 이주해온 이들의 후손(beur) 가운데 프랑스 부르주아지(bourgeoisie) 계층에 편입된 이들[4]을 일컫는다. 그렇다면 재일 조선인 2・3세 사회는 어떠한가. 이들 가운데엔 '뵈르주아지'와 같은 '조선주아지'로 불림직한 그룹들도 물론 상당수 형성되어있다. 재일조선인 2・3세를 하나의 '문화 정체성'이 아

2) 김명준 감독의 2007년도 영화.

3) 영화 「月はどっちに出ている(달은 어디에 떠있는가)」, 崔洋一 감독, 1993년 東京 제작. 사이요이치(崔洋一) 감독은 일본에서 각종 상을 휩쓸고 난생 처음 한국을 방문한 뒤 일본에 돌아가 발간한 그의 대담집에서 "한국 기자들은 '고난의 역사를 헤쳐온, 일본사회의 차별에 허덕이며 고통에 고통을 거듭한 끝에 영화감독이 된, 일본에서 역경과 싸우면서 영화를 찍어온, 재일동포를 다룬 영화로 일등상을 받은 최양일'을 추구하는 것 같다고 했다. 처음 「달은 어디에……」라는 영화를 봤을 때 너무 재미없다고 느꼈는데, 어쩌면 영화 속에서 재일조선인이 환기시켜주는 '차별'과 '고통'의 코드만을 찾아내려 했기 때문일지 모른다.

4) '이들 '뵈르주아지'는 도시 외곽지역의 마그렙 출신 젊은이들에 대한 고정된 이미지로부터 스스로 차별화되기를 희망하고 있다고 한다(앞의 책, 48쪽).

닌 동일한 '사회경제 정체성'을 지닌 공동체로 평가하긴 아무래도 어려울 것 같다.

일본의 질풍노도 시기라 할 수 있는 1968년 전후를 그린 영화 「박치기 1・2」[5]에서 강조되는 것은, 재일조선인 사회에 대한 일본인들의 억압과 재일조선인들의 저항이란 과제다. 억압에 대한 저항이라는 재일조선인 사회의 '동일성'이 강조된다. 물론 일본사회와 재일조선인 사회의 경계를 넘어서려는 시도들이 부각되기도 한다. 하지만 이러한 시도 자체가 재일조선인의 '동일성'을 무력화시키는 것은 아니다.

반면 양석일 원작소설의 영화 「달은 어디에 떠 있는가」는 조선학교를 나온 재일조선인 2세 택시노동자가 황량한 도쿄 한 복판을 달리며 만나는 사람들은, 재일조선인 사회를 이지메하는 일본인들의 모습만이 아니다. 거대한 골프장 경영을 꿈꾸는 '뵈르주아지'라 할 수 있을 택시회사 사장(조선학교 동창생)과도 만나며, 재일조선인을 괴롭히는 또 다른 재일조선인(일본인 야쿠자 사채업자와 손을 잡은 조선학교 졸업 동창생)과 대립하기도 한다. 재일필리핀인을 괴롭히는 재일조선인 1세(주인공의 어머니)와도 부딪힌다. 대립해야할 일본인 사회(재일조선인 사회의 동일성) 대신 내부의 갈등과 새로운 소통 대상들(비동일성)이 영화 속을 누비고 있다.

2) '디아스포라'인가 '이주'인가

---

5) 이즈츠 카즈유키(井筒和幸) 감독에 의해 2005년(「박치기」)과 2007년(「박치기-사랑과 평화」)에 각각 제작 공개된 영화. 「박치기1」(2005년)은, 1968년 크게 히트를 쳤던 '더 포크 크루세더스'(일명 포클)의 노래 「임진강(イムジン河)」을 소재로 한 영화. 재일조선인총연합(이하 총련)의 요구로 발매중지되었던 포클의 「임진강」 싱글음반이 2002년 재발매되었는데, 영화 「박치기1」은 이를 배경으로 제작되었다.

재일조선인 사회를 바라볼 때, 중층적이고 다양한 코드로서가 아니라, '일본인 사회와 대립하는 재일조선인'이라는 동일한 코드로 접근하려고 하는 태도와 개념적 쌍생어로 할 수 있는 것은 '디아스포라'라는 용어이다.

먼저 재일조선인이 생각하는 '디아스포라'라는 개념에 대해 살펴보자. 스스로를 망명인이라고 자기규정하고 있는 서경식은 '디아스포라'란 "팔레스타인 땅을 떠나 세계 각지에 거주하는 이산 유대인과 그 공동체"를 가리킨다기보다는, "근대의 노예무역, 식민지배, 지역분쟁 및 세계전쟁, 시장경제 글로벌리즘 등 몇 가지 외적인 이유에 의해, 대부분 폭력적으로 자기가 속해 있던 공동체로부터 이산을 강요당한 사람들 및 그들의 후손"[6]이라고 정의한 바 있다.

그런 의미에서 '디아스포라'란 본국(조국)을 '중심'으로 여타 이산국가들—'주변'과의 종적 방사선들이[7] 중시되는 용어라 할 수 있다. 그런데 재일조선인 내부가 분화되고, 호스트 사회인 일본 내부에 재일조선인 이외의 재일외국인 숫자가 재일조선인 숫자보다 많아진[8] 지금, 그리하여 그들과의 새로운 관계정립이 필요한 상태에서, 재일조선인을 단지 '디아스포라'라는 말로 담아두기란 그리 만만치 않다.

물론 본국을 중심으로 한 재일조선인, 중국 조선족, 러시아 고려인 등을 아우를 개념(주체설정)이 필요한 것도 사실이다. 하지만 '재일코

6) 徐京植, 『ディアスポラ紀行』, 岩波親書, 2005(『디아스포라 기행』, 돌베개, 2006), 2쪽.

7) 서경식은 스스로를 '바깥(외부)'으로 줄곧 규정한다. "국민이나 민족이라는 개념의 바깥에서 살아온 나에게"라든가 "나는 여전히 외부에 머물러 있었으며, 진정한 의미에서 내부 사람들과 만나지는 못했"다든가(위의 책, 8~10쪽)하는 대목들이 그러하다.

8) 2007년도에 이르러 재일중국인(60만6889명)이 재일한국・조선인(59만3489명)을 처음으로 넘어섰다. 이는 올드커머 시대에서 본격적인 뉴커머 시대로의 전환을 의미한다(1997년=재일중국인 25만2164명, 재일코리안 64만5373명).

리안'과 '재일중국인' 혹은 '재일필리핀인'까지를 포괄할 개념, '본국'의 외곽이 아닌 그들 스스로가 함께 중심에 서서 횡적 관계를 맺어갈 주체에 상응할 개념 역시 새롭게 요구되기 시작한 것이다.

최근 '코리안 디아스포라'란 개념어와 함께 새롭게 등장한 '韓商회의' 혹은 '한상 네트워크'란 용어를 들으면 그런 생각이 더욱 간절하다. '한상회의'가 중국의 '華商회의'와 전 세계 유대인들의 '유대인 네트워크'를 벤치마킹한 것임은 분명하다. 그런데 문제는, 그 시작은 전 세계에 흩어진 '디아스포라'들과의 끈끈한 유대관계 정도로 미약할지 모르나, 그 끝이 '차이나 디아스포라'들의 '중화주의'나 '유대인 디아스포라'들의 '시오니즘'처럼 창대할지 모른다는 데 있다.

영화「달은 어디에 떠 있는가」에서 볼 수 있는 결코 왜소하지 않은 디아스포라들, 이를테면 '재일필리핀인' 혹은 '재일이란인' 혹은 가벼운 장애를 지닌 '일본인 노동자'를 고용한 '재일조선인'들의 등장은, 일본 속의 '코리안 디아스포라'가 일방적으로 고통받거나 차별받는 존재가 아닐 수 있음을 환기시킨다.

본국과의 구심력이 강조된 '디아스포라'가 아닌, 보다 커진 원심력과 '식민지 이후'의 '뉴커머'까지를 포괄할 새로운 개념에 가장 어울리는 용어는 아마도 '이주(혹은 정주)'란 개념일 것이다.

하지만 '디아스포라'가 아닌 '이주'란 개념을 사용할 경우, '이주'란 용어의 '자발성' 혹은 '거세된 강제성'을 문제 삼을 수 있다. 재일조선인이었으나 이젠 재미코리안이 된 소냐 량(梁順) 역시 비슷한 견해를 밝힌 바 있다. '이민・이주(migrant)'가 '자발적인 이동과 인구의 흐름'을 의미하는 것이라면, '디아스포라'란 '본인의 의사에 반해 머물러 있는 상태'[9]라는 것이 그녀의 해석[10]이다.

---

9) ソニャ・リャン, 『コリアン・ディアスポラ』, 明石出版, 2005, 53쪽.

10) 서경식이 '팔레스타인 민족평의회(PNC)'처럼 세계에 이산된 '조선인'들의 대표

하지만 사스키아 사센처럼 '이주(이민)'을 "단순한 우연의 산물이 아니라, 만들어진 것"으로, "보다 광의의 사회적, 경제적, 정치적 제 과정에 편입된 것"11)으로 규정할 경우 이야기는 좀 달라질 수 있다. 사센은 "이주(이민)의 경험은 개인적인 결정의 결과이지만, 이주라는 선택지 자체는 사회적 산물"이라면서, "주요한 이민 수입국이 역사의 수동적 방관자가 아니었다"는 사실, 곧 "이민 송출국과 수입국을 연결하는 과정에서, 식민지주의와 포스트 식민지주의 시대의 제국의 형태가 얼마나 중요한지"를 확인할 필요가 있다고 했다.12)

이를테면 미국과 한국과 필리핀 출신의 노동자가 각각 100에 해당하는 동일한 땀방울을 흘려, 미국의 노동자가 100을, 한국과 필리핀의 노동자가 각각 70과 50에 해당하는 보수만을 받게 되었다면, 이때 '이주(이민)'이란 '주요 경제대국의 글로벌화와 노동시장의 분단'13)에 대한 저항, 곧 태생적 불평등에 대한 정치적 경제적 거부를 의미하는 것이라 할 수 있다.

이 글에서는 재일조선인 사회를 다룬 많은 영화들이, 왜 한국(한국인)-'중심'과 일본(재일조선인)-'분산된 외곽'이란 일방적 이분법적 '디아스포라' 모델에 근거하고 있는지, 아울러 일본 속에 존재하는 재일조선인 이외의 또 다른 '자이니치(在日)'의 존재들과의 소통을 꾀하려는 '이주'모델의 영화는 어떠한지를 살펴보고자 한다.

가 당당하게 만나는 '최고의결기관'을 제안하며 디아스포라와 본국(조국)과의 결합 혹은 소통을 강조한 반면, 소냐 량은 Mudimbe & Engle의 말을 빌려 디아스포라란 '호스트 사회에 동화될 수도 없고, 녹아들 수도 없으며, 그것을 바라지도 않'는 '고의적인 무자격' 곧 '추방상태'를 의미한다며 본국과의 현실적인 소통단절을 강조한 바 있다(앞의 책, 18쪽 · 140쪽).

11) サスキア · サッセン(S. Sassen), 『グローバル空間の政治経済(*Globalization and Its Discontents*)』, 岩波書店, 2004, 111쪽.

12) 위의 책, 52쪽.

13) Sassen, 위의 책, 139쪽.

물론 60년대를 시대배경으로 삼은 영화들(「박치기 1・2」)에서 일본 속의 다중심 이주사회를 그려내기란 사실상 불가능할지 모른다. 하지만 2000년대에 생산된 이들 영화가 한국 사회에서 널리 소비될 수 있었던 가장 큰 이유는 아무래도 한국을 중심으로 한 '디아스포라'의 고통과 일본사회와의 이분법적 대결구도일 것이다. 영화 「우리학교」 또한 '조선학교'가 표상하고 있는 '우리-조선'이란 용어 속에 함축된 '디아스포라'의 자장에서 결코 자유로울 수 없을 것이다. 하지만 중요한 것은 재일조선인들 가운데 일부가 방사선형 동심원의 同心을 의심하기 시작했으며, 스스로가 또 다른 원의 중심일 수 있음을 느끼기 시작했다는 점일 것이다. 영화 「달은 어디에 떠 있는가」는 동심원 속의 중심과 외곽의 소통-'디아스포라'에서 벗어나, 또 다른 다양한 원들과 그 중심들과의 만남과 소통-'이주'를 그린 영화이다. 이러한 점들에 유의하면서 이 글은 '재일조선인' 사회가 한국인과 일본인 그리고 재일코리안 감독에 의해 각각 어떻게 그려졌는지를 살펴보고자 한다.

2. 조선학교는 '우리' 학교인가?

오사카에 있는 조선동중학교를 방문했을 때다. 당시 교장선생님이셨던 분이 영화 「우리학교」를 찍은 김명준 감독의 부인 고 조은령 감독 이야기를 하며 눈물을 흘렸던 기억이 새롭다. 3년간 '혹까이도' 조선학교[14]를 찍은 김 감독도 그렇지만, 부부가 함께 조선학교를 위해 모든 것을 걸었다는 걸 「우리학교」를 본 사람들이라면 모두 느꼈을 것이다.

재일조선인을 향해 '북'이 아닌 '남'쪽 사람들이 제대로 된 관심을 가져본 적이 거의 없었기에, 조선학교를 향한 김 감독 부부의 애정이 남

14) '홋카이도'의 북쪽 표기법.

다르게 느껴졌는지 모른다. 물론 그렇다고 해서 영화 「우리학교」를 만든 김 감독의 나라 한국이 조선학교 관계자들로부터 관심과 대접을 받아왔다는 것은 아니다. 「우리학교」에서 한국은 '우리'가 아니라 '남'-타자였다.

이를테면, 영화에는 체육대회를 준비하는 학생들에게 손에 들고 있는 '북쪽의 국기'를 가리키며 '그건 어느 나라 깃발이냐'고 묻는 대목이 나온다. 학생들은 아무 거리낌 없이 '우리나라 깃발'이라고 대답한다. 아이들이 말하는 '우리'란 조선민주주의인민공화국(이하 공화국)만을 의미할 뿐 그 '우리' 속에 한국은 배제되어 있다.

수학여행을 갈 때만 해도 그렇다. 학생들은 평양으로 수학여행을 다녀온 뒤 우리말로 우리 노래를 눈치 안 보고 맘껏 불러본 건 처음이라며 흐뭇한 표정을 짓는다. 옥류관 냉면을 잊지 못하겠다고도 한다. 왜 북으로만 수학여행을 가느냐는 감독의 질문에 한 학생은 "한국대사관 사람들이 국적 바꾸라고 하니까 머리 숙이고 싶지 않아서"라고 대답한다. 그런데 조선학교 학생들 중엔 한국국적 학생들이 40퍼센트 정도를 차지한다. 그 아이들은 왜 북으로만 수학여행을 가야 하는 걸까.

영화 속의 한 학부모가 말했듯이, 사실 많은 학부모들은 남쪽과도 교류를 하고 싶어 한다. 하지만 조선학교는 간단한 방문 이외의 남한과의 교류에 대해서는 철저히 폐쇄적이다. 그 결과는 학생 수의 감소로 나타난다. 기숙사 학생이 2백 명에서 30여 명으로 줄어들었다며 걱정하는 대목이 나오는데, 그건 단순히 일본의 출산율 저하(小子化) 때문만은 아니다.

하지만 그럼에도 불구하고 김 감독의 조선학교 사랑은 화면 곳곳에 넘쳐났다. 그런 지극한 사랑에 대한 화답일까. 학생들은 니가타에 정박한 만경봉호 위에서 반대편 부두에 선 김 감독을 향해 목청껏 감독의 이름을 외쳐 부르기도 한다. 김 감독의 노력은 어쩌면 '배제'되지 않으려는, '우리학교'의 '우리' 안에 함께 하려는 어떤 몸부림 같기도 했다.

「우리학교」를 본 사람들은 마지막 졸업식 장면에서 제일 많이 울었다고 들었다. 암투병 중에도 헌신적으로 학생들을 가르치셨던 선생님의 모습과, 머리를 깎고 축구시합에 임하지만 결국 일본 학생들한테 지고 나서 눈물 흘리던 학생들 모습이 졸업식 장면과 겹쳐졌기 때문일 것 같다. 하지만 나는 사실 걱정이 앞섰다. 그곳을 나선 아이들이 서야 할 곳은 조선이 아니라 일본이기 때문이다. 조선학교에서 '고농도로 순수배양'된 학생들이 일본사회에 적응해나가기란 그리 만만치가 않다. '우리'라는 범주 역시 졸업하기 전까지만 유효할 뿐, 졸업하고 나면 '우리'라는 단어의 아우라도 점차 그 빛을 잃어갈 수밖에 없다.

「달은 어디에……」는 조선학교를 졸업한 동창생 3명을 중심으로 이야기를 끌어가고 있는데, 그런 의미에서 이 영화는 「우리학교」의 속편이라고 할 수 있을지 모른다. 하지만 조선학교를 바라보는 시각은 전혀 다르다. 이를테면 조선학교 출신의 택시회사 사장은 일본 야쿠자와 연결된 사채업자인 같은 조고 동창생에게 "민족금융이라고 해봐야 속이 텅 비었어. 엉망진창이야. (조선)학교 팔아서 현금 만드는 식이지 뭐" 같은 대사를 서슴없이 날린다. 「우리학교」가 표면에 드러난 조선학교를 다뤘다면, 「달은 어디에……」는 쉽게 드러나지 않는 조선학교의 뒷얘기를 표면화시켰다고 할 수 있다.

세 명의 동창생은 때로 의견을 같이하기도 하지만, 늘 이해관계가 일치하는 것은 아니다. 새로운 사업을 꾀하는 택시회사 사장 세일은 민족금융이 엉망이라며 일본 야쿠자와 결합된 돈(광수)을 끌어다 쓰고, 그것이 빌미가 되어 택시회사가 야쿠자의 손에 넘어가자 세일과 광수는 대립하게 된다. 같은 택시회사에서 일하는 조고 동창생 택시노동자 충남은 조고 동창생 광수가 의도적으로 부도를 냈다는 사실을 알고선

사장인 세일의 편에 서서 광수의 얼굴을 이마로 받아버리기도 한다. 하지만 사장과 노동자 사이가 그렇듯이 충남과 세일의 사이가 늘 화기애애할 수만도 없다. 광수와 충남 역시 마찬가지다. 사채(금융)업자 광수는 '민족에의 공헌' 운운하면서 충남에게 자기 밑에 와서 일하라고 유혹하지만 충남은 이를 귓등으로도 듣지 않는다.

조선학교를 '우리학교'라고 부를 때, '우리'라는 수식어는 그것이 '학교'라는 온실 속에 존재할 때에만 비로소 온전한 의미를 갖는다. '학교 이후'를 그린 영화 「달은 어디에……」를 통해 「우리학교」가 온전히 그려내지 못한 조선학교의 현재적 의미를 이해할 수 있다. 물론 「우리학교」가 지닌 덕목－재일조선인에 무관심했던 남쪽 사람들의 '자성'을 촉구하고 재일조선인들과의 '소통'의 의미를 되새기는－은 무척 소중한 것임에 틀림없다. 하지만 분명한 것은 재일조선인들이 이미 조선학교 '이후'의 자신들을 '성찰'하기 시작했고, 재일조선인이 아닌 또 다른 마이너리티들과 '소통'하기 시작했다는 점이다.

3. 왜 영화 「박치기」에 열광하는가? －희화화의 리얼리티와 '68'의 재현

영화 「박치기」는 2005년 일본 아카데미상을 비롯하여 일본 내 수십 개의 영화 관련 상을 휩쓸었다. 마치 광풍처럼 일본 영화계를 휩쓸었다고 해도 과언이 아니다. 대체 그 무엇이 일본 사람들을 「박치기」에 열광하도록 만든 것일까. 꼼꼼히 영화를 다시 보면서, 어쩌면 리얼리티 충만한 '68'의 재현 때문이 아닐까 하는 생각이 들었다.

이를테면 주인공 고스케(康介)가 다니는 일본학교의 선생은 한손에 『모택동어록』을 들고 '전쟁을 억제하기 위한 전쟁'을 설교한다. 영화관에서는 미군기가 베트남에 폭격을 가하는 장면이 흐르고, 라이브홀에 선 비틀즈를 닮은 일본의 포크그룹이 노래를 부르며, 열광하는 팬들은 그 자리에서 기절하기도 한다.

도시샤(同志社)대학을 나온 자유주의자로 분한 오다기리 죠는 대기업 취직을 마다한 채 술집을 경영하며, 때때로 '프리'섹스를 찾아 유럽으로 향하거나 혹은 마틴 루터 킹 목사를 좇아 미국으로 떠돈다. '68'이란 단어가 세계를 지배하던 당시의 풍경들, 곧 중국의 문화대혁명과 베트남전쟁, 그리고 영국의 비틀즈와 미국의 히피문화 등을 「박치기」는 요소요소에 아주 치밀하게 배치해둔 것이다.

뿐만 아니다. 「박치기」는 다시는 태평양전쟁 같은 전쟁에 휩쓸리지 않겠다는 수많은 일본 대중들의 의지가 분출되었던 '60년 안보(미일안보조약 개정반대)투쟁'과 '65년 한일조약 반대투쟁'에 이어 뉴레프트(신좌익)에 의한 '70년 안보투쟁'에 이르기까지, 68년과 69년의 역동적인 사회 분위기를 놓치지 않는다. '전학 통일 스토(파업 혹은 동맹휴업)! 교토대학 전공투 총궐기!' 등의 대자보 아래쪽에는 '반안보투쟁을 혁명적으로 싸워나가자!' '교토대학 해체!' 같은 슬로건도 눈에 띈다. 당시 '전공투'가 대학 내 제도투쟁과 정치투쟁을 병행했음을 엿볼 수 있다. 물론 영화 「박치기」가 '68'에 대한 충실한 고증만으로 환영을 받은 건 아니다. 영화는 보다 치밀한 장치를 준비해두었는데, 이를테면 다음과 같은 대목들이다.

장면 1 : 혁명가 고교 선생의 경우

영화 속의 남자주인공 고스케에게 조선학교에 가서 친선축구를 요청해보라고 권하는 일본 고등학교 선생은 "에너지를 우호적인 곳에 쓰라"며 『모택동어록』을 꺼내드는 이른바 '혁명적 교사'이다. 하지만 이 선생을 대하는 감독의 태도는 불량하기 짝이 없다. 교실에서 '혁명' 이란 단어를 칠판에 적을 땐 분필이 부러져 학생들의 웃음을 사고, 조선학교와의 축구시합에선 심판을 보다가 남성의 급소를 강타당하기도 한다.

'여체의 신비'라는 간판이 내걸린 영화관 앞에서 고스케 일행과 마주친 선생은 소련 발레단이 캐나다에 갔다가 쫓겨나 다시 일본으로 오게 되었다며, 그들의 일본행은 '혁명적 데카세키(이주노동)'라고 치켜세운다. 이때의 '혁명'은 일본 내 소수자들과의 연대(일종의 문화혁명)라는 무척 큰 테마이다. 하지만 그런 무거움도 '희화화'의 필터를 거침으로써, 관객들이 편안한 마음으로 '혁명'을 감상할 수 있도록 해준다.

장면 2 : 자유주의자 오다기리 죠

도쿄의 유명 사립대학을 나와 술집을 경영하는 사람, '더 포크 크루세더즈'의 「임진강」과 「슬퍼서 더 이상 참을 수 없어」[15]라는 곡을 좋아하는 자유주의자로 분한 오다기리 죠는 "일본엔 자유가 없다"며 자유롭게 사는 것이 자신의 꿈이라고 한다. 고스케에게 재일조선인의 고통과 차별에 관한 이야기도 들려준다. 고등학생인 고스케는 그가 말하는 '자유'와 학교 선생이 말하는 '혁명'에 이끌려, '음악밴드로 세상을 바꾸겠다'고 선언하며, 재일조선인 경자와의 '민족'이라는 경계를 넘어서려 한다.

하지만 오랜만에 우연히 만난 오다기리 죠는 '자유'에서 '프리섹스'로 테마를 옮긴 뒤였다. 거짓 프리섹스의 나라 유럽이 아니라 마틴 루터 킹 목사가 있는 미국으로 가야겠다며 보트 위에서 "아이 해브 어 드림"을 목청껏 외친다. 그때 그의 패션은 파마머리에 선글라스와 나팔바지, 그리고 요란한 무늬의 티셔츠이다. '자유'라는 단어는 그의 패

15) 이 곡은 '더 포크 크루세더즈'가 부른 노래 「임진강」의 음반 판매가 중지되자, 울분을 참지 못해 노래 '임진강'을 거꾸로 돌려 작곡한 곡으로 알려져 있다.

션을 통해, 혹은 '프리섹스'라는 단어를 통해 그 무거움을 벗어 던진다.

기타 선생인 자유주의자 오다기리 죠와 혁명가 고교 선생은 엔드롤에서 다시 한 번 등장한다. '68' 이후의 모습을 그린 엔드롤에서 '자유주의자'는 야한 벽화를 그리는 화가가 되어 있고, '혁명가 고교선생'은 '蘭交 레즈비언' 영화를 선전하는 샌드위치맨이다. 소련 발레단원의 기둥서방처럼 그려진다.

장면 3 : 전공투 中核파와 방송국 음악 피디

교토대학의 '전공투'도 예외는 아니다. 조선학교 학생들이 각목 대신 철근과 화염병을 갖다주지만, 그들은 모두 마다하고 단지 '헬멧'만을 접수한다. 영화는 구호만 요란하지 사실상 전투의지가 없는 전공투에 대한 비판(희화화)을 담고 있다. 뿐만 아니다. 조고 학생들이 시위현장에 나타나자 헬멧에 '中核'[16]이라고 쓴 한 대학생이 대뜸 "어디 '섹트'냐"고 묻는 대목이 있는데, 조고 학생들은 이에 '교토 아리랑 통일전선 섹트'라고 대답한다. 일본 신좌익 가운데 '재일조선인'문제에 비교적 열심이었던 교토대 중핵파도 '아리랑'이란 단어는 처음 들어봤다는 듯 고개를 갸우뚱거린다. 일본 운동세력들의 일상화된 '섹트주의'에 대한 희화화라고 할 수 있다.

고스케의 「임진강(イムジン河)」 연주에 반해 방송국에서 다시 한 번 연주를 해달라고 부탁했던 라디오 방송국 음악 피디 역시 마찬가지다. 방송 당일 방송국 고위 관계자가 "발매금지에 방송금지인 데다가 총

16) 68을 전후하여 일본의 신좌익 가운데 '中核파'는 'ML파'와 함께 가장 큰 섹트를 형성하였다. '베헤렌(베트남에 평화를! 시민연합)'을 비롯한 이른바 '넌섹트(무당)파'를 제외하고, '아시아와의 연대' 혹은 구식민지 출신자(재일 조선・중국・대만인) 문제에 가장 관심이 많았던 섹트가 '중핵파'였다(小熊榮二, 『1968(下)-叛亂の終焉とその遺産』, 新曜社, 2009).

련, 한국 공안, 경시청, 그리고 내각조사실이 관련된 요주의 가요를 틀어선 안 된다"며 윽박지르는데, 음악피디는 줄곧 항의하다 더 이상 이야기가 통하지 않는다 싶었는지 그를 스튜디오 밖으로 데리고 나가 주먹다짐을 놓아 쫓아버린다. 스튜디오로 되돌아온 그는 코피를 흘리고 있었다. 관객들은 대부분 그 대목에서 웃음을 터뜨리고 만다. 영화는 심각한 포즈 대신 희화화의 코드를 선택한 것이다.

하지만 영화 「박치기」와 속편 「박치기 2-사랑과 평화」에서 가장 심각하면서도 가장 희화화된 인물은, 아마도 「박치기」의 주인공 안성과 「박치기 2」의 주인공 경자가 아닐까 싶다. 안성은 차별받는 재일조선인을 대표해 저항하는 인물로 나오지만, 공중전화기를 훔쳐 돈을 마련한다든지 일본인 고교 불량배의 입에 구슬을 물린 뒤 얼굴을 두들겨 패는 등 잔인하고 부도덕한 인물로 그려진다. 경자 또한 태평양전쟁을 수행한 일본의 정신을 비판하고 재일조선인으로서의 자긍심을 강조하지만, 영화에 출연하기 위해 못마땅해하던 일본인 영화 제작자에게 몸을 허락하는가 하면 연예계 데뷔 후에는 줄곧 통명[17]으로 활동하는 인물로 그려진다.

이항대립적 서사, 즉 재일조선인은 '선'이고 일본인은 '악'이라는 식의 일방적이고 이분법적인 서사방식에서 벗어나 '저항'하는 '순수'한 재일조선인상과 나란히 건들거리거나 폭력적인, 혹은 몸과 정신을 파는 희화화된 재일조선인상이 등장한다. 그렇다면 이렇게 심각할 수 있는 '큰 이야기'들을 '희화화'의 방식을 통해 재현하려고 했던 이유는 무엇일까. 영화가 일방적 계몽에서 벗어나 관객들을 도덕적으로 몰아세우지 않는 효과를 위한 것 아니었을까. 일반적인 계몽서사가 지니는 권

17) 재일조선인은 일본사회에서 차별을 받지 않기 위해, 한국식 이름인 '혼묘(本名)' 이외에 일본식 이름인 '츠메이(通名)'를 갖는 경우가 많다.

위적이고 위압적인 서술방식에서 벗어나, 관객들이 보다 편하게 그리고 거부감을 최소화시킨 형태로 계몽을 받아들이도록 하기 위한 것일 수 있다.

하지만 고교 선생이 이야기하는 '혁명', 오다기리 죠가 말하는 '자유', 그리고 전공투의 '반안보' 주장과 안성과 경자의 재일조선인 '차별에의 저항' 등은 영화 속에 수미일관되게 관철된다. '큰 이야기'들을 보다 호소력 있게, 보다 효과적으로 전개하기 위해 이들 인물에 대한 '희화화'를 시도한 것이라 할 수 있다. 이런 방식으로 「박치기」는 관객들의 마음을 사로잡는 데 성공했고, 영화 「달은 어디에……」 이후 재일조선인을 다룬 영화 가운데 최대의 성공을 거둔 영화로 기록되었다.

4. '68'의 임진강을 넘은 달은 어디에 떠 있는가?

1) 영화 「박치기 1 · 2」와 '68세대'의 임진강

먼저 「박치기」를 보자. 영화는 '남과 북'을 넘나드는 '임진강'을 통해 재일조선인과 일본인 사이의 강을 넘으려 하지만, 「박치기」에 설정된 이항대립적 매개항들을 서술하는 방식은 보는 이들을 무척 불편하게 만든다. 이를테면 자유주의자 '오다기리 죠'는 자신이 경영하는 술집에서 "일본이 침략해서 한반도가 분단되었다"고 말하는가 하면 창씨개명, 강제연행, 조선전쟁과 같은 언설들을 아무런 여과 장치 없이 '직접적'으로 관객들에게 쏟아붓는다.

뿐만 아니다. 조선학교 학생의 장례식장에서 재일조선인 마을의 최고 연장자 역시 일본인인 고스케에게 "이코마 터널을 누가 만들었는지 아느냐" "트럭에 실려 할머니는 울고 부산에서 끌려왔을 때……" 등과 같이 강제연행, 일본인의 차별, 혹은 재일조선인의 고단함과 관련된 거시적 언설들을 아무런 상황설정 없이 역시 '직접적'으로 퍼붓는다. 작가(감독 혹은 피디)의 목소리 혹은 주장이 영화 곳곳에서 아주 거칠게 직접적으로 개입해 들어옴으로써, '희화화'라는 장치에도 불구하고 영화를 '신파'의 영역에서 벗어나지 못하게 한다.

포클의 노래 「임진강」이 반복되는 마지막 장면 또한 마찬가지다. 경자가 라디오에서 고스케가 부르는 노래 「임진강」을 듣고, 일본인과 재일조선인 사이의 '임진강'을 건너 방송국으로 달려가는 장면은 물론 감동적이라 할 수 있다. 하지만 모모코의 출산소식을 듣고 안성이 병원으로 달려가는 행위는, 아무리 확대해석을 한다 해도 단순한 화해의 제스처 이상이 느껴지지 않는다. 둘 사이에 놓인 '임진강'을 건너기 위한 깊은 고뇌와 진정성 대신 식상한 포즈만이 느껴졌다. 재일조선인과 일본인 사이에 아이가 태어난다고 해서 두 민족 사이의 갈등과 대립이 해소되는 것도 아닐뿐더러, 이들 둘의 결합이 곧 두 민족 사이의 대립을 마감하는 행위인 것도 아니다.

이제 「박치기 2-사랑과 평화」의 경우를 살펴보자. 「박치기 2」의 마지막 장면, 장렬하게 죽어가는 '전쟁'(일본의 특공대식 전쟁)과 도피를 통한 '전쟁 거부'(징용에서의 필사적 탈출)를 교차 대비시키는 이 마지막 장면은 영화 「박치기 2」의 클라이맥스라고 할 수 있다. 그러나, 결론부터 이야기하자면 이 둘의 대비는 너무 평면적이어서, 결국 영화는 전쟁에 참여하거나 전쟁에서 도피하려는 이들의 중층적이고 복잡다단한 내면을 그리는 데까지 발전하지 못했다. 일본에서 징용문제와 위안부문제를 정면으로 다루었다는 자긍심을 안겨줄 지는 모르지만, 너무도 선명한 선악대비는 영화가 관객들을 설득하고 설교하려든다는 인상을 주기에 충분했다.

물론 "전쟁에 가지 않기 위해 남쪽 섬으로 간 아버지를 잊지 않겠다"는 영화 시사회장에서의 경자의 언설은 '징용거부'가 지니는 긍정적 측면 곧 '평화선언'의 표명으로 읽힐 수도 있다. 제작진의 개인사를 토대로 시나리오가 만들어졌다는 점 또한 영화의 리얼리티를 높이는 데 한 몫 한다. 하지만 일방적인 언설은 작가의 주의주장, 곧 작가의 목소리가 아무런 여과장치 없이 영화에 직접적으로 개입되었다는 느낌을 주기도 한다.

징용을 거부하다 태평양 남쪽 섬을 전전했다는 대목도 그렇거니와, 근육이 점점 굳어가는 병에 걸린 제작진의 가족사[18]를 토대로 한 안성의 아들 이야기도 그러하지만, '실제했다'는 것이 곧 '있을법한' 개연성 혹은 리얼리티와 동의어가 아니라는 사실을 영화는 간과하고 있다.

특히 근육이 굳어가는 병에 걸린 안성의 아들 때문에 교토에서 도쿄로 이사를 간다든가, 수술비를 마련하기 위해 아버지 안성이 밀수를 한다든가, 병에 걸린 조카를 위해 경자가 온갖 험한 꼴을 다 겪는다는 스토리 등은 재일조선인 특유의 가족애를 설명하고 있다는 점에 있어서는 공감이 갈 수 있다. 하지만 그 보편적·감상적 가족애가 일본사회 내에서 어떻게 왜곡되어 가는지, 그것이 얼마나 정당한지 등에 관한 타당한 해명이 이루어져 함에도, 영화는 그저 온정적 시선으로 일관할 뿐이다.

경자에게 사랑을 고백하는 일본인 친구 사토의 경우도 마찬가지다. '차별받는 재일조선인'과 고아이자 철도회사에서 해고된 '실업자 일본인'이라는 점에서, 둘은 일본사회 내의 '마이너리티'라는 동질성을 부여받는다. 하지만 둘 사이에 놓인 장애물로서의 '임진강'은 너무 애매해서, 그 강을 건너려는 그들의 행위 역시 설득력을 확보하지 못한다. 배

---

18) 영화 「박치기 1」의 제작사인 '씨네카논'의 리봉우 대표의 아버지는 실제로 징용을 거부하다 태평양 남쪽 섬들을 전전했다고 한다. 영화 「박치기 2」에 나오는 근육이 굳어가는 병 역시 리봉우 대표의 형제 가운데 한 사람이 걸린 병을 모델로 그려졌다.

경음악 역시, 포클의 노래 「임진강」보다 한국민요 「아리랑」이 훨씬 더 빈번하게 영화 속에 등장하는데, 이는 '소통'보다 '주장'이 더 강조된 필연적 결과일지 모른다.

2) '68' 이후, '달'은 어디에 떠 있는가?

영화 「박치기 1 · 2」의 주인공들이 한편으론 희화화되면서도 결국 이항대립적 구도에서 벗어나지 못한 반면, 「달은 어디에……」는 그러한 이분법의 체계에서 벗어나 재일조선인과 일본인 사이의 중층적이고 다양한 면면들을 보여준다. 「박치기」의 무대가 '68' 전후인 데 비해 「달은 어디에……」가 '68' 다음 세대인 90년대를 그 배경으로 하고 있기 때문일지 모른다.

「달은 어디에……」가 처한 90년대라는 시간은, 재일조선인 내부를 단일한 '우리'로 묶을 수도, 그 대립항에 선 일본인을 '타자'로 동일시할 수도 없는 시대를 뜻한다. 영화 속의 조선학교 동창생 3명의 지위가 서로 달랐듯 재일조선인은 이미 단일집단이 아니었거니와, 재일조선인을 '재일(자이니치)'로 줄여 부를 수 있는 시대도 지났다. 일본의 고도 경제성장이 끝나던 70년대 말부터 이른바 '뉴커머'라 불리는 이주민들이 동아시아 각국과 남미 등지로부터 몰려왔기 때문이다. '재일필리핀인', '재일중국인' 등의 꾸준한 증가는 '재일'이란 단어를 더 이상 조선인과 한국인을 통칭한 '재일코리안'이 독점할 수 없게 하였다.

「박치기」에서 고스케와 경자, 경자와 사토는 각각 둘 사이에 놓인 일본인과 재일조선인이라는 하나의 '임진강'을 건너기만 하면 되었지만, 「달은 어디에」에서 택시노동자 姜忠男은 무수히 많은 임진강을 건너야만 한다. 조고 동창생인 택시회사 사장과의 '임진강'도 건너야 하고, 필리핀인을 고용해서 가라오케 바를 경영하는 고지식한 재일조선인 1세대 어머니와의 '임진강' 또한 건너야 한다. 점차 사랑에 빠져드는 재일필리핀인과의 사이에 놓인 '임진강' 역시 그가 건너야만 할 과제이다.

무수히 많은 '임진강' 앞에 선 90년대의 재일조선인 강충남은 결국 길을 잃고 만다. 과거 68세대는 일본인과 재일조선인 사이의 이항대립의 길을 따라 가기만 하면 되었지만, 90년대 재일조선인 앞에 놓인 길은 너무 복잡해서 예전처럼 그저 '달'을 쫓아가는 것만으로는 더 이상 길을 찾을 수 없다.

풍경 1 : 일본인 고스케와 호소

영화 「박치기」에서 일본인들은 재일조선인들의 대척점에 선 사람들이 대부분이다. 그 대척점에서 벗어나 재일조선인의 곁으로 다가간 것은 조선학교에 친선 축구시합을 제안하러 갔던 고스케와 도쿄 에다가와 조선인마을을 찾아갔던 사토 정도이다. 하지만 영화 「달은 어디에……」의 일본인은 재일조선인 택시회사 사장 밑에서 일하기도 하고, 재일조선인 택시노동자의 동료이기도 하다. '가해자' 일본인, 혹은 '동정하는 자'로서의 일본인 표상은, 「달은 어디에……」에서 거의 찾아보기 힘들다. '가해자'는 오히려 재일조선인 사장이 되고, 고통스러워하는 일본인 택시노동자를 '동정'하는 것 역시 재일조선인 택시노동자이다. '68' 이후 한 세대가 경과하는 동안 '재일조선인' 내부는 끊임없이 계층분화를 이루어갔고, 그 결과 재일조선인과 일본인의 관계 또한 점차 변화되었던 것이다.

그 변화된 표상의 중심에 재일조선인 택시노동자 강충남과 일본인 택시노동자 호소가 존재한다. 호소는 강충남보다 일본어도 잘 못하고, 늘 충남에게 돈을 빌려달라고 하며, 충남보다 키도 작다. 그가 이해하는 재일조선인은 더럽고 치사하고 무지한 사람들이다. 호소가 기억하고 있는(주위로부터 전해들은) 재일조선인이란 과거 '68세대' 이전의 것이 전부이다. 하지만 90년대를 살아가는 충남은 그가 생각하던 재일조선인상과 다르다. 호소 역시 그 점을 알고 있다. 그래서 그는 "재일조선인은 싫지만 추(충남)상은 좋아한다"는 말을 입에 달고 다닌다.

영화는 충남과 호소를 통해 뒤바뀐 재일조선인과 일본인의 관계를 설정해놓았다. 애정(혹은 동정심)을 갖고 다가서는 쪽도 '일본인' 호소가 아니라 '재일조선인' 충남이다. 호소는 고아원에 맡긴 아이들을 찾아 회사택시를 몰고 일본인 어머니가 살아계신다는 북쪽 고향을 찾아 달린 끝에 경찰에 붙잡힌다. 그를 면회하러 간 충남에게, 호소는 늘 그랬던 것처럼 '잠시 돈 좀 빌려달라'고 한다. 충남은 주머니를 뒤져 자기가 가진 돈 모두를 꺼내놓지만, 호소는 고마운 마음만 받겠다는 듯 돈은 거들떠보지도 않고 유치장 속으로 사라진다. 애정(동정)의 주체가 뒤바뀐 '68' 이후 세대의 풍경을 엿볼 수 있다.

풍경 2 : 리안성의 폭력과 강충남의 비폭력

영화 「박치기」는 조선학교 여학생의 하얀 저고리에 잉크를 뿌리는 일본학교 학생들에 대한 폭력적 응징－수학여행 버스를 뒤집는－으로부터 시작된다. 「박치기 2」를 보면, 연예계에 진출한 경자가 자신이 출연한 전쟁영화를 시사회장에서 비판하자 일본인들 몇몇이 비난을 퍼부었고, 곧이어 재일조선인들과 일본인들은 싸움에 돌입한다. 볼링 핀으로 이마를 찍고, 얼굴을 입으로 물어뜯는가 하면, 철 게다로 얼굴을 내려치고, 구슬을 먹이고 얼굴을 때리는 폭력적인 장면들이 「박치기」 1, 2편 모두를 장식하고 있다.

일본 영화 특유의 오락적 요소를 위해, 혹은 '임진강'의 평화와 화해의 메시지를 강조하기 위해 폭력적인 장면들이 강조되었을 수도 있다. 하지만 「박치기」에서의 폭력은 재일조선인에 대한 차별과 저항이 폭력적으로 나타나던 60년대의 표상이라는 측면이 더 강하다. 90년대를 배경으로 한 영화 「달은 어디에……」에서 폭력 장면을 찾아보기 힘든 것은 재일조선인에 대한 차별과 저항이 예전 같지 않기 때문일지 모른다.

「달은 어디에……」에서 심야에 택시를 탄 한 일본인 샐러리맨은, 택시를 몰고 있는 주인공 강충남의 이름이 적힌 명패를 보고 '姜'이란 한자를 자기도 읽을 수 있다며(姜자는 일본의 상용한자가 아니다) 말을 걸어온다. 시간이 좀 지나자 이번엔 '위안부' 이야기를 꺼내면서, "그거 사실 매춘 아니냐"고 시비를 건다. 강충남은 나는 잘 모르겠다는 식으로 얼버무리며 논쟁을 피했다.

목적지에 다다르자 택시 승객은 곧 돈을 가지고 나오겠다며 조금만 기다리라고 한다. 충남은 안전띠를 풀고 밖에 서서 승객을 기다린다. 재일조선인 운운했던 승객에 대한 경계의식 같은 게 느껴졌는데, 아니나 다를까 승객은 갑자기 도망치기 시작하고, 충남은 있는 힘을 다해 그를 뒤쫓는다. 오사카의 츠루하시(조선인들의 장터가 서는 곳)로 보이는 상점가들을 헤집으며 쫓고 쫓기는 추격전이 벌어지는데, 결국 택시 승객은 붙잡히고, 그는 잘못했다며 때리지만 말라며 손을 비빈다. 강충남은 숨을 헐떡이며 길 옆의 스티로폴 몇 장을 있는 힘껏 걷어찬 뒤, 내 성은 '가(姜의 일본식 음독)'가 아니라 '강(姜의 한국식 음독)'이라고 그에게 소리친다. 이어 숨을 한 번 크게 몰아 쉰 그는 택시비만을 손에 건어쥐고 거스름돈까지 돌려준 뒤, 또 다시 우리 회사 택시를 이용해 달라는 말을 남기고 사라진다.

90년대가 되었다고 해서 차별과 멸시의 구조가 사라진 건 아니다. 하지만 「달은 어디에……」의 감독은, 재일조선인에게 늘 따라다니는 '폭력과 싸움'이라는 수식어를 이제 떼어낼 때가 되지 않았느냐고 말하고 싶은 것 같았다. 스테레오 타이프화된 '차별과 폭력'의 외길이 아니라 바뀐 지형 위에 놓인 또 다른 길을 감독은 얘기하고 싶었는지 모른다. 하지만 자신을 어떤 이름으로 불러도 상관없다고 했던 강충남은, 그 택시 승객에게만은 내 성은 '가'가 아니라 '강'이라고 바로잡았다. '교육'마저 필요 없어진 시대는 물론 아니다.

풍경 3 : 리경자의 본명 선언과 강충남의 이름

「박치기 2-사랑과 평화」의 주인공 재일조선인 리경자가 영화 시사회장에서 자신의 본명을 고백하는 대목은 무척 의미심장하다. '한류'가 일본 내에 자리를 잡은 지금도, 재일조선인 혹은 재일한국인에게 '본명 선언'은 그리 간단한 문제가 아니다. 재일조선인 1세를 보고 살아온 2세, 3세들이 느끼는 피해의식은 간단한 몇 마디로 해결될 수 있는 성질의 것이 아니기 때문이다. 오사카의 한 고등학교에는 지금도 전교생이 모인 총회시간에 재일한국·조선인의 본명 선언을 지도하는 일본인 선생이 있다. 그런 의미에서 「박치기 2」의 경자의 본명 선언은 '68'이라는 시대적 한계를 넘어 현재적 의미를 갖는다고 할 수 있다.

하지만 90년대의 지형에서는 자신의 이름이 어떻게 불리운들 크게 상관할 바 아니라는 식의 태도가 제기된다. 「달은 어디에……」에서 姜忠男의 이름은, 일본인 택시노동자 호소에게는 추('忠'의 일본식 발음)로 불리고, 가라오케 바에서 일하는 필리핀인 코니와 그 가라오케를 운영하는 충남의 어머니로부터는 다다오(忠男의 일본식 음독)라고 불린다. 재일필리핀인 코니를 태우고 마닐라시티를 향해 택시를 몰고 가는 마지막 장면에서 그는 자신의 이름을 '가(姜의 일본식 음독)'라고 소개하기도 한다.

자신의 이름이 '추'로 불리건, '다다오'로 불리건, '강'이 아닌 '가'로 불려도 아무런 거리낌이 없다. 한국식 본명 혹은 조선식 이름으로 불려야 한다는 강박으로부터 강충남은 자유롭다. 이는 「달은 어디에……」

의 감독이 자신의 이름을 '사이요이치(崔洋一)'로 부르든 '최양일'로 부르든 상관없다고 하는 것과 맥을 같이한다. 「달은 어디에……」는 고정불변한 특정 아이덴티티로부터 일정한 거리를 유지한다.

「박치기」가 기본적으로 억압하는 일본인과의 대결구도에 얽매여 있다면, 「달은 어디에……」는 다원화된 재일조선인 사회 내부를 성찰하고, 분화된 일본인사회와 재일필리핀인, 재일이란인과 같은 또 다른 재일(자이니치)과의 소통을 꾀한다. 하지만 그 소통의 길은 너무 복잡해서 쉽게 길을 찾을 수 있을 것 같지 않다. 영화 속의 재일조선인 충남과 재일필리핀인 코니는 함께 택시를 타고 '마닐라시티'를 향해 달리지만, 엔드롤이 올라가는 도로에는 아직도 도쿄타워가 흘러지나간다.[19)] 소통에의 길은 멀고, 그 길을 일러줄 이정표인 '달' 또한 어디에 떠 있는지 알 수가 없다.

5. 나가기

'닫힌' 일본사회 속에서, 재일조선인들은 자신들이 서있는 사회가 '열린' 사회이기를 희망해왔다. 영화 「박치기 1・2」에서 볼 수 있는 1960～70년대의 재일조선인들은 일본사회와 부딪히며, 일본사회가 '열린'사회이기를 희망했고, 그렇게 되기 위해 노력하고 있었다. 하지만 한 세대가 지난 1990년대 이후 일본 사회 속 재일조선인들의 모습은 어떨까.

---

19) 영화 속의 '충남'은 '코니'를 향해 늘 오사카 사투리로 "모우카리맛카(많이 벌었어)"라고 말을 건다. 그러면 '코니'는 역시 오사카 사투리로 "보치보치덴나(그저 그렇다)"고 대답한다. 힘겹게 살아가는 일본 사회 속 마이너리티들의 사랑표현법인 셈이다. 그들의 고난한 삶이 결국 코니가 바라는 '마닐라시티' 동행을 허락할지 영화는 끝내 그 결말을 일러주지 않는다.

영화 「우리학교」에서 볼 수 있는 재일조선인 3~4세들은 이러저러한 고민도 많았지만 여전히 평양으로 수학여행을 떠나고, '우리'말을 보다 잘 지켜내기 위해 안간힘을 쓰고 있었다. 대립항은 여전히 재일조선인 사회 대 일본사회였으며, '닫힌' 일본사회와 맞서기 위해 재일조선인 공동체를 중심으로 여전히 결집하지 않으면 안 될 것만 같았다.

하지만 1990년대를 그린 영화 「달은 어디에……」는 재일조선인 사회가 '닫힌' 일본사회와 부딪히며 싸워오다 스스로도 '닫힌'사회가 되어버렸음을 보여준다. 이른바 '귀국운동'을 통해 북으로 간 친척들을 위해선 그것이 설혹 뇌물로 사용된다하더라도 박스 가득 선물을 준비하지만, 함께 일하는 재일필리핀인에게는 박하기 그지없다. '닫힌' 일본사회가 아닌 '열린' 사회를 지향해왔던 재일조선인 사회가 오히려 '닫힌' 사회가 될 수 있음을 영화는 보여준다.

물론 '닫힌' 재일조선인이 아닌 '열린' 재일조선인으로서의 가능성마저 가로막은 것은 아니다. 영화 「달은 어디에……」의 주인공 강충남은 재일필리핀인 코니에게 사랑을 고백하고, 자신보다 더 낮은 사회 경제적 조건에 처한 일본인 호소에게 사랑을 나누어주기도 한다. 공동체의 '닫힘'과 '열림'의 변증법[20]을 가장 잘 드러내주는 인물이라고 할 수 있다.

'닫힘'과 '열림'의 관계를 보다 잘 드러내주는 것은 재일조선인의 '이

20) S. 벤하비브(Benhabib)는 "문화적 定意와 서사를 둘러싼 논쟁과 쇄신이 지속적으로 있"어 왔다면서, "문화적 전통이란 이처럼 해석과 재해석, 전유와 전복의 서사들로 이루어진 것"이라고 설명한 바 있다(セイラ・ベンハビブ, 『他者の權利』, 法政大學出版局, 2006, 111쪽). 그는 이를 '「정치적 권리」와 「문화적 아이덴티티」의 변증법'으로 설명하기도 했는데(116쪽), 고정불변한 것이 아닌 끊임없이 새롭게 정의되어야하는 이러한 '닫힘과 열림의 변증법'이란, 재일조선인의 '문화적 아이덴티티'에도 충분히 통용될 수 있을 것이다.

름'이다. 영화 「박치기 2-사랑과 평화」에서의 경자의 '본명선언'은 '닫힌' 일본사회를 향한 도전이자 '열린' 일본사회를 향한 자기성찰을 통한 투쟁이었다. 그렇다면 영화 「달은 어디에……」에서 강충남이 자신의 이름을 각자 편한 대로 부르도록 내버려둔다 해서 이를 '본명선언' 이전의 '닫힌' 사회에로의 회귀로 해석할 수 있을까. 이항대립적 세계가 아닌, 다양한 이름만큼이나 중층적인 아이덴티티를 지닌 존재들의 세계, 재일조선인 이외의 또 다른 재일들과의 소통을 위한 '열린'세계의 반영으로 해석될 수도 있을 것이다.

90년대 이후의 '재일조선인' 사회란 일본사회와 대립해 오며 형성된 일종의 '동일성'이 의연히 존재하는 것 또한 사실이지만, 영화 「달은 어디에……」에서 볼 수 있듯 같은 조선학교 출신의 세 동창생의 조선학교 이후의 삶 속에서 동일한 아이덴티티를 찾아내기란 그리 만만치 않다.

재일조선인 속의 '동일성' 혹은 '비동일성'이란 더욱이 균질한 것도 아니어서, 이를테면 한국인, 일본인, 재일코리안과 같은 각각 다른 존재에 의해 조명될 경우, 감지되는 온도차란 더욱 각별할 수밖에 없을 것이다. 특히 한국인과 일본인 감독의 경우 그동안의 무심했던 지난날들을 반성하듯 과도한 이분법식 동포애 혹은 그로테스크한 일본 만들기가 영화 속에 투영되곤 하지만, 재일코리안의 경우 오히려 차분히 스스로의 내면을 들여다보고 새로운 소통에의 길－'디아스포라'가 아닌 '이주'를 준비하고 있었다.

영화 「달은 어디에……」에서는 영화 「우리학교」나 「박치기」에서 찾아볼 수 없는 새로운 메시지, '관습으로서의 우리'를 넘어선 또 다른 마이너리티를 향한 '새로운 우리'가 느껴진다.

한민족 이산(Diaspora)과 한민족공동체 형성방안

윤 인 진

1. 서론

2000년대에 들어서 국내 학계에서는 디아스포라에 대해 큰 관심을 갖고 역사학, 인류학, 사회학, 정치학, 지리학 등의 분야에서 활발한 연구가 진행하고 있다.[1] 디아스포라(diaspora)는 '民族離散'으로 번역되는데, 과거 개별적으로 연구되었던 이주, 차별, 적응, 문화변용, 공동체, 민족문화, 민족정체성 등의 주제들을 통합적인 시각에서 종합적으로 이해할 수 있다는 이유로 유용한 개념으로 받아들여지고 있다. 디아스포라는 재외한인(또는 재외동포)[2]을 모국의 경제발전과 세계화 전략에

---

1) 김경학, 『국제 이주와 인도인 디아스포라』, 집문당, 2006 ; 김경일 · 윤휘탁 · 이동진 · 임성모, 『동아시아의 민족이산과 도시』, 역사비평사, 2004 ; 윤인진, 『코리안 디아스포라』, 고려대출판부, 2004 ; 이수자, 「이주여성 디아스포라」, 『한국사회학』 38-2, 2004, 189~220쪽 ; 이채문, 『동토의 디아스포라』, 경북대학교출판부, 2007 ; 임채완 · 전형권, 『재외한인과 글로벌 네트워크』, 한울출판사, 2006 ; 전형권, 「초국가주의 관점에서 본 화교 디아스포라와 네트워크」, 『대한정치학회보』 13-2, 2006, 95~126쪽 ; F. Bergsten and I. Choi (Eds), *The Korean Diaspora in the World Economy*, Institute for International Economics, 2003 ; K. H. Park, "Urban Spaces and Politics of Hybridity", *Journal of the Korean Geographical Society* Vol.40, 2005, pp.473~490.

활용하려는 한국 정부의 재외동포정책의 개념으로도 수용되고 있다. 원래 디아스포라가 갖는 의미는 유대인의 '바빌론 유수'와 같이 비자발적이고 비극적인 유랑을 뜻하지만 한국 정부는 그와 상관없이 디아스포라를 '국력의 확장', 해외 한민족의 네트워크로 생각하고 있다. 대표적인 예가 한국의 재외동포사업의 전담 부서인 외교통상부 산하 재외동포재단이 2002년 서울에서 개최한 제1회 세계한상대회의 일환으로 열린 국제학술대회의 제목이었던 'The Korean Diaspora in the World Economy'이다.[3] 학술대회 제목에서 드러나듯 디아스포라를 재외한인과 모국의 경제발전을 위한 자원 또는 도구로 사용하고 있다는 것을 잘 알 수 있다.

이외에도 한국 정부, 국책 연구원, 개별 연구자들은 재외한인을 모국의 발전과 세계화의 첨병, 인적자원이라는 관점을 갖고 어떻게 하면 해외 인적자원을 활용할 것인가에 주력하고 있다. 한 예로 2007년 한국청소년정책연구원이 실시한 해외 5개 국가 재외한인 청소년들의 실태조사의 제목은 '한민족청소년 인적자원 활용을 위한 글로벌 네트워크 구축방안 연구'였다. 공동연구에 참여한 연구자들이 공통적으로 '활용'이라는 용어에 부정적인 태도를 표명했지만 연구용역 발주처인 정부의 정책수요를 반영하지 않을 수 없어서 제목을 바꿀 수 없었다. 이

2) 한국 정부는 1997년 3월 27일에 「재외동포재단」 설립을 공포하면서 '동포'라는 용어를 공식적으로 사용하고 있다. 하지만 '동포'라는 용어는 정서적이고 감정적인 측면을 많이 내포하고 있어서 객관적이고 과학적인 분석을 위해서 본 연구에서는 보다 가치중립적인 '재외한인'이라는 용어를 주로 사용하겠다. 하지만 문맥에 따라서는 재외동포와 재외한인을 혼용하겠다.

3) 재외동포재단은 1993년에 출범한 김영삼 문민정부가 '신교포정책'을 발표한 후 재외동포 관련업무를 수행할 단일기구로 1997년 10월에 설립되었다. 오랫동안 재외동포들은 '교민청' 설치를 요구해왔지만 재외동포 거주국 정부와 외교적 마찰을 야기할 소지가 있다는 이유로 정부는 교민청 신설 대신 재외동포재단을 설립하였다.

렇듯 정부와 연구자들은 대체로 재외한인이 모국에 대해 심리적 동일시와 애착심을 갖고 있어서 모국이 도움을 청하면 언제든지 응할 것이라는 생각을 갖고 있고, 어떻게 하면 이들의 귀중한 인적자원을 활용할 것인가에 골몰하는 공리주의적 시각을 갖고 있다.

그러나 재외한인사회의 현실을 들여다보면 한국인들이 갖고 있는 재외동포관이 얼마나 비현실적이고 아전인수적인가를 알 수 있다. 현재 재외한인사회는 이민 2~4세가 주역을 담당하고 있고, 타민족과의 결혼, 거주국의 사회문화로의 동화 등으로 인해 한민족 정체성이 변용되거나 약화되고 있는 추세이다. 비교적 최근에 이민을 간 미국과 캐나다의 재외한인사회에서도 1.5세와 2세가 전체 한인 인구의 반을 차지하고 있다.[4] 재외한인 2~4세의 사회정체성은 거주국의 국민이라는 의식이 우선이고 한민족이라는 의식은 부차적이거나 또는 부재한 경우도 적지 않다. 이런 상황에서 재외한인을 해외 인적자원으로 생각하고 모국과의 네트워크를 강화해서 활용하겠다는 발상은 지극히 자기중심적인 사고라고 볼 수밖에 없다. 따라서 한 개인의 정체성이 다중적이고 유연하게 변한 초국가적인 시대상황에서 적합한 새로운 재외동포관과 재외동포정책의 수립이 절실한 시점이다.

본 연구는 이런 문제의식에서 출발하여 한민족 이산의 역사를 개괄하고 현재적 시대상황에 적합한 한민족 이산의 이론 또는 관점을 제시하고자 한다. 그리고 중국 조선족의 사례를 들어 초국가주의적 관점에서 재외한인과 모국과의 관계를 이해하는 것이 필요하다는 점을 설명하고자 한다. 과거 조선족은 동북지역에서 민족자치를 실현하면서 고립적인 생활을 유지하였다. 그러나 1980년 개혁개방 이후 동북 3성 지역을 벗어나 연해와 내륙의 대도시뿐만 아니라 해외로 이주하기 시작

4) 윤인진 · 채정민, 『북미의 한민족 청소년 현황 및 생활실태 연구』, 한국청소년정책연구원, 2007.

하였다. 현재 동북아시아에서 초국가적 경제활동과 가족생활을 영위하고 있는 조선족을 제대로 설명하기 위해서는 초국가주의적 관점이 반드시 필요하다. 끝으로 전 세계 재외한인 간의, 그리고 재외한인과 모국 간의 협력 네트워크를 형성하고자 추진되는 한민족공동체 방안을 초국가주의적 관점에서 모색하고 정책 제언을 하고자 한다.

2. 한민족 이산의 재이해

1) 한민족 이산의 개관

한민족의 離散(diaspora)의 역사는 19세기 중엽부터 시작되었기 때문에 유대인, 중국인, 그리스인, 이탈리아인 등 세계의 여러 민족들에 비교해서 짧은 기간을 갖고 있다. 그럼에도 불구하고 한민족 이산은 다양한 상황에서 다양한 형태의 도전과 응전의 역사였다. 한민족 이산의 역사를 간략히 살펴보면 네 가지의 시기로 구분될 수 있다.

첫 번째 시기는 1860년대부터 1910년(한일합방이 일어난 해)까지인데, 이 시기에는 구한말의 농민, 노동자들이 기근, 빈곤, 압정을 피해서 국경을 넘어 중국, 러시아, 하와이로 이주하였다. 하와이 사탕수수 농장으로의 한인의 이주는 1902~1903년부터 시작되었는데, 하와이 거주 일본노동자를 보호하기 위해 일본이 1905년에 한인 이주를 금지하면서 더 이상의 이주는 불가능해졌다.[5]

두 번째 시기는 1910년부터 1945년(한국이 일본 식민통치로부터 독립한 해)까지인데 이 시기에는 일제 통치시기에 토지와 생산수단을 빼앗긴 농민과 노동자들이 전시체제의 일본으로 이주하여 부족한 노동

---

5) W. Patterson, *The Korean Frontier in America : Immigration to Hawaii, 1896-1910*, Honolulu : University of Hawaii Press, 1988.

력을 제공하였다. 또한 이 시기에는 정치적 난민들과 독립운동가들이 중국, 러시아, 미국으로 건너가 독립운동을 전개하기도 하였다. 이 시기의 한인 이주의 주된 목적지는 일본이었기 때문에 일본이 미국에게 패한 1945년 8월까지의 재일한인의 규모는 230만 명에 이르렀다. 그러나 패전 후 많은 한인들이 한국으로 귀환하고 난 1947년 12월의 재일한인의 규모는 598,507명으로 급감하였다.[6)]

세 번째 시기는 1945년부터 1962년(남한정부가 이민정책을 처음으로 수립한 해)까지인데, 이 시기에는 한국전쟁을 전후해서 발생한 전쟁고아, 미군과 결혼한 여성, 혼혈아, 학생 등이 입양, 가족재회, 유학 등의 목적으로 미국 또는 캐나다로 이주하였다. 유학생 중에는 학업을 마친 후에도 귀국하지 않고 현지에 거주하여 뿌리를 내린 사람이 많았다.[7)]

네 번째 시기는 1962년부터 현재까지인데, 중국, 일본, 독립국가연합을 제외한 대부분의 해외 한인 이민자와 그 후손은 이 시기에 이주하여 정착한 사람들이다. 1962년에 남한 정부는 남미, 서유럽, 중동, 북미로 집단이민과 계약이민을 시작하였다. 1962년의 이민정책의 근본 목적은 잉여인구를 외국으로 내보냄으로써 인구압력을 줄이고 해외에서 일하고 사는 교포들이 송금하는 외화를 벌기 위한 것이었다. 1960년대 중반에 미국과 캐나다가 그 이전까지는 북서구 유럽계 이민자들만을 선호하던 이민법을 개정해서 이민의 문호를 한인에게도 개방하자, 많은 수의 한인들이 보다 넓은 신분상승의 기회를 찾아 미국과 캐나다로 이주하였다. 한국에서 고등교육을 받고 화이트칼라 직에 종사했던 중산층이 1960년대 중반 이후의 미국과 캐나다로의 이주에 가장 적극적으로 참여하였다.[8)]

---

6) 이문웅, 『세계의 한민족-일본』, 통일부, 1997.

7) E. Y. Yu, "Korean Communities in America : Past, Present, and Future", *Amerasia Journal* Vol.10, 1983, pp.23～51.

이렇듯 한민족 이산의 각 시기는 모국과 거주국의 상이한 요인들에 의해서 유발되었고, 각 시기의 한인 이주자의 이주 동기, 배경 특성, 인적 자원 등은 크게 달랐다. 이렇게 한민족처럼 미국, 캐나다, 일본, 중국, 독립국가연합처럼 다양한 정치경제 체제에서 다양한 형태의 적응을 시도했던 민족은 역사상 그리 흔치 않다. 따라서 재외한인은 인종과 민족관계를 연구하는 연구자들로 하여금 '이민자, 모국과 거주국, 이민의 시기라고 하는 세 가지 요인들이 어떻게 상호작용을 하여 이민자와 그 후손이 새로운 환경에서 적응하는 데 영향을 미치는가'를 연구하는 데 아주 귀중한 사례를 제공한다.

상이한 배경과 동기를 가지고 조국을 떠나 다양한 유형의 정치경제, 사회문화, 민족관계를 가진 거주국에서 살아온 재외한인의 경험을 하나의 이론으로 설명하기는 어렵다. 하지만 이들의 경험에는 개별적이고 고유한 측면들도 있지만 일반화할 수 있는 공통적인 측면들도 있다. 이들의 경험은 우연하고 무작위적이라기보다는 주어진 역사적, 구조적 조건하에서 일정한 패턴을 띠며 나타나는 현상으로 볼 수 있다. 주어진 제약조건과 기회구조에 재외한인들이 능동적 행위자로서 대응하고 그 결과로서 자신들과 주위 환경이 변화해온 것이 재외한인의 이주와 정착의 경험이다.

재외한인의 경험에는 이주, 차별, 적응, 문화변용, 동화, 공동체, 민족문화와 민족정체성 등 다양한 주제들이 있다. 각각의 주제가 독립적인 연구영역이며 실제로 위의 각 주제에 대해 역사학, 인류학, 민속학, 사회학, 정치학, 경제학, 언어학 등에서 많은 연구가 진행되어 왔다. 하지만 이러한 주제들은 서로 긴밀히 연관되어 있기 때문에 이들 간의 관계를 통합적인 시각에서 총체적으로 이해하는 것이 필요하다. 이때 '디

8) I. J. Yoon, *On My Own : Korean Businesses and Race Relations in America*, Chicago : University of Chicago Press, 1997.

아스포라'는 재외한인 경험의 다양한 측면들을 포괄하면서 그들 간의 연관성을 설명할 수 있는 개념이다.

2) 디아스포라의 정의

디아스포라는 일상적인 용어가 아니기 때문에 일반인들이 이해하기 쉬운 개념이 아니다. 우리말로는 民族分散 또는 民族離散으로 번역되는데, 단지 같은 민족성원들이 세계 여러 지역으로 흩어지는 과정뿐만 아니라 분산한 동족들과 그들이 거주하는 장소와 공동체를 가리키기도 한다. 어원적으로 디아스포라는 그리스어 전치사 dia(영어로 "over," 우리말로 "~를 넘어")와 동사 spero(영어로 "to sow," 우리말로 "뿌리다")에서 유래되었다. 고대 그리스인들은 기원전 600~800년에 소아시아와 지중해 연안을 무력으로 정복하고 식민지로 삼은 뒤 그곳으로 자국민을 이주시켜 세력을 확장하였다. 이때 디아스포라는 이주와 식민지 건설을 의미하는 능동적이고 긍정적인 의미를 가졌다. 이후 디아스포라는 유대인의 유랑을 의미하는 뜻으로 쓰이면서 부정적인 의미를 갖게 되었다. 유대인의 디아스포라는 영어 대문자 "D"로 시작하여 "Diaspora"로 표기하는데, 옥스퍼드 영어사전에 따르면 "바빌론 유수(586 B.C.) 이후 팔레스타인 밖에서 흩어져 사는 유대인 거류지" 또는 "팔레스타인 또는 근대 이스라엘 밖에 거주하는 유대인"을 가리킨다.[9]

1990년대에 들어서 디아스포라 연구가 활발해지면서 디아스포라는 유대인의 경험뿐만 아니라 다른 민족들의 국제이주, 망명, 난민, 이주노동자, 민족공동체, 문화적 차이, 정체성 등을 아우르는 포괄적인 개

9) I. B. Choi, "Korean Diaspora in the Making : Its Current Status and Impact on the Korean Economy", In *The Korean Diaspora in the World Economy*, C. F. Bergsten and I. B. Choi (Eds.), Washington, DC : Institute for International Economics, 2003, pp.9~27.

념으로 사용되고 있다. 예를 들어, 사프란은 디아스포라를 "국외로 추방된 소수 집단 공동체(expatriate minority communities)"라고 정의했다.[10] 사프란은 최근에 디아스포라는 국외 추방자, 정치적 난민, 외국인, 이민자, 소수인종 및 민족집단 성원과 같은 다양한 범주의 사람들을 '은유적으로 지칭'하는 의미로 사용된다고 말했다. 퇴뢰리안은 디아스포라를 "한때 유대인, 그리스인, 아르메니아인의 분산을 가리켰지만 이제는 이주민, 국외로 추방된 난민, 초빙 노동자, 망명자 공동체, 소수 민족 공동체와 같은 용어도 포함하는 보다 넓은 어원을 가진 의미"라고 확대 해석했다.[11]

디아스포라가 폭넓게 사용되면서 디아스포라의 조건이 무엇인가에 대한 논란이 학자들 간에 일어났다. 사프란은 디아스포라의 특성으로 (1) 특정한 기원지로부터 외국의 주변적인 장소로의 이동, (2) 모국에 대한 집합적인 기억, (3) 거주국 사회에서 수용될 수 있다는 희망의 포기와 그로 인한 거주국 사회에서의 소외와 격리, (4) 조상의 모국을 후손들이 결국 회귀할 진정하고 이상적인 땅으로 보는 견해, (5) 모국에 대한 정치적, 경제적 헌신, (6) 모국과의 지속적인 관계 유지의 여섯 가지를 들었다.[12] 사프란은 위의 조건들을 모두 충족해야만 디아스포라라고 부를 수 있다는 협의의 개념을 견지했다. 하지만 사프란 자신이 시인했듯이 디아스포라의 이념형이라고 할 수 있는 유대인조차 위의 조건들을 모두 충족하지는 못한다. 미국의 유대인들은 미국사회에 동화되었고 그곳에서 성공적으로 적응하였기 때문에 그들의 모국인 이스라엘로 귀환하려는 생각은 갖고 있지 않다.

---

10) W. Safran, "Diasporas in Modern Societies : Myths of Homeland and Return", *Diasporas* Vol.1, 1991, pp.83~99.

11) K. Tölölian, "The Nation State and Its Others : In Lieu of a Preface", *Diasporas* Vol.1, 1991, pp.3~7.

12) 사프란, 앞의 책, 1991, pp.83~84.

최근 연구에서는 모국으로 귀환하려는 희망을 포기하였거나 또는 처음부터 그러한 생각을 갖지 않은 이주민 집단도 디아스포라로 간주하고 있다. 예를 들어, 무딤베와 엥글의 표현에 따르면 디아스포라는 "정치적 이유로 거주국 사회에 동화될 수도 없고 동화하려고 하지 않으며 그렇다고 그들 자신이 고안해낸 이상화된 기원지로 귀환할 수 없는 사람들의 공동체"라는 것이다.13) 이런 시각에서 디아스포라는 동화할 수도 없고 동화를 거부하는 사람들의 망명 상황과 같다. 같은 맥락에서 그레월과 량은 디아스포라가 이동성보다는 부동성의 측면을 갖는다고 본다.14) 즉 디아스포라는 자신의 의지에 반해서 또는 자신이 어찌할 수 없는 외부요인에 의해서 갇혀 있는 상태라는 것이다. 하지만 디아스포라를 거주국 사회에서 동화될 수 없는 민족집단에만 적용하는 것도 현실과 배치된다. 앞서 소개한 미국의 유대인들은 이민 세대가 변해가면서 미국사회와 문화에 동화되는 정도가 커졌지만 여전히 디아스포라의 전형으로 받아들여지기 때문이다.

다양한 형태의 디아스포라를 비교하고 통합적 시각에서 보기 위해 코헨은 그의 저서 『*Global Diasporas*』에서 디아스포라를 '피해자(victim)', '노동(labor)', '통상(trade)', '제국(imperial)', '문화(cultural)' 디아스포라로 구분한다.15) '피해자 디아스포라'는 유대인, 아프리카인, 아르메니아인, 팔레스타인처럼 정치적 박해, 노예, 민족 대량학살 등의 박해로 모국을

---

13) V. Y. Mudimbe and S. Engle, "Introduction", *Diaspora and Immigration, The South Atlantic Quarterly* Vol.98 (1/2), 1999, pp.1~8.

14) I. Grewal, "The Postcolonial, Ethnic Studies, and the Diaspora : The Contexts of Ethnic Immigrant/Migrant Cultural Studies in the U.S.", *Socialist Review* Vol.24(4), 1994, pp.45~74 ; S. Ryang, Sonia, "Diaspora and Beyond : There is No Home for Koreans in Japan", *Review of Korean Studies* Vol.4 (no.2), 2002, pp.55~86.

15) R. Cohen, *Global Diasporas : An Introduction*, Seattle : University of Washington Press, 1997.

떠나 이방에서 유랑생활을 하는 경우를 가리킨다. '노동 디아스포라'는 인도인과 이탈리아인처럼 계약 노동자로 이주해서 거주국에서 자신들만의 민족공동체를 형성하는 경우이다. '통상 디아스포라'는 서남아시아의 중국인과 서아프리카의 레바논인처럼 통상을 목적으로 모국을 떠나 타국에서 자신들만의 민족공동체를 형성하고서도 모국의 고향과 친척과 긴밀한 연결망과 유대감을 유지하는 경우이다. '제국 디아스포라'는 영국, 스페인, 포르투갈, 독일과 같은 유럽의 제국주의 국가들이 아프리카, 아시아, 아메리카, 오스트레일리아에서 식민지를 개척한 후 그곳에 세운 공동체를 가리킨다. '문화 디아스포라'는 카리브해 출신의 이주민들이 문학, 정치적 이념, 종교적 신념, 음악과 생활양식에 의해 공통의 정체성과 공동체 의식을 갖게 되는 경우를 가리킨다. 이렇듯 코헨은 유대인의 디아스포라는 여러 디아스포라 중 하나이기 때문에 유대인 디아스포라의 전통과 그 부정적 이미지를 초월하는 것이 디아스포라 연구에 있어 중요하다고 역설한다.

코헨은 디아스포라의 다양한 유형을 정원에서 꽃을 재배하는 원예의 비유를 통해 이해하기 쉽게 설명한다. 정원사가 잡초를 베어내는 것같이 '피해자 디아스포라'의 유대인, 아프리카인, 아르메니아인, 팔레스타인인은 모국에서 추방, 민족 대량학살, 인종청소 등의 형태로 이방으로 흩어졌다. 정원사가 산출물을 늘리기 위해 새땅에 씨를 뿌리듯이 '제국 디아스포라'의 고대 그리스인, 영국인, 러시아인, 스페인인, 포르투갈인, 네덜란드인은 식민지에 이주하여 그곳에서 정착지를 개척하였다. 정원사가 뜰에 화초를 옮겨 심는 것 같이 '노동 디아스포라'의 인도인, 중국인, 일본인, 이탈리아인은 계약 노동자의 형태로 거주국에서 일을 하고 돈을 벌어 모국으로 돌아갈 꿈을 유지했다. 하지만 상당수의 사람들이 애초 기대했던 목표를 이루지 못하고 거주국에서 뿌리 내리고 살게 되었다. 정원사가 땅과 접한 가지 부분에서 뿌리를 내리는 것(휘묻이법으로 번식시키는 것)은 '통상 디아스포라'의 과거의 베네치아인, 중국인, 레바논인, 그리고 최근의 인도인과 일본인이 해외에 통상 전초기지 또는 지사를 설치하는 것과 같다. 끝으로 열매를 맺기 위해 꽃에 가루받이(타화수분)를 하는 것은 '문화 디아스포라'의 카리브해인들이 거주국에 살면서 서로 다른 문화, 예술, 정체성을 혼용해서 원래 문화와는 다른 '잡종문화' 또는 '혼용문화'를 만들어내는 것과 같다. 카리브해 자메이카에서 발생한 새로운 대중음악 장르인 레게(reggae)가 전통적인 흑인 댄스뮤직에 미국의 솔 뮤직 등의 요소를 혼합하여 만들어진 것이 대표적인 예이다.

아울러 코헨은 다양한 디아스포라를 비교하면서 사프란이 제시한 디아스포라의 6가지 조건들을 확장했다. 코헨이 제시한 조건들은 (1) 기원지로부터 보통 비극적인 방식으로 2개 이상의 이방으로의 분산, (2) 노동, 통상, 또는 식민지 개척을 위해 모국으로부터의 인구 확장, (3) 모국에 대한 집합적인 기억과 신화, (4) 상상의 고국에 대한 이상화와 그것의 유지, 복원, 안전 및 번영, 심지어 창조에 대한 집합적인 헌신, (5) 귀환 운동의 발생, (6) 공통의 역사와 공동운명체 의식에 기초한 강하고 지속적인 민족집단의식의 형성, (7) 거주국 사회와의 힘들고 갈등적인 관계, (8) 타국의 동족과의 감정이입과 연대감, (9) 다문화주의를 허용하는 거주국 사회에서 고유하고 창조적이며 풍성한 생활의 가능성이다. 이런 면에서 코헨은 디아스포라가 단지 비극적인 사건에 의해 비자발적으로 이주하는 것만이 아니라 자발적이고 적극적으로 이주하는 것도 포함했다. 그리고 이주민들이 거주국에서 차별과 핍박을 받는 비참한 존재만이 아니라 그들을 수용하는 관용적인 사회에서는 그들만의 독특하고 창조적인 문화와 생활양식을 만들어내기도 한다고 지적한다. 유대인들이 유럽과 미국에서 아웃사이더로 살면서 학문, 문화, 예술 분야에서 창조적 리더십을 발휘한 것이 그 대표적인 예이다.

사프란과 코헨의 디아스포라 개념은 어디까지나 이념형으로 파악해야 하며, 그들이 제시한 조건들을 모두 충족해야 디아스포라라고 보는 것은 현실적이지 못하다. 최근의 공동체 연구에서 공동체를 구성원들의 상호작용, 소속감, 연대감의 수준에 따라 공동체성이 강하게 나타나기도 하고 약하게 나타나기도 하는 변수의 개념으로 보는 것은 디아스포라를 이해하는 데 시사점을 준다. 공동체와 마찬가지로 디아스포라 중에는 사프란과 코헨이 제시한 속성들을 대부분 충족하여 디아스포라의 원형에 가까운 것이 있는가 하면, 부분적으로만 디아스포라의 성격이 나타나는 것도 있다. 이렇게 디아스포라를 가부가 아니라 정도의 개념으로 이해하는 것이 다양한 형태의 디아스포라를 이해하는 데 도움이 될 것이다.

또한 밧줄의 힘은 밧줄을 관통하는 하나의 섬유가 아니라 서로 겹친 수많은 섬유에서 나온다는 비텐스타인(Wittenstein)의 비유는 디아스포라를 이해하는 데 도움이 된다. 즉 디아스포라를 구성하는 여러 조건들 중 어느 하나가 아니라 여러 조건들이 서로 중첩되면서 '디아스포라 밧줄'을 만든다고 이해하는 것이 바람직하다. 따라서 앞서 제시한 디아스포라의 모든 조건들을 충족해야 하는 것이 아니라 몇 가지 핵심적인 조건들을 갖춘 경우에도 디아스포라로 보는 것이 무방하다.

3) 코리안 디아스포라

위에서 정의한 디아스포라 개념을 통해 볼 때 전 세계에 흩어져 살고 있는 재외한인의 이주 및 정착의 경험은 디아스포라의 차원에서 이해할 수 있다. 재외한인들은 사프란과 코헨이 제시한 디아스포라의 조건들을 대부분 충족하는 것으로 보인다. 2008년 외교통상부의 재외동포현황 통계에 따르면 전 세계 재외한인의 규모는 6,788,997명이고 여기에 2008년 외교통상부 통계에는 포함되지 않은 일본국적을 취득한 재일한인의 수 296,168명(2007년 통계)을 더하면 7백만 명이 넘는다.16) 이러한 재외한인의 규모는 남북한 인구수의 약 10%에 해당한다. 재외한인은 중국인, 유대인, 이탈리아인의 뒤를 이어 세계에서 네 번째로 큰 디아스포라로 알려져 있다. 이주 동기와 관련하여 시기에 따라 이주 동기가 다르지만 19세 중엽부터 20세기 초까지의 재외한인의 분산은 일제 식민지 통치가 직간접적으로 영향을 주어 유발한 것이다. 민족정체성 유지와 관련하여 세대에 따라 민족문화와 민족정체성을 유지하는 정도에는 차이가 있지만 이민 2~4세대도 한민족으로서의 정체성을 강하게 유지하고 있다. 그리고 타국의 동족과의 연계와 관련하여 과거에는 타국의 재외한인에 대해서는 별 관심을 갖지 않고 서로간의 교류도 미약했으나 최근에는 '한상네트워크'와 같은 경제협력 네트워크를 활성화하려고 정부와 민간이 함께 노력하고 있다.

그러나 국내 학자들 중에는 재외한인에 대해 디아스포라 개념을 사용하는 반대하는 사람도 있다. 대표적으로 인류학자인 전경수는 디아스포라論이 재외한인(전경수 교수의 표현으로는 '해외코리안')에 대한 논의를 과거지향적이고 개인적(또는 집단적) 고생을 강조하고 1960년대 이후로 해외로 나간 신이민자들의 경험과는 일치하지 않기 때문에 이것을 포기해야 한다고 주장한다.17) 대신 현상에 대한 보다 객관적인 입장을 지향하는 '民流學'을 제안한다. 그러나 재외한인을 연구하는 학자들은 '민류학'이라는 새로운 용어를 도입하는 것에 대해 부정적인 견

16) 외교통상부 홈페이지 재외동포영사 관련 통계(www.mofat.go.kr) (검색일 : 2008. 5. 24).

17) 전경수, 「중앙아시아 한인동포의 이주사와 생활문화」, 『재외 한인동포의 이주의 역사와 문화』, 국립민속박물관 · 한국문화인류학회 주최 광복60주년 기념 학술대회 발표논문집, 2005, 31~60쪽.

해를 갖고 있으며 비록 한민족 이산이 전형적인 디아스포라 유형에 맞지 않는다고 해서 디아스포라론을 폐기해야 한다는 주장은 디아스포라를 너무 좁게 해석한 것이라고 반박한다. 그리고 디아스포라 개념에는 이주뿐만 아니라 공동체, 문화, 정체성까지 포함되기 때문에 재외한인의 이주와 정착과정에서 나타나는 제 현상들을 서로 연관시켜 연구할 수 있게 하는 유용한 개념이라고 주장한다.

그러나 한민족 이산의 변화 과정을 면밀히 살펴보면 기존 디아스포라 이론을 확장해야 설명될 수 있는 고유한 측면들이 있다. 예를 들어, 한민족 이산은 시기적으로 대별하여 19세기 중엽과 20세기 초엽에 러시아, 중국, 미국, 일본으로 이주했던 구이민자들과 1960년대 이후 미국과 캐나다로 이주한 신이민자들과의 차이가 두드러진다. 구이민자들은 기근, 압제, 식민지 통치와 같은 모국의 배출요인에 의해 이주하게 되었고, 계층배경은 주로 농민, 하층계급이었고, 거주국에서의 정향성은 정착보다는 일시체류의 성격이 강했다. 반면 신이민자들은 모국의 배출요인 못지않게 거주국의 흡인요인(높은 생활수준과 교육기회)에 강하게 끌렸으며, 계층배경은 도시출신의 고학력, 중산층이 다수를 이루었으며, 거주국에서의 정향성은 처음부터 영구정착을 목표로 하였다. 중산층 배경 정착 지향성으로 인해 신이민자들은 이민 1세대 내에 거주국에서 중산층 지위를 획득하는 등 빠른 신분상승을 경험하게 된다. 이렇게 한민족 이산 내에는 상이한 두 개의 (자세하게 구별하면 두 개 이상의) 흐름이 있다. 구이민자들은 코헨이 말한 '피해자 디아스포라'로 볼 수 있으나 신이민자들은 '통상', '노동', '제국', '문화' 디아스포라의 어느 유형으로도 보기 어려운 집단이다. 1960년대 이후 미국, 캐나다 등지로 신분상승의 기회를 찾아 자발적으로 이주한 신이민자들(한국인을 포함해 중국인, 인도인, 멕시코인 등)을 설명하기 위해서는 '이민 디아스포라'도 새로운 디아스포라 유형으로 간주해야 할 것이다.

또 한 가지 디아스포라 이론의 확장을 요하는 부분은 기존 디아스포라가 모국에서 거주국으로의 일방향적인 이주를 가정했다면 아시아 태평양 지역에서 발생하는 인구이동은 쌍방향적이라는 점이다. 한국인들이 중국, 필리핀, 베트남, 인도네시아 등지로 사업, 취업, 학업, 여행 등의 목적으로 가는 반면 이들 국가에서 많은 수의 사람들이 취업, 학업, 결혼 등의 목적으로 한국으로 오고 있다. 2007년 8월 현재 국내에 체류하는 외국인은 1백만 명을 넘어서 한국인구의 2%를 차지한다. UN은 "1년 이상의 의도적 체류를 동반한 국제적 이주"를 국제인구이동으로 정의하는데 이 정의에 따르면 한국은 이민이 허용되지는 않지만 이미 다수의 실질적 이주자들이 살아가는 이민국가로 향하고 있다. 더욱이 국내의 저출산과 고령화를 감안할 때 외국인력의 유입은 불가피해 보이고 이들이 한국사회에서 차지하는 비율은 갈수록 증가할 것이다. 2001년의 유엔 보고서는 한국이 현재의 경제수준을 유지하기 위해서는 2030~2050년 기간에 총 150만 명의 외국인 노동자를 도입하는 것이 필요하다고 지적한 바 있다.

국내 외국인의 대부분은 아시아 국가 출신인데, 중국 국적 보유자가 42%, 베트남(7%), 필리핀(6.5%) 등이 뒤를 이었다. 국내 아시아인의 증가에는 국제결혼도 큰 몫을 하고 있다. 국제결혼의 붐이 시작된 1990년부터 2005년까지 한국남성과 결혼한 외국인 여성은 160,000명에 달한다. 이들 외국인 여성들은 대부분이 중국, 베트남, 필리핀에서 온 아시아 여성들이다. 한국인과 아시아 여성간의 국제결혼은 한국과 아시아 국가간의 초국적 가족의 네트워크를 형성하였다. 한편 국내에 장기체류하는 외국인들이 늘어나면서 이들은 특정 국가나 민족별로 집단거주지를 형성하고 있다. 경기도 안산의 '국경 없는 마을'은 외국인 노동자들이 한국인들과 함께 공존하는 다문화공동체를 형성하는 대표적인 지역공동체이다. 이러한 변화들은 단일혈통과 공통의 문화를 민족

또는 국민정체성의 근간으로 삼아 온 한국인에게 정주 외국인 노동자와 그들의 공동체는 한국인에 대한 정체성의 변화를 촉구하고 있다.

끝으로 어느 한 이민자 집단과 소수민족집단을 디아스포라로 정의하는 데 있어 핵심적인 요소는 민족정체성인데, 거주국에 오랜 기간 거주하여 동화가 상당히 진행된 집단의 경우에는 이것이 이중정체성의 성격을 갖는다는 점을 고려해야 한다. 즉 이민 1세의 경우에는 거주기간과 상관없이 강한 모국 지향적인 민족정체성을 유지하지만, 2~3세 이후에는 모국의 문화적 유산과 민족정체성이 거주국의 국민정체성과 혼용된 이중정체성을 표방하게 된다. 예를 들어 재중한인은 '조선족', 중앙아시아의 한인은 '고려사람', 재미한인은 '코리안 아메리칸', 재일한인은 '자이니치(在日)'라는 이중정체성을 갖는 것이다. 이때 이중정체성은 한편으로는 어느 사회에도 소속되지 못하고 방황하는 주변인성으로 이어질 수도 있고 또 다른 한편으로는 양쪽 사회를 매개하여 주는 교량역할을 하거나 때로는 양쪽을 뛰어넘는 창조적 리더십을 발휘할 수 있다. 과거 소수인종과 민족에 대한 차별이 심했던 시기에는 이중정체성이 사회적 차별과 편견의 산물이었지만 세계화로 국가와 민족의 경계가 약해진 현 상황에서 이중정체성과 이중언어 및 문화능력은 국제 경쟁력이 되었다. 글로벌 세계 체제에서 단일 정체성이 아니라 다중정체성과 코즈모폴리터니즘이 빠르게 확산되는 상황에서 재외한인과 같은 디아스포라인은 다양한 문화와 체제 사이를 유연하게 왕래하면서 새로운 사상과 문화를 창조해낼 수 있다.

이렇듯 현재 재외동포의 상황은 기존 디아스포라 개념으로 충분히 설명되는 측면도 있지만 그렇지 못하는 새로운 측면들이 있다. 이런 개념과 현상간의 격차는 본래 개념을 확장해서 해결할 수도 있으나 그럴 경우 본래 개념의 분석적 가치가 저하될 우려가 있다. 필자는 디아스포라의 본래 개념을 지나치게 확장하기보다는 한민족 이산의 새로운 측면들을 보다 적절하게 설명할 수 있는 새로운 개념을 도입하는 것이 바람직하다고 생각한다. 그런 차원에서 본 글에서는 초국가주의라는 개념을 통해서 한민족 이산을 재이해하고자 한다.

4) 초국가주의의 개념

초국가주의(transnationalism)는 세계화시대에 초국적 공간에서 벌어지고 있는 활동에 대하여 주목하는 이론적 시각이다. 초국가주의와 세계화의 개념은 중첩되는 부분이 있지만 그 의미에 있어서 차이가 존재한다. 바쉬(Basch)는 세계화는 특정국가 영토를 벗어난 전 지구적 공간에서 이루어지는 현상이라면, 초국가적 현상은 민족국가들 내에서, 혹은 그것들을 초월하여 발생하는 것이라고 그 차이를 설명한다.[18] 구아니조와 스미스[19]는 '아래로부터 초국가주의'와 '위로부터 초국가주의'를 구분한다. 그들에 의하면 '위로부터의 초국가주의'는 세계화와 유사하여 세계적인 범위에서의 거시적 사회현상을 주목하지만, '밑으로부터의 초국가주의'는 두 개 또는 그 이상의 국민국가를 넘나들면서 형성하는 일상적인 삶, 활동, 사회적 관계의 초국가적 성격의 규명에 초점을 맞춘다.

초국가주의에 대해서는 다양한 정의가 내려지고 있지만 일반적으로 "인구이동을 통해 이주민들이 사회적, 경제적, 정치적 및 문화적 연결망을 통해 기원국과 거주국에 모두 연결되는 현상"이라고 정의될 수

---

18) L. N. Basch, N. S. Glick, and C. S. Blanc, *Nations Unbound : Transnational Projects, Postcolonial Predicaments and Deterritorialized Nation-States*, Basle : Gordon & Breach, 1994.

19) L. Guarnizo and M. Smith, "The Locations of Transnationalism" In *Transnationalism from Below*, M. Smith and L. Guarnizo (Eds.), New Brunswick : Transaction Publishers, 1998, pp.3～34.

있다. 바쉬는 미국에 이주해 온 필리핀과 카리브 해 연안 국가들의 이주민에 대한 연구에 기초하여 초국가주의를 "이주자들이 유입국과 유출국 사회를 모두 연결하는 여러 가닥의 사회적 관계를 형성하고 유지하는 과정"으로 정의한다. 즉 그는 오늘날 많은 이주자들이 지리적, 문화적 및 정치적 국경을 가로지르는 사회적 장(fields)을 건설하는 일련의 과정을 가리켜 초국가주의로 부른다.

버토벡은 초국가주의를 "민족국가의 국경을 가로질러 사람들과 기관, 제도들을 연결하는 복합적인 관계이자 상호작용"으로 보았다.[20] 이는 '지역과 세계(local-global)'를 연결하고 가로지르고, 국가 간 또는 국가를 넘어서서 사람과 사물의 이동, 개인과 공동체의 만남, 자본과 정보의 교류, 현실과 가상의 공존, 사적인 영역과 공적인 영역의 혼합, 동질성과 이질성이 혼재하는 현상인 것이다.

스마트는 초국가주의를 일련의 지역을 뛰어넘는 현상이라고 규정하면서, 이는 인구이동, 문화의 재구성, 자본과 노동의 가변적인 이동에 의하여 유래하는 후기 자본주의사회의 핵심적인 문제라고 지적한다.[21]

'초국가주의' 모델을 이용한 사회학적 이동연구에서는 연구의 초점을 주로 초국적 공간에서 형성하고 있는 연결망과 그것을 이용한 이동집단의 삶의 전략, 그것이 생활에 미치는 영향에 맞추고 있다. 현재 재외동포의 경제, 사회, 문화의 많은 영역에서 초국가적 현상은 두드러진다. 모국과 거주국 간의 인적교류와 자본이동은 날로 증가하고 있다. 예를 들어, 로스앤젤레스의 코리아타운은 이제 단지 재미한인의 민족

---

20) S. Vertovec, "Conceiving and researching transnationalism", *Ethnic and Racial Studies* 22(2), 1999, pp.446～462.

21) J. Smart, "Transnationalism and Modernity in the South China Region : Reflections on Future Research Agendas in Anthropology", In *On the South China Track : Perspectives on Anthropological Research and Teaching*, C. H. Sidney and C. H. Cheung (Eds.), Hong Kong : Chinese University of Hong Kong, 1998.

공동체라기보다는 한국-미국간 경제교류의 중심지로 성장했다. 문화면에서 재외동포들은 모국과 거주국의 문화를 혼합하여 새로운 문화양식과 문화공간을 만들어낸다. 심리면에서 재외동포들은 탈영토화된 사회적 정체성을 갖게 되었다. 특히 재외한인 2~3세대가 새로운 형태의 문화들을 창출하면서 사회적 정체성과 민족적 정체성이 꼭 일치하지 않는 경우가 발생하게 된다. 이로써 민족-국가 체계에는 포함될 수 없는 초국가적 정체성이 점점 늘어나게 된다.

이러한 이유들로 재외한인의 상황을 디아스포라 개념만이 아니라 초국가주의 개념으로 설명하는 것이 필요하다. 같은 맥락에서 재외한인과 관련한 정부의 정책도 초국가주의 관점에서 재조명하고 시대변화에 부합하는 정책 방안을 모색하는 것이 필요하다.

다음 절에서는 디아스포라에서 초국가주의로의 패러다임 전환이 두드러지게 나타나고 있는 중국 조선족의 경험을 살펴보도록 하겠다. 조선족은 재외한인 중 해외이주의 역사가 가장 오래되었고 현재에도 가장 역동적으로 여러 국가와 지역으로 이주하고 있다. 19세기 중엽 조선족은 기근, 압제, 식민지 통치와 같은 모국의 배출요인에 의해 만주로 이주하게 되었고, 1968년에 시작된 문화대혁명 시기에는 '跨界民族'이라는 특수성으로 인해 많은 박해와 피해를 입었다. 소수민족으로서의 한계와 민족주의 노선의 위험성을 절감한 조선족은 생존전략으로 중앙의 지시에 철저히 순응하는 식으로 대응하였다. 연변조선족자치주는 모택동 말기에 진행된 정치운동에 항상 앞장을 섰고, 대약진운동 당시 경제가 파탄이 되었어도 조선족은 가장 모범적인 부락을 건설했다.[22] 따라서 이주 초기부터 1980년 이전까지의 조선족의 이주와 생활은 디아스포라적이었다고 볼 수 있다. 그러나 1980년 이후 조선족은

22) 이광규, 『격동기의 중국조선족』, 서울 : 백산서당, 2002.

새로운 경제기회를 찾아 연해와 내륙의 대도시뿐만 아니라 해외로 이주하기 시작하였고, 현재는 중국-한국-일본-미국 등을 연결하는 초국가적 경제생활을 영위하고 있다. 이 과정에서 핵가족이 분산되기도 하지만 시부모/친정부모, 형제자매, 친척 등이 자녀양육 및 교육의 역할을 맡아 수행하면서 초국가적 가족생활을 유지하는 것으로 알려졌다. 이러한 현대 조선족의 이주, 경제생활, 가족생활을 이해하기 위해서는 지역연구와 국민국가 단위의 접근 방식에서 벗어나서 초국가적인 관점에서 연구하는 것이 필요하다.

5) 초국가적 조선족 이민과 공동체

(1) 국내 이주와 해외 이주

중국 조선족 사회는 19세기 중엽부터 함경도 지방의 농민들이 새로운 경작지를 찾아 사람이 살지 않으면서 땅이 비옥한 간도로 이주하면서 형성되었다. 벼농사를 통해 경제적 기반을 마련하고 벼농사가 가능한 곳을 찾아 동북각지로 진출하면서 조선족의 거주지역이 확대되었다. 조선족은 이주 초기부터 지연과 혈연을 바탕으로 집단거주생활을 하였고 水田개발과 같은 생산방식의 도입으로 공동체적인 적응양식을 보여 왔다. 중국정부의 소수민족정책에 의해 조선족은 연변조선족자치주를 부여받았고 이곳에서 민족문화와 전통을 보존할 수 있었다. 거주이전의 자유를 제한한 중국의 호적제도는 조선족 사회의 동질성과 공동체성을 강화하는 결과를 가져왔다. 조선족은 중국사회주의 혁명과 건설사업에 적극 참여하였고 뛰어난 벼농사 기술과 근면성, 자녀교육에의 높은 관심과 투자로 인해 중국의 소수민족 중 가장 높은 사회경제적 지위를 획득하기도 하였다.

그러나 1980년대부터 시작한 중국의 개혁개방정책과 시장경제의 도입, 산업구조의 조정으로 인해 중국 동북부 변방지역에서 전통적으로 벼농사에 종사하던 조선족 사회는 커다란 변화를 맞고 있다. 출산율 저하와 함께 연변지역의 실업과 빈곤을 벗어나기 위해 중국의 대도시와 한국 등 국외로 이주하는 사람들이 증가하면서 기존의 조선족 집거구가 해체되는 대신 북경, 상해, 청도 등 대도시에는 이주 조선족으로 형성된 코리아타운이 성장하고 있다. 최우길은 중국 국가민족위원회 자료를 인용하면서 1990~1996년 기간에 약 20만 명의 조선족 농촌인구가 연해지방과 도시지역으로 이동하여 조선족 전체 인구의 10%가 유동인구라고 밝혔다.[23] 이런 수치는 전체 인구의 6.8%가 유동인구로 알려진 한족보다 훨씬 이동성이 높은 것이다. 이러한 인구이동으로 인해 1970년대에 조선족 인구의 30% 정도가 도시와 읍에 살고 있었지만 1990년대에는 도시인구가 조선족 인구의 50%를 넘게 되었다. 여기서 도시인구는 호적은 농촌에 있지만 토지를 이탈하여 도시에 나와 장사를 하는 자들도 포함되어 있다. 도시화는 중국의 산업화 과정에서 필연적으로 발생하여 중국 전체 민족에게서 나타나는 현상이지만 조선족은 타민족에 비교해서 빠른 도시화를 경험하고 있다. 특히 청도, 대련 등 연해도시로 진출한 한국기업들이 조선족 근로자들을 고용하면서 도시화를 촉진하고 있다.

조선족의 연해지역 진출은 1980년대 말부터 본격적으로 시작되었다. 초기 노동력 이동은 일본기업의 중국 진출에서 시작되었다. 광동지역의 경우 1980년대 후반부터 조선족이 일본어 공부를 한 점을 이용하여 심천, 광주, 동관, 혜주 등지의 일본투자기업에 취직하면서 조선족사회의 모태가 형성되기 시작하였다. 그러나 조선족의 연해지역으로의 본격적인 진출은 한국기업이 대중국 투자를 하기 시작한 1990년대 초반

23) 최우길, 「중국 조선족과 한국 : 특례법안과 관련해서」, 재외동포 특례법안의 문제점과 대안 모색을 위한 토론회 발표논문, 서울 국회도서관, 1999. 6. 4.

부터이다. 그 이후 15년의 기간 동안에 북경-천진권, 청도-연대-위해권, 상해-남경-항주권, 광주-심천-주해권을 중심으로 연해지역 조선족사회가 서서히 자리를 잡았다. 상기 지역에는 적게는 4~5만 명, 많게는 10만 명 이상의 조선족들이 거주하면서, 일부 지역에서 집거지를 형성하였다.[24)]

조선족의 국외진출은 1990년대 이후 빠르게 증가하고 있으며 조선족 사회 변화를 이해하는데 핵심적인 부분을 차지한다. 현재 25~30만 명 정도의 조선족이 장기적으로 외국에 거주하면서 경제, 교육 등의 활동에 종사하고 있는 것으로 알려져 있다. 조선족의 국외진출은 주로 모국인 한국에 집중되어 있으나, 일본, 미국 등지에도 많은 수의 조선족이 진출하였고 조선족 타운을 형성하고 있다.

조선족의 일본 진출은 1980년대 말 연변지역을 중심으로 일본 유학붐이 일면서 시작되었다. 1990년대 말부터는 일본기업이나 재일조선족 운영기업의 IT 기술자 모집에 의하여 대거 진출이 이루어졌다. 일본 아시아경제문화연구소 류경재의 조사에 의하면, 도쿄, 요코하마, 오사카, 나고야 등지의 도시들에 총 53,000여 명의 조선족이 체류하고 있는 것으로 알려졌다.[25)]

조선족의 미국 진출은 1990년대 초에 시작되었다. 1990년대 초부터 연변민족복장회사에서 미국 사이판에 있는 복장회사들에 훈련을 거친 인력을 파견하기 시작하였다. 미국 본토로의 진출은 단기 취업비자를 받아 닭 공장과 같은 곳에서 일하거나, 멕시코-미국 국경을 밀입국하거나, 비자 연장을 하지 못해 불법체류자가 되거나, 또는 유학 또는 이

24) 윤인진, 「중국 조선족의 도시이주, 사회적응, 도시공동체 : 청도 사례연구」, 『재외한인연구』 13-2, 2003, 49~89쪽.

25) 박광성, 「세계화시대 중국조선족의 노동력이동과 사회변화」, 서울대학교 대학원 사회학과 박사학위논문, 2006.

민을 오거나 하는 다양한 방식으로 이루어졌다. 미국의 조선족은 대부분 코리아타운에서 자영업, 개인서비스업에 종사하고 있다. 현재 뉴욕 지역에 2만여 명의 조선족이 거주하는 것으로 알려져 있고, 미국 내 재일 큰 한인 집거지인 LA에는 더욱 많은 조선족이 체류하는 것으로 알려져 있다.[26]

조선족의 한국진출은 1988년 서울올림픽대회 이후에 한국에 친척이 있는 조선족이 친척초청으로 한국을 방문하면서 시작되었다. 현재 한국에 체류하고 있는 조선족은 대략 20만 명 정도 될 것으로 추정된다. 한국에 진출한 조선족은 돈을 벌어 귀국하기보다는 한국에서 계속 체류하거나 혹은 재입국을 할 수 있는 기회를 모색하는 것으로 나타났다. 그리하여 초기의 불법체류에서 점차 합법적인 진출과 체류로 성격이 바뀌고 있다. 이는 중국과 러시아 지역 동포들의 출입국에 대한 한국 법무부의 정책완화와 연관되어 있다. 법무부는 2002년부터 여러 차례 불법체류 구제조치를 취하였으며, 2004년부터는 상기 지역 동포들에 대하여 여러 가지 새로운 정책조치를 내놓고 있다. 2005년에는 중국 동포와 러시아 지역 동포들에 한하여 '자진귀국프로그램'을 실시하여 많은 사람들을 불법체류자 신분에서 벗어나게 하였다. 2007년부터는 '방문취업제'를 실시하여 상기 지역 동포들에 대해 5년간 방문과 취업을 자유롭게 할 수 있는 제도를 실시하고 있다. 이로 인해 조선족의 한국진출은 더욱 늘 것이고 체류방식에 있어서도 불법체류에서 합법적인 체류로 점차 전환될 것이다. 특히 혼인에 의하여 국적을 취득한 사람들이 친척초청 요건이 완화됨에 따라 더욱 많은 조선족이 합법적인 방식으로 한국으로 올 것으로 보인다. 이제 조선족은 더욱 자유롭게 한국을 드나들면서 경제활동을 벌일 전망이고 이로 인해 조선족의

26) 박광성, 위의 글, 2006.

생활세계가 초국가적 공간으로 이루어질 가능성이 높아지고 있다.

⑵ 초국가적 경제활동

조선족 경제생활의 변화에서 가장 중요한 것은 지역적인 경제적 분화와 상호 연계이다. 동북지역 조선족 공동체의 변화는 한국과 같은 국외지역에 진출해 있는 조선족집단과 밀접히 연관되어 있다. 동북지역에는 국외에서 보내오는 송금에 의하여 생활하는 방대한 집단이 형성되어 있는 반면, 주요한 노동력 공급원의 역할을 하고 있기도 하다. 또한 연해지역 조선족사회 형성에 대한 국외 진출자들의 경제적 지원의 영향이 크며, 연해지역 진출자들은 국내의 발전상황과 경제 기회를 국외 진출자들에게 전달하는 역할을 하고 있다. 이는 연해지역의 자영업 발전과 국외 진출자들이 연해지역에서 주택구매를 늘이고 있는 현상에서도 확인할 수 있다. 이와 같이 조선족의 경제생활은 어느 특정 유형의 커뮤니티에 국한되어 진행되는 것이 아니라, 지역적인 분화와 상호 연계를 통하여 이루어지고 있다.[27)]

북경, 심양, 상해, 청도 등지의 도시에 이주한 조선족의 직업을 고용주의 국적 또는 민족으로 구분해 보면 한국인과 조선족 간의 긴밀한 공생관계가 형성되고 있음을 알 수 있다. 청도의 조선족 도시공동체에 관한 윤인진의 연구에 따르면 한국회사와 한국인 개체호(자영업체)가 조선족 이주자들에게 일자리를 가장 많이 제공하는 것으로 알려졌다.[28)] 조선족 회사와 개체호가 한국인만큼 취업기회를 많이 주지는 못하지만 적지 않은 사람에게 일자리를 제공하는 것으로 알려졌다. 조선족 사업가들은 중국에서 회사를 차리거나 자영업을 시작할 때 한국기업에서 배운 기술을 통해서 개인이 창업을 하거나 한국에 나가 모은

27) 박광성, 위의 글, 2006.
28) 윤인진, 앞의 글, 2003.

자본금을 통해 창업자금을 마련하는 경우가 많이 있다. 즉 한국과의 물적, 인적교류가 조선족의 자영업 발달에 크게 기여하는 것이다. 반면 중국 정부나 중국인이 운영하는 회사에 취업한 경우는 대체로 적다. 이는 한국기업과 한국인 또는 조선족 개체호가 존재하는 상황에서 굳이 중국 회사에 취업하려는 동기가 약해졌기 때문인 것으로 해석된다. 한국인 또는 조선족이 고용주로 있는 사업체를 민족경제라고 볼 때 전체 조사대상자의 77.8%가 민족경제에 종사하고 있다. 이런 사실은 조선족의 경제생활이 한국과 중국, 한국인과 조선족의 경계를 뛰어 넘는 초국가적 연결망에 의해서 이루어지고 있음을 보여준다.

(3) 초국가적 가족 이산과 가족경영

조선족은 보편혼의 규범을 가지고 있으며, 가족을 중시하는 문화적 전통과 성, 이혼에 대한 규제가 엄한 제도적 특성, 폐쇄적인 생활세계 등 요인들에 의하여 안정된 가족생활을 유지하여 왔다. 이런 안정된 가족생활은 가족성원들이 낮은 이동, 정상적인 가족구조(핵가족 혹은 3대 가족) 유지에 기초하고 있었다. 그러나 노동력 이동에 의해 조선족의 가족은 빠른 변화를 경험하고 있다. 그 변화의 주요 특징이 바로 가족분산이다.

가족생활의 주요 형태였던 핵가족과 가족공동체가 분산되면서 조선족의 가족생활에서 새로운 모습이 나타나고 있다.[29] 첫째, 가족은 함께 생활해야 한다는 인식에서 필요에 따라 흩어져 생활할 수도 있다는 것을 현실로 받아들이고 있다. 이는 가족 분산의 장기화의 결과로 볼 수 있다. 조선족의 가족 분산은 주로 이동이 자유롭지 못한 국외진출에 의하여 초래되며, 그것이 장기화되면서 가정에 필요한 사회적 기능도

29) 박광성, 앞의 글, 2006.

지역적으로 분화되기 시작한 것이다. 가령, 경제적 수요를 충족시킬 수 있는 곳과 자녀교육을 시킬 수 있는 곳이 갈라지게 된다. 즉 가족이 갈라져 생활하면서 필요와 충족도 지역적으로 분화되었기 때문에 가족생활이 파괴되었다는 위기감을 가질 수 없으며, 오히려 이런 분산을 더욱 긍정적으로 생각할 수도 있다. 그 이유는 경제적 수입이 보장됨으로써 경제적인 결핍에서 오는 불안감에서 벗어날 수 있기 때문이다. 이는 조선족 가족의 수요와 충족도 초국가적 맥락에서의 활동을 통하여 이루어지고 있다는 것을 보여주는 것이다. 이러한 맥락에서 볼 때 조선족의 가족분산은 상시적인 현상으로 고착화될 가능성이 높으며, 분산 속에서 가족생활의 변화를 겪을 수 있을 것으로 전망된다.

조선족의 '가족공동체' 분산은 이동에 의한 핵가족의 분산에서 기인되고, 이동정착과정에서 친척관계가 중요한 기능을 수행하면서, 진출지에서 '가족공동체'의 관계가 복원되는 특징을 가지고 있다. 이로 인하여 기존의 '가족공동체'에 뿌리를 둔 새로운 공동체가 형성되며, 이렇게 원래의 공동체에서 파생된 공동체들이 상호 연결되어 지역을 탈피한 '가족공동체' 구조를 형성된다. 이는 조선족이 탈지역적인 가족생활을 형성하고 있음을 보여준다.

가족분산 이동결과로 가족형태가 다양해지고 있으며, 새로운 가족형태가 나타나고 있다. 기존 조선족의 가족형태는 핵가족과 3대 가족이 중심으로 되어있었고, 이를 기초로 가족성원의 구성에 따라 조금씩 변형되는 특징을 가지고 있었다. 예전에는 핵가족이 표준적인 가족유형이었다고 한다면 갈수록 노인·손자 가정, 편부모 가정, 독거 가정, 동거 가정, 형제 가정, 친척 가정 등 새로운 형태의 가구가 늘어가고 있다.

조선족의 초국가적 가족이산과 재구성의 새로운 측면은 조선족 여성이 남한 남성과 국제결혼을 하면서 나타나고 있다. 법무부의 결혼이민자 관련 통계에 따르면 2006년 12월 현재 국제결혼을 통해 국내에 체류하고 있는 조선족 여성은 총 31,183명으로 전체 결혼이민여성의 37%를 차지할 정도로 남한 남성의 가장 중요한 국제결혼 배우자 집단이다. 독신 여성의 경우에는 한국 국적을 취득한 후 부모와 형제를 초청하여 연쇄이주의 토대를 마련하고 있다. 기혼 여성의 경우에도 남편이 사별하였거나 이혼한 후에 남한 남성과 재혼하여 미혼 자녀들을 한국으로 초청하여 함께 사는 경우가 늘어가고 있다. 하지만 조선족 여성 중에는 한국에서 취업하기 위해 위장결혼을 하거나 결혼하고 나서 집을 나가 취업하는 문제도 발생하고 있다.[30]

⑷ 탈지역적 공동체

조선족은 동북3성에서 집거지를 형성하여 생활하여 왔다. 한 지역에서 대규모의 이동 없이 오랫동안 생활하면서 성원들의 사회관계는 폐쇄적인 성격을 띠게 되었고 세대교체를 거치면서도 지속성을 유지하였다. 그러나 1990년 이후 대규모의 이동을 거치면서 조선족의 공동체는 심각한 변화를 맞게 된다. 기존의 공동체는 심각한 변화 또는 해체에 직면하고 있고, 동시에 새로운 곳에서 새로운 형태의 공동체가 형성되고 있다. 그 밖에 지역성에서 벗어나 연결망에 기초한 새로운 유형의 공동체가 생겨나고 있다. 예를 들어, 청도지역에 진출한 조선족은 혈연과 지연의 기초 위에서 직장생활, 동호회활동, 기업가 협회와 노인협회와 같은 조직 결성, 교회 활동, 직업소개소와 같은 모임의 장소를 통한 교우관계 형성 등 다양한 방식을 통하여 집단 내 관계를 발전시켜 나가면서 공동체를 형성해가고 있다.[31]

30) 임형백, 「한국농촌의 국제결혼의 특징」, 『농촌지도와 개발』 14-2, 2007, 471~491쪽.
31) 윤인진, 앞의 글, 2003.

조선족 공동체의 변화 중 중요한 측면은 지역성을 탈피하여 연결망에 기초하는 탈지역적 공동체의 형성이다. 탈지역적 공동체는 기존 사회관계의 지연적 분산과 연결유지에 기초한다. 즉 이동으로 인한 기존 사회관계의 분산이 관계해체의 결과를 이어지는 것이 아니라, 연결망에 기초하여 탈지역적으로 유지되는 현상을 가리킨다. 이는 조선족의 이동에서 혈연과 지연이 주요 연결고리로 되면서 일부 지역으로 성원들이 모이게 되는 특징에서 기인되는 것으로 볼 수 있다. 그 과정을 보면, 먼저 진출한 사람들이 다른 사람들을 불러내기 때문에 작은 지연 그룹이 형성되며, 이러한 소그룹이 그들의 외지 생활에서 중요한 단위로 되기 때문에 지연이 해체되지 않고 유지되면서 원 거주지와의 관계가 지속되는 것이다.

조선족 이주민들은 대도시에 거주하면서 어느 한 곳에 집중하기보다 분산되어 있는데, 그럼에도 불구하고 친목회, 비지니스협회 등 이차 결사체 활동을 활발히 하고 있고 민족문화와 정체성을 강하게 유지하는 것으로 알려졌다. 특히 민족언론매체(조선족 신문 및 방송)는 넓은 역에 분산되어 살고 있는 조선족들로 하여금 민족공동체의 이슈와 현안에 대해서 알게 하고 공통의 문제의식과 연대감을 갖게 하는 중요한 역할을 수행하고 있다. 또한 조선족과 한국과의 관계에 관한 뉴스, 프로그램, 광고 등을 통해 조선족 이주자의 민족정체성을 유지하는 역할을 수행하는 것으로 알려졌다.[32]

정리하면 조선족은 중국-한국-일본-미국 등을 연결하는 초국가적 경제생활을 영위하고 있다. 이 과정에서 핵가족이 분산되기도 하지만 시부모/친정부모, 형제자매, 친척 등이 자녀양육 및 교육의 역할을 맡아 수행하면서 초국가적 가족생활을 유지하는 것으로 알려졌다. 이러한

32) 윤인진, 앞의 글, 2003.

조선족의 이주, 경제생활, 가족생활을 이해하기 위해서는 초국가적 공간에서 형성되는 연결망과 그것을 이용한 이주민들의 삶의 전략, 그리고 그것이 모국과 거주국에 미치는 사회문화적, 정치경제적 영향을 초국가주의적 관점에서 연구하는 것이 필요하다.

3. 한민족공동체 형성 및 발전 방안

세계화가 가속화되면서 국가경계는 약화되는 대신 민족연계는 강화되는 현상이 나타나고 있다. 이런 현상은 세계화가 기존의 편협한 지역성, 민족성, 종교성 같은 것들을 약화시키는 대신 보편주의와 글로벌 스탠더드의 확대를 가져올 것이라는 기대와 크게 어긋나는 것이다. 세계화와 정보화는 외부세계로부터 고립되었던 소수민족과 소수인종에게 민족자각을 일깨워주는 계기로 작용한 것이 민족주의의 부흥을 가져온 한 가지 원인이다. 또한 각 나라가 추진하는 세계화 전략이 실제로는 패권주의적이라는 것도 민족과 민족주의가 21세기에도 여전히 중요한 정치경제적 기반이 되게 하였다. 이런 과정에서 민족네트워크의 블록화 현상이 나타나고 있다. 중국, 이스라엘, 이태리, 그리스, 인도와 같이 큰 규모의 재외동포를 갖고 있는 나라들은 재외동포를 자국의 경제발전과 세계화전략에 활용하려고 적극적인 노력을 펼치고 있다. 3,300만 명 정도로 추정하는 해외 화교와 화인을 갖고 있는 중국은 세계화상대회를 정기적으로 개최하면서 화교경제권 형성에 적극적인 노력을 보이고 있다. 이스라엘과 인도는 재외동포에게 국내 출입국 및 투자, 구직 등의 경제활동을 용이하게 하는 정책을 실시함으로써 재외동포를 자국의 세계경제력 고양의 중요한 자원으로 활용하려고 한다.[33] 한국도 전 세계 170여개 국에 있는 700만 명의 재외동포를 활용해서 세계화의 추세에서 낙오되지 말아야 한다는 생각이 한민족공동체론의 출현 배경이다.

지금까지 한민족공동체론은 민족주의적 명분과 정책적 필요성에 의해서 논의된 경향이 강하다. 그로 인해 급속한 국내외 환경 변화에 적절하게 대응하지 못한 채 원론적인 수준에 머무른 측면이 있다. 예외적으로 임채완·전형권은 디아스포라와 초국가주의 관점에서 한민족공동체 방안에 대해서 실효성 있는 제안을 하였다.[34] 그들의 주장에 따르면 한민족 이산은 모국과 재외한인 간에 초국가적인 네트워크를 형성하여 서로에게 이익이 될 수 있는 사회적 자본을 형성케 하였고, 세계화 시대에 한민족공동체의 조건은 동일한 공간과 혈통적 동질성이 아니라 네트워크와 한민족으로서의 심리적 동일시라는 것이다. 즉 열린 민족주의에 기반을 둔 포용적인 한민족 정체성과 개방적이고 유연한 네트워크의 구축이 21세기 세계화 시대에 적합한 한민족공동체 방안이라는 것이다. 필자는 임채완·전형권의 의견에 동의하면서 전 세계 재외한인 간의, 그리고 재외한인과 모국 간의 협력 네트워크를 형성하고자 추진되는 한민족공동체 방안을 초국가주의적 관점에서 모색하고 정책 제언을 하고자 한다.

1) 한민족공동체론

19세기 중엽부터 시작한 한민족 이산의 역사는 의도한 바는 아니지만 결과적으로 전 세계에 한민족공동체의 기반을 형성했다. 재외한인의 역량을 결집하여 모국 발전의 자원으로 활용하고 동시에 모국은 재

33) 이종훈, 「재외동포정책의 국가간 비교분석 : 독일·이스라엘·이태리·그리스·인도의 경우」, 『전남대학교 개교 20주년 기념 국제학술회의-21세기 해외 한민족공동체 발전 전략-발표논문집』, 2000.

34) 임채완·전형권, 앞의 책, 2006.

외한인이 거주국 사회의 모범적인 구성원으로 성장하도록 지원하여 공존공영을 모색하자는 것이 한민족공동체론을 낳게 한 근본 동기이다. 한민족공동체 개념이 본격적으로 사용되기 시작한 것은 1980년대 말 김영삼 정부가 '한민족공동체 통일방안'을 내놓으면서부터이다. 이때 한민족공동체 개념은 남북한을 포함한 개념, 즉 남북한 공동체라는 좁은 의미로만 사용되었다. 재외한인은 남북관계 개선이나 통일정책을 관철하기 위해 활용할 자원이라는 차원에서 고려될 뿐이었다. 1990년대 말에 접어들면서 전 세계의 한민족을 대상으로 확대된 의미로 한민족공동체 개념이 사용되기 시작하였다. 이런 변화에는 1997년에 우리나라가 외환위기를 겪게 되자 재외한인의 모국투자를 통해 위기를 극복하고자 하는 동기도 한 몫을 했다. 1999년 8월에 제정된 「재외동포의 출입국 및 법적지위에 관한 법률」은 재외한인의 출입국을 자유롭게 하고 국내에서의 사회경제적 활동을 내국인과 동일한 수준에서 할 수 있도록 법적·제도적 장치를 마련하고자 하였다. 이로 인해 한편으로는 재외한인의 생활권을 광역화·국제화하고 또 다른 한편으로는 국내에 있는 국민의 의식형태와 생활영역의 국제화·세계화를 촉진하기 위한 것이었다. 그러나 이런 법적 장치에도 불구하고 재외한인의 인적·물적 차원에서의 모국진출은 기대에 못 미쳤다.[35] 더욱이 동 법률은 제정 당시 중국과 독립국가연합의 재외한인을 법의 대상에서 제외하여 모국과 동포사회 간의 분열과 불신을 낳는 과오를 범했다.[36]

한민족공동체 개념이 나온 지 18년이 지난 이 시점까지 한민족공동체를 형성하자는 논의만 빈번히 제기되고 있지 구체화되지 못한 것이 현실이다. 한민족공동체론도 아직까지는 한민족공동체의 개념, 조건,

35) 윤인진, 『재외동포 모국투자의 현황과 활성화 방안』, 재외동포재단, 2002.
36) 이진영, 「한국의 재외동포정책 : 재외동포법 개정의 쟁점과 대안」, 『한국과 국제정치』 18, 2002, 133～162쪽.

방향 등에 관해 원론적으로 논의하는 수준에 머물고 있다. 한민족공동체론의 선도연구자인 한국학중앙연구원의 정영훈은 한민족공동체를 한민족이라는 민족적 정체성을 공유한 사람들로 구성된 상호협조의 연결망 또는 유대체제라고 정의한다.[37] 한민족공동체의 목적은 전 세계에 흩어져 있는 한민족 성원들을 하나의 민족이라는 동질성과 동포의식에 기초하여 정서적으로 연대시키는 것이며, 나아가 그러한 정서적 연대에 기초하여 무한경쟁의 세계화시대에 공동대처하는 협조체제를 형성하는 것이다. 이때 핵심이 되는 것은 한민족이라는 민족정체성인데, 정영훈은 한민족을 각자의 혈통이 한반도에서 유래한 자로 규정한다. 같은 맥락에서 이종훈은 "한민족으로서 공통의 혈연, 지연, 언어, 종교, 역사, 전통, 관습을 가진 상호 연대하는 집단"이라고 정의 내린다.[38] 최진욱 외는 한민족공동체를 한민족 성원들이 하나의 민족이라는 동질성과 동포의식에 바탕을 두고 정서적 연대를 형성하는 문화공동체라고 정의하였다.[39]

하지만 혈연, 문화, 정체성에 기초하여 한민족공동체를 형성하자는 방안은 재외한인의 문화적 이질성과 각 지역 동포사회 내 세대 간 문화와 정체성의 차이로 인해 현실적인 어려움이 많다. 아직 이민 1세가 많이 남아 있는 미국, 캐나다, 유럽, 남미의 재외한인은 모국과의 애착과 연대감이 강하게 남아있지만 이민 2~4세가 주류를 형성하고 있는 일본, 중국, 독립국가연합의 재외한인은 가치정향성에서 거주국의 국

37) 정영훈, 「한민족공동체 형성과제와 민족정체성 문제」, 『재외한인연구』 13, 2002, 5~38쪽 ; 「지구촌의 한민족 : 디아스포라의 역사와 한민족공동체운동」, 『한민족연구』 4, 2007, 4~26쪽.
38) 이종훈, 「한민족공동체와 한국 정부의 역할」, 『재외한인연구』 13, 2002, 61~104쪽.
39) 최진욱·박영호·배정호·신상진·이애리아, 『동북아 한민족 사회의 역사적 형성과정 및 실태』, 통일연구원, 2004.

민정체성이 우선한다. 실제적으로 한국어 사용능력과 모국의 역사와 문화에 대한 지식수준에서 각 지역별로 큰 차이가 있어서 이들 가운데서 한민족 정체성의 공통분모를 찾는 것은 어려운 과제이다.40)

경제공동체로서 한민족공동체를 발전시키고자 하는 방안도 각 지역 동포사회간의 사회경제적 차이로 인해 현실적으로 어려움이 많다. 정치공동체로 발전시키자는 방안도 남북한의 분단상황과 각 거주국의 내정에 간섭한다는 오해를 살 수 있어서 현실성이 떨어진다. 특별히 소수민족으로서 차별과 탄압의 경험을 가진 재외한인이 거주국에서 정치적으로 세력화하는 것은 또 다시 정치적 핍박의 빌미를 제공할 수 있어서 위험하다.

이러한 정치경제적 제약 요건을 피해가면서 급속도로 발전하고 있는 정보통신기술을 활용하여 세계 각지에 분산되어 있는 한민족 구성원들을 유기적으로 연결하고 통합하자는 방안이 제기되고 있다. 성경륭・이재열은 '한민족네트워크공동체'라는 개념을 제시하였는데 이것은 "한민족의 혈통과 문화적 공통성(언어, 전통, 역사, 관습 등)을 기초로 한반도와 세계 여러 지역에 거주하는 한민족 구성원들이 폭넓은 인적 네트워크와 정보 네트워크를 형성하여 다양한 상호작용을 통해 공동의 유대와 귀속감을 발전시키고, 문화적・경제적 교류를 증진하며, 이를 통해 민족구성원들의 생존, 안녕, 발전, 복지를 함께 도모하는 문화・경제공동체"를 의미한다.41)

위의 논의들을 종합하면 21세기 한민족공동체의 지향점은 포용적인 한민족 정체성에 기반을 둔 문화공동체와 네트워크 공동체라고 볼 수

---

40) 윤인진, 『코리안 디아스포라 : 재외한인의 이주, 적응, 정체성』, 고려대학교 출판부, 2004 ; 최진욱 외, 위의 책.

41) 성경륭・이재열, 「민족통합에 대한 네트워크 접근」, 한림대 민족통합연구소(편), 『민족통합과 민족통일』, 한림대 출판부, 1998.

있다. 이렇게 볼 때 한민족공동체 형성의 가능성은 그렇게 비관적이지는 않다. 재외한인의 민족정체성에 관한 여러 경험적인 조사연구들은 재외한인의 민족정체성이 지역별, 세대별 차이가 존재하지만 전체적으로 높은 수준의 동일시와 애착을 보이는 것으로 밝히고 있다.[42] 그리고 유색소수민족에 대한 거주국 사회의 편견과 차별로 인해 재외한인 간의 상호작용수준이 높다고 한다. 그렇다고 한다면 한민족공동체 형성의 기본 요건인 민족정체성은 갖춰져 있다고 볼 수 있다.

재외동포의 민족정체성의 본질은 한민족의 혈통과 전통문화와 거주국의 집단경험이 함께 강조되는 이중정체성이다. 이중정체성은 자칫 어느 한쪽에도 끼지 못하는 주변부 정체성이 될 수도 있지만 잘 활용하면 문화적 다원주의가 강조되는 국제화 시대에 적합한 유연적이고 다원적인 정체성이 될 수 있다. 아직까지 재외한인의 민족정체성은 한인이 소수민족집단의 성원으로 구별되고 차별되는 것에 대한 반작용으로 생겨나는 방어적 성격이 강하다. 하지만 국지적이고 방어적인 정체성만으로는 전 세계 재외한인을 하나의 공동체로 묶을 수 없다. 즉 자기방어에서 벗어나 지구촌 사회의 성원으로서의 의식과 안목을 갖춘 다문화적 정체성(multicultural identity)으로 변모해야만 다양한 문화적 배경과 가치지향을 가진 재외한인을 민족공동체의 성원으로 묶을 수 있는 것이다.

이런 측면에서 초국가주의적 관점은 21세기 시대환경에 부합하는 한민족공동체 발전방안을 제시할 수 있다. 초국가주의가 주목하는 현상은 국가 간의 자유로운 이주, 모국과 거주국 간에 형성된 다양한 네트워크, 다양한 문화와 정체성이 혼종하는 다문화이다. 앞서 조선족의

42) 한림대학교 민족통합연구소, 『한민족네트워크공동체 의식조사』, 1999 ; 윤인진, 앞의 책, 2004 ; 김경신 · 임채완 · 이선미 · 김명혜 · 한경미, 『재외한인여성의 생활실태 및 의식』, 집문당, 2005.

초국가적 이주와 생활에서 밝혀졌듯이 현재 재외한인과 모국간의 관계는 과거에 비교해서 더욱 쌍방향적이고 다층적이고 유기적으로 변모해 가고 있다. 따라서 앞으로의 한민족공동체 발전방안은 재외한인이 모국을 방문하고 모국에서 사회경제적 행위를 수행하는 것을 더욱 용이하게 하고, 재외한인과 모국, 그리고 재외한인 간의 다양한 네트워크를 더욱 강화하고, 열린 민족주의를 표방하여 다양한 문화적 배경과 정체성을 가진 재외한인을 구성원으로 포용하는 것이다.

2) 한민족공동체 발전방안

(1) 모국에의 출입국 및 취업 기회 확대

현재 한국은 저출산·고령화로 인한 인구감소와 내국인의 생산직 기피현상으로 인해 심각한 노동력 부족문제를 경험하고 있다. 노동력 부족문제는 외국인력을 수입해서 단기간 해결할 수 있지만 외국인력의 정주화와 사회문화적 통합문제까지 고려한다면 신중한 외국인력정책이 필요하다. 이때 조선족과 같은 외국국적동포 인력을 활용한다면 국내 노동력 부족문제를 해결할 뿐만 아니라 이들이 귀국 후 민족경제를 활성화할 것이기 때문에 전 세계 한민족공동체 발전에도 기여할 것이다. 따라서 국내로 수입하는 외국인력 중 외국국적동포 인력의 비중을 늘리는 것이 장기적 측면에서 바람직하다. 외국국적동포 인력의 활용방안으로 다음과 같은 정책 제안을 한다.

첫째, 외국국적동포 전문기술인력을 활용하기 위해서 폐쇄적인 국적법을 완화하는 것이 필요하다. 병역의무를 다한 외국국적동포에게는 복수국적(또는 이중국적)을 부여하는 방안을 국민여론을 수렴해가면서 긍정적으로 검토할 필요가 있다. 그리고 군대에서의 복무 외의 다른 방안으로 국가에 기여하고 군복무를 대체하는 방안도 고려할 필요가 있다.

둘째, 과학, 기술, 의료, 학문, 예술 분야에서의 우수 외국국적동포의 국내 취업, 연구, 강의 등의 기회를 확대해야 할 것이다. 이런 측면에서 법무부가 중국 및 독립국가연합 동포 중 우수 전문인력에 대해 우선적으로 재외동포(F-4) 체류자격을 부여하기로 한 최근 방침은 올바른 정책 변화이다.

셋째, 저숙련 외국국적동포는 합리적인 입국 및 관리 방법을 통해서 적정 규모의 인력을 받아들여 국내 노동시장의 노동력 수요를 충족하면서도 외국국적동포의 경제력을 향상할 수 있는 방법을 찾아야 한다. 또한 외국국적동포간의 형평성 차원에서 현재 F-4비자 발급에서 차별을 받고 있는 재중동포와 고려인들에게 국내 취업 기회를 확대하는 방안을 적극 모색해야 한다. 과거 취업관리제를 방문취업제로 개편하여 중국 및 독립국가연합 동포들의 자유로운 출입국과 취업 기회를 확대한 것은 올바른 정책변화이다. 법무부가 주관하여 노동부 등 관계부처 협의를 거쳐 범정부적으로 추진해 온 방문취업제는 중국 및 구소련지역거주 동포 등에 대해 5년 유효한 복수비자를 발급, 1회 입국하여 3년간 계속하여 체류 및 취업할 수 있도록 하여 이들이 모국에서 선진기술 습득 및 경제적 능력을 함양함으로써 거주국 귀환 후의 안정적인 정착을 지원하기 위한 것이다. 방문취업제 시행이 정착될 경우, 한민족간 유대를 강화하여 모국과 동포사회의 호혜적인 발전과 한민족공동체가 발전할 수 있는 전기가 마련될 것으로 기대된다. 그러나 대량의 저숙련 외국국적동포의 국내 노동시장 유입으로 인한 내국인 노동자와의 경쟁 및 갈등을 미연에 방지하고 중국과의 외교마찰을 피하기 위해 쿼터를 정해 입국자 수를 조정하고 한국어능력시험을 통해 입국자의 자격을 통제하는 것은 현 단계에서는 필요한 조치이다. 특히 국내 노동시장의 여건과 취업기회를 고려해서 적정수의 외국국적동포 인력을 받아들이는 것이 중요하다. 법무부의 통계에 따르면 2007년 12월말 현재 취업교육 등 절차를 마친 동포 수는 약 10만여 명이나 이들이 합법적인 취업이 가능한 갖춘 사업체의 동포 고용허용인원은 약 6만여 명에 불과한 것으로 알려졌다.43) 미취업 상태에서 장기 체류하면서 동포 중 일부는 임시거처로서 조선족교회 등 동포지원 시민단체의 시설을 이용하고 있다. 그러나 동포지원 시민단체들은 열악한 재정 및 시설로 인해 많은 수의 동포를 수용할 수 없고, 취업 및 체류 관리 등 법률 상담 지원활동에 한계가 있다. 앞으로 방문취업제를 통해 입국하는 동포의 수가 증가하고 국내체류 동포의 누적인구가 증가하면서 이러한 문제는 갈수록 심각해 질 것이기 때문에 국내체류 외국국적동포에 대해 취업·생활상담 및 한국어 교육 등 사회적응지원 기능을 체계적으로 전담하는 '동포체류지원센터'를 운영하는 방안이 모색될 필요가 있다. 이런 사회적응 지원 프로그램을 통해 동포가 모국사회에 조기에 적응하도록 적극 지원하여 모국애를 고취하고 귀국 후 세계시장으로 진출하는 데 가교로 활용하는 방안이 고려될 필요가 있다.

아울러 외국국적동포 거주국에 따라 재외동포법 혜택을 달리 정하고 있는 현행 규정 상 일부 불합리한 규제를 개선하여 동포 간 차별을 해소하는 적극적 노력이 필요하다. 우수 전문인력 범주에 속하는 재외동포에 대해서는 거주국에 관계없이 재외동포 체류자격을 적극 부여하는 것이 필요하고, 방문취업제와 연계하여 국내 노동시장 혼란 우려가 없는 일정한 요건에 해당하는 중국 및 구소련동포에 대해 자유로운 출입국 및 경제활동을 보장할 필요가 있다.

(2) 한민족 네트워크의 발전

43) 법무부 출입국외국인정책본부, 「방문취업제 성과와 과제」, 제3차재외동포정책세미나 자료, 2008. 2.

불필요한 외교적 마찰을 피해가면서 세계 한민족에게 실질적인 이득을 줄 수 있는 방안은 비정치적인 영역, 예를 들어 경제, 과학기술, 교육, 문화, 예술 분야 등에서 상호 교류와 협력의 네트워크를 활성화하는 것이다. 경제분야에서는 이미 중국인, 인도인, 유대인들이 막강한 민족네트워크를 형성하여 세계경제를 지배하고 있다. 이들에게 뒤처지지 않기 위해 우리도 한민족 경제네트워크를 육성할 필요가 있다. 이를 위해 재외동포재단이 2002년부터 매년 개최하고 있는 세계한상대회가 정부 주도에서 벗어나 기업인 스스로의 욕구와 능력으로 자생력을 갖도록 하는 것이 필요하다.

인터넷을 통한 한민족 전자공동체의 형성은 정치외교적 마찰의 소지를 피하면서 시간과 공간을 초월하여 전 세계 한인을 네트워크할 수 있는 장점이 있다. 앞으로 정부는 오프라인 상에서의 재외동포와 모국과의 교류협력을 지원하는 일도 계속해야겠지만 온라인 상에서의 교류협력을 적극적으로 활성화하도록 지원을 해야 한다. 온라인 상에서는 한국어, 한국역사 및 민족문화 등을 교육할 수 있게 되어 동포 젊은 세대들의 민족정체성과 애착을 강화할 수 있게 된다. 그런데 이러한 온라인공동체가 다양한 사회경제적 상황에 처해 있고 다양한 욕구를 갖고 있는 재외한인의 관심과 참여를 이끌어내기 위해서는 이것이 제공하는 콘텐츠가 다양하고 풍부해야 한다. 이런 사이트를 재외동포재단과 같은 하나의 정부기관이 개발하고 운영하게 되면 다양성과 창의성이 떨어지게 되는 단점이 있을 수 있다. 이런 문제를 극복하기 위해서는 재외동포재단은 포털사이트로서 모든 재외동포 관련 사이트들을 링크시키고, 각 개별 사이트들은 개인, 개별 기관들이 독자적으로 개발하게 하는 역할분담이 필요하다. 재외동포재단은 포털(portal)에 참여한 개별 사이트들을 재정적, 제도적으로 지원하여 각 사이트들이 재외동포에 필요한 다양한 정보와 콘텐츠를 제공하도록 하는 것이 필요하다.

⑶ 복수국적 허용과 재외동포 참정권 확대

현재 대부분의 선진국들은 국가경쟁력을 높이기 위해 우수 외국인력을 적극적으로 유치하려고 노력하고 있는 반면, 우리는 경직된 국적제도로 인해 우수인력 확보에 한계를 보이고 있다. 외국인력을 유치하지는 못할망정 단일국적제도로 인해 외국에서 출생한 비자발적 복수국적자는 일정기한 내 하나의 국적을 선택하지 않으면 자동으로 한국국적을 상실하게 되어 국내 우수인력의 유출이 초래되고 있다. 2002년부터 2007년까지 6년간 한국 국적 포기자는 148,194명인데 비해 귀화자 및 국적 취득자는 56,297명으로 91,897명 인구 순유출이 발생했다.[44]

한국에서는 복수국적으로 인한 국가정체성 및 충성도 약화, 병역기피 등을 우려하여 복수국적을 인정하지 않았다. 그러나 외국에서 출생 또는 부모 동반 이민 등을 통한 비자발적 복수국적자가 병역의무를 이행하더라도 하나의 국적을 선택해야 하므로 병역의무 이행으로 인한 혜택이 전혀 없다. 이로 인해 병역의무 발생 전 국적을 포기하고 병역가능 인구가 유출되는 문제가 발생하고 있다. 필자는 『재외한인연구』 19호에 게재된 논문 「이중국적법 개정논의의 담론 분석」에서 어떤 형태의 복수국적자라 하더라도 한국 내에서는 한국 국민으로 처우하고 외국국적에 따르는 행위를 해서는 안 되는 것으로 실제로 복수국적을 용인하는 제도를 제안한 바 있다.[45] 이 제도개선안은 복수국적 찬성측과 반대측의 논거들을 상당 부분 통합적으로 수용하고 있고 불필요하게 기술적인 문제들(예를 들어, 병역면제자와 여성에게 병역의무 대신

---

44) 법무부 출입국외국인정책본부, 「제한적 이중국적 허용방안」, 법무부 국적법 개정특별분과위원회 내부자료, 2008.5.

45) 윤인진, 「이중국적법 개정논의의 담론 분석」, 『재외한인연구』 19, 2009, 5~29쪽.

사회봉사를 요구할 것인가의 문제)을 피해갈 수 있는 현명한 방안이라고 생각한다.

재외동포로 하여금 모국에 대한 애착과 연대를 강화하는 방안으로 재외동포의 참정권을 확대하는 것이 있다. 재외동포사회에서는 재외국민의 투표제 부활요구가 계속해서 제기되어 왔다. 세계화 시대에 유학생, 상사주재원, 이민자 등의 해외진출이 계속 증가할 것이고 국민기본권 보장 차원에서 재외국민의 참정권을 허용하는 것은 당연한 일이다. 정부는 이런 재외동포사회의 요구를 받아들여 재외국민(해외 일시체류자 및 해외 영주권자)이 2012년 19대 국회의원 총선 때부터 참정권을 행사할 수 있도록 하였다. 해외 부재자투표자 규모는 해외 영주권자와 일시체류자를 포함해서 240~250만 명으로 추정된다. 양자 대결구도로 치러지는 대선에서는 해외 부재자투표가 선거에 결정적인 영향을 미칠 것으로 판단된다. 재외동포의 참정권 확대로 인해서 재외동포의 모국 정치에 미치는 영향력이 강화될 것으로 예상된다.

하지만 재외국민의 참정권 문제는 재외동포사회에서 분열의 소지가 될 수 있다는 지적이 제기되고 있다. 즉, 재외동포는 거주국의 시민이 되어서 거주국 선거에 참여하여 동포의 권익을 증진해야 하는데 모국 정치에 관여하게 되고 모국 선거운동으로 인해 동포사회가 분열될 수 있다는 우려가 제기되고 있다. 이러한 동포사회 일각의 우려는 진지하게 받아들여야 한다고 생각한다. 재외국민의 참정권이 한편으로는 모국 정부로 하여금 재외동포에 관심을 갖고 지원을 하도록 하는 요인이 되면서도 거주국의 선거에도 적극 참여하여 거주국의 모범적인 사회구성원이 될 수 있는 솔로몬의 지혜가 필요하다고 생각한다.

이와 관련하여 필자는 재외국민의 참정권의 대상, 조건, 적용시기 등을 결정할 때 국민주권과 민주주의 원리와 같은 당위적이고 원칙적인 것만 강조하기보다는 외국에 영주하려는 의사나 해외거주기간 등에 따른 정치참여 요구의 진정성, 국내정치에의 책임감, 내국인과의 형평성 등의 현실적인 사안도 진지하게 고려해야 한다고 생각한다. 그리고 재외국민이 본국 정치에서 권리는 행사하지만 책임은 지지 않을지 모른다는 내국인의 우려와 거부감을 줄이고 국민적 동의와 협조를 이끌어 낼 수 있는 것부터 시작하는 것이 합리적으로 보인다. 현행법에서는 일시체류자 뿐만 아니라 해외 영주권자도 참정권을 갖는 것으로 되어 있는데, 영주권자의 참정권 행사의 조건은 면밀한 검토를 거쳐서 결정하는 것이 바람직해 보인다. 즉 해외에서 장기간 거주하는 사람들, 예를 들어 10년 이상 거주하는 사람들은 영주하려는 의사를 갖는 것으로 보고 참정권을 부여하지 않는 방안을 모색할 필요가 있다고 본다.

(4) 다문화적, 미래지향적 민족교육의 실천

한민족이라는 공통의 민족정체성은 한민족공동체 형성의 기본 요건이므로 무엇보다 민족정체성의 객관적 구성 요소라고 할 수 있는 민족언어와 민족문화를 보급하는 일이 중요한 과제이다. 특별히 정부가 우선순위를 두어 실행할 과제는 재외동포 차세대가 역량 있는 인적자원으로 성장하면서도 한민족으로서의 민족정체성과 모국과의 유대관계를 유지할 수 있도록 교육하는 것이다. 따라서 이들의 한민족 정체성 확립을 위한 교육 및 문화 활동의 지원, 한민족 네트워크의 강화, 상호교류와 협력관계 증진이 우선적으로 추진되어야 할 것이다. 구체적으로 차세대의 모국 방문, 모국에서의 유학, 연수, 취업 및 기타 사회경제적 활동을 촉진하고, 한국어 및 한국사회문화에 대한 이해와 학습을 증진할 수 있는 교육 프로그램을 개발하고, 다양한 분야의 인적자원을 데이터베이스화하고 모국과의 네트워크를 형성하여 모국과의 협력관계를 증진하는 것이 필요하다.

재외동포를 귀중한 인적자원으로 활용하고 있는 이스라엘은 우리의 민족교육개발에 중요한 시사점을 준다. 이스라엘은 재외동포에게 유대인으로서의 정체성을 갖게 하고 모국어 구사능력을 유지하도록 하기 위해 '울판'이라고 하는 민족교육 및 언어 프로그램을 개발하여 이를 다양한 수준과 지역의 기관에서 쉽게 접할 수 있도록 제공하고 있다.[46] 이 울판 프로그램을 통해 유대인은(심지어 외국인까지도) 이스라엘 영토 안과 밖에서 이스라엘의 역사, 문화, 언어를 접할 수 있게 되어 이스라엘 민족으로서의 정체성을 가지고 모국과도 지속적인 연계상태를 유지하게 된다.

우리도 울판에 버금가는 민족교육 프로그램을 개발하여 재외동포 차세대가 한인으로서의 정체성을 확보하고 모국과의 유대관계를 지속할 수 있도록 돕는 것이 필요하다. 프로그램 추진 주체로는 한국학진흥연구원과 같은 한국학 전문연구기관을 통하여 한국인으로서의 정체성을 갖도록 할 수 있는 한국역사, 한국문화, 한국인의 사상 등에 관련된 민족교육 프로그램을 개발한다. 프로그램 구성방식으로는 기본 내용의 골격을 만들어 이를 다양한 형태로 적용할 수 있도록 프로그램을 구성한다. 즉 하루 프로그램, 2~3일 프로그램, 1주일 프로그램, 1달 프로그램 등 다양한 형식으로 활용할 수 있도록 교육내용, 교재 및 교구, 시청각 자료, 지도용 지침서 등을 전체 하나의 세트로 개발한다. 활용방안으로는 재외동포가 많이 분포되어 있는 지역의 언어를 중심으로 여러 언어로 번역하여 쓸 수 있도록 한다. 그리고 재외공관, 한국관련기관, 한국기업의 해외사무소, 한국문화원, 한글교육기관, 교민회관, 국외 한국인 종교기관, 한국인 관련 입양기관 및 관련 단체 등에 프로그램을 널리 보급한다. 프로그램 교육자 양성과 관련하여 세계 각국에

46) 김남희 · 강일규 · 윤인진 · 이기성 · 전형권, 『국외인적자원 개발 및 활용에 관한 정책연구』, 한국여성정책개발원, 2005.

있는 재외동포 교육자, 한글학교 및 한국문화원 등 관계자 등이 이러한 프로그램의 교수자 혹은 진행자로 활동할 수 있도록 연수의 기회를 제공하며, 이들이 거주국으로 돌아가 이 프로그램을 전파하는 역할을 하거나 다시 이 프로그램의 교수요원을 양성할 수 있도록 하기 위해 필요한 지원을 한다.

하지만 민족교육이 아무리 중요하다고 해서 한국의 전통문화와 역사를 일방적으로 가르치는 방식이 되어서는 안 되고, 학습자의 문화배경과 학습욕구를 고려한 다문화적 민족교육이 되어야 한다. 무엇보다 거주국에서 출생한 2~3세 재외한인에게 한국은 '외국'이고 거주국은 '자기나라'로 비쳐진다는 사실을 인식하는 것이 필요하다. 앞서 지적하였듯이 재외한인의 민족정체성은 이중정체성이기 때문에 이들을 위한 한국어 교육과 민족교육은 이들의 거주국에서의 경험과 시각이 주체가 되는 다문화적 민족교육이 되어야 한다. 이들이 익숙한 거주국의 문화와 역사를 모국의 문화와 역사와의 비교·대조를 통해서 양쪽의 유사점과 차이점을 찾아내고, 시간과 공간을 뛰어 넘는 보편적 진리와 가치를 통해서 양쪽 문화와 사회를 애정을 가지고 포용력 있게 받아들일 수 있도록 해야 한다. 이러한 일이 가능하기 위해서 이들을 가르치는 사람들 역시 우선 이중언어와 이중문화에 대한 폭넓은 지식과 이해가 있어야 하겠다.

아울러 세계화로 국가와 민족의 경계가 약해지는 현 상황에서 한국어 교육과 민족교육은 사회적 차별과 편견에 대항하는 자기방어에서 벗어나 지구촌 사회의 성원으로서의 의식과 능력을 갖춘 인재를 길러내는 인간개발이 되어야 한다. 우선 의식면에서 소수자로의 주변적 위치를 원죄로 여기는 것이 아니라 오히려 주류사회의 모순과 위선을 직시할 수 있는 플랫폼으로 사용해서 편협한 자기민족주의를 벗어나 보편적 진리와 가치를 추구할 수 있도록 해야 한다. 그런 의미에서 민족교육은 인권교육의 연장선에서 이루어져야 한다. 유대인들이 백인지배 사회에서 아웃사이더로 살면서 학문, 문화, 예술 분야에서 창조적 리더십을 발휘한 것은 우리에게 시사하는 바가 크다. 능력배양과 관련해서는 이중언어 능력과 이중문화 지식은 글로벌 세계체제에서 자신의 경쟁력을 높이는 도구가 된다는 사실을 인식시키고 이런 국제적 능력을 기를 수 있도록 여건을 마련해야 한다. 그런 의미에서 민족교육은 세계화교육이 되어야 하는 것이다.

4. 결론

재외한인은 이주시기에 따라 상이한 배경과 동기를 가진 사람들이 상이한 거주국에서 적응을 시도하였다. 19세기 중엽부터 20세기 초엽까지는 중국의 만주, 러시아의 연해주, 미국의 하와이, 일본으로 이주하였다. 이때 이주한 사람들은 주로 모국에서의 기근, 압제, 일제의 식민지 통치와 같은 요인들에 의해 어려움을 겪은 농민, 하층계급들이었다. 이들은 처음부터 정착을 목적으로 이주한 사람들이 아니었기 때문에 거주국에서 동족끼리 공동체를 이루어 생활하였고 전통문화와 민족정체성을 강하게 유지하였다. 당시 각 거주국은 이민에 대해서 폐쇄적인 입장을 취했고, 러시아와 미국에서는 유색소수인종에 대한 인종주의가 강해서 취업, 주거, 교육 등의 생활영역에서 한인을 차별하였다. 일제 식민지시기에 일본으로 이주한 한인들은 피식민지국가의 국민으로 설움과 차별을 당했고 정착사회의 기회구조에서 배제되었다. 모국은 당시 일제의 속국이었기 때문에 재외동포를 보호할 수 없었고 그로 인해 재외한인은 스스로를 의지할 수밖에 없었다. 이런 어려운 처지에서 재외한인은 민족공동체를 형성하고 그 안에서 경제적 기반을 만들고 민족문화와 정체성을 유지하였다.

20세기 중엽에 들어서서 대규모 이주가 그치고 거주국에서 본격적인 정착을 시도하면서 재외한인은 거주국에 따라 상이한 적응방식을 보이게 된다. 조선족은 신중국의 건설에 크게 기여하였고 그 대가로 중국 공민의 자격을 부여받았고 연변지역에 민족자치주를 건설하였다. 소수민족에 대해 관용적인 중국의 민족정책 덕분에 조선족은 중국사회에 참여하면서도 자신들의 고유한 전통과 문화를 유지하였다. 특별히 고등교육을 받고 중국 주류사회에서 전문직, 관리직 등에 종사하는 도시중상층 조선족 중에는 수용형의 전략을 택하는 사람들이 늘어났다. 하지만 농촌의 조선족 집거지에 살고 있는 조선족은 여전히 고립형의 생활을 하고 있다. 구소련시기의 고려사람들은 1937년 스탈린에 의한 강제이주 이후 적성국가의 국민으로 취급받고 거주이전의 자유마저 박탈당한 채 농촌의 집단농장에서 고립적인 생활을 하였다. 그러나 1954년 스탈린의 사망 후 거주이전의 자유를 갖게 되면서 도시로 이주를 시작하였고 도시에서 대학교육을 받고 전문직, 관리직 등의 직업에 종사하기 시작하였다. 러시아인이 지배하는 중앙아시아의 계층체계에서 고려사람들은 신분상승을 추구하였고 그 과정에서 러시아어와 러시아문화로의 동화는 급속하게 진행되었다. 이러한 동화과정에서도 고려사람들은 소수민족으로 구별되고 차별받았기 때문에 그에 대한 반작용으로 강한 민족정체성을 유지하였다.

1945년 해방 이후 한인의 이주는 주로 미국, 캐나다, 일본으로 향하게 되었다. 미국으로의 한인이민은 한미간의 군사적, 정치적, 경제적, 문화적 유대관계, 더 정확히 표현하자면 한국의 미국에의 의존관계에서 시작되었다. 동북아시아에서 공산주의의 확대를 방지하기 위해 한국전쟁 이후 주둔한 미군병사들과 결혼한 한인 여성들이 미군의 배우자로서 미국으로 이민가게 되었다. 이런 식으로 이민간 여성들이 1950

년부터 2000년까지 총 10만 명에 달한다고 한다.[47] 그리고 많은 수의 아동들이 미국 부모들에 의해 입양되어 미국으로 건너갔다. 이들 여성들과 아동들은 미국 전역에 흩어져서 미국 가족에로 결합되었다. 이들은 백인들의 아시아인에 대한 편견과 한인 이민자들의 국제결혼여성에 대한 편견으로 인해 미국 주류사회와 한인 이민사회에 속하지 못하고 외롭고 고립적인 생활을 하였다. 그러나 최근 들어 국제결혼여성들은 스스로의 연대조직을 만들어 서로간에 교류하고 연대를 강화하면서 한인으로서의 정체성을 찾는 자조노력을 전개하고 있다. 입양아 중에는 'GOAL'과 같은 자조단체를 만들어 한인으로서의 정체성을 찾으려 노력하는 사람도 있지만 그 수는 소수이고 대다수는 언어와 정체성면에서 미국 사회문화에 동화되었다.

1960년대 중반 이후 미국과 캐나다는 인종차별적인 이민법을 폐지하고 모든 국가에 평등한 이민법을 제정하였다. 그리고 백인문화로의 동화를 강요하는 대신 소수민족의 민족문화와 정체성을 인정하고 보호하는 다원주의 민족정책으로 전환하였다. 이런 배경에서 미국과 캐나다로 이민 간 다수의 한인들은 모국에서 중산층에 속했던 사람들이었다. 이들은 처음부터 영주를 목적으로 이민을 갔기 때문에 거주국에서 빠른 신분상승을 꾀하였다. 이민자로서 거주국의 노동시장에서 불리한 위치에 처하자 자영업을 통해 경제기반을 닦고 축적한 자본을 자녀교육에 투자하여 자녀세대는 주류사회에 진출하게 되었다. 이들은 주류사회의 기회구조에 적극적으로 참여하고 주류사회의 문화를 받아들이면서도 자신들의 전통문화와 정체성을 유지하는 수용형의 사회문화 적응양식을 보인다. 더욱이 1960년대 이후 모국의 경제발전과 높아진 국제적 위상, 교통과 통신의 발달은 재외한인과 모국과의 유대를

47) J. Y. Yuh, *Beyond the Shadow of Camptown : Korean Military Brides in America*, New York : New York University Press, 2002.

더욱 강하게 하였다. 이런 변화는 거주국으로의 일방적인 동화보다 모국과 거주국을 동시에 수용하는 적응유형을 용이하게 하였다. 하지만 미국과 캐나다의 이민 2~3세는 다른 지역의 재외한인보다 더욱 빠르게 거주국 사회문화에 동화되는 양상을 보이고 있다.

위에서 보았듯이 현재 재외한인이 거주국에서 보이는 사회문화 적응유형은 시기와 거주국에 따라 다르지만 정착 초기에는 거주국의 주류사회에서 고립된 적응유형이 우세하나 거주기간이 길어지면서 주류사회문화를 수용하고 동화하는 경향이 두드러진다. 결국 이주자의 신분으로 거주국 사회에 편입되고 거주국에서 인구와 권력면에서 소수집단인 한인이 살아남기 위해서 동화는 필연적이라고 볼 수 있다. 그러나 유색소수민족으로 다수 지배집단에 의해서 구별되고 차별받는 상황에서 한인은 거주국 사회로의 완전한 동화는 불가능하다는 것을 인식하게 된다. 이런 상황에서 한인은 거주국 사회의 제한된 기회구조 내에서 신분상승을 추구하면서도 민족문화와 정체성을 유지하는 수용의 전략을 택하는 경향이 있다. 하지만 거주기간이 길어지고 이민세대가 1~2세에서 3~4세로 넘어가면서 한인의 가치정향성은 모국중심에서 거주국 중심으로 전환된다. 이민 3~4세에게 민족문화는 지켜져야 할 것이라기보다는 새로이 학습되어야 할 것이다. 동족끼리 결혼할 가능성이 줄어들고 거주국의 타민족·인종과의 접촉과 교류가 활발해지면서 이민 3~4세는 민족공동체로부터 멀어지고 민족정체성이 약화되는 경향이 있다.

하지만 교통과 정보통신 기술의 발달로 인해 시공간이 압축되고 국민국가의 경계가 낮아지는 21세기의 시대상황은 더 이상 모국과 거주국, 고립과 동화의 이항적이고 국민국가 단위 위주의 접근 방식으로는 재외동포의 현재를 분석하고 미래를 예측할 수 없게 만들었다. 이미 조선족의 이주와 경제생활, 그리고 가족생활이 초국가적 공간으로서의 동북아시아에서 이뤄지고 있고, 미국에서 출생하고 성장한 코리안 아메리칸들이 한국에 진출한 다국적 기업에서 근무하고 있다. 따라서 모국과 거주국 간의 초국가적 네트워크는 자칫 거주국의 주류사회문화에 동화되어 사라질 수도 있는 재외한인 차세대에게 모국과의 관계를 강화하고자 하는 욕구를 불러일으킬 수 있다. 그리하여 재외한인 차세대 중에서 한민족 정체성이 부흥하고 모국과의 네트워크를 자신의 경력개발에 적극 활용하고자 하는 사람들이 증가할 것으로 예측한다.

따라서 21세기의 한국의 재외동포정책은 재외동포사회의 주역으로 성장한 차세대로 하여금 거주국의 모범적인 사회구성원으로 성장하고 주류사회로 진출할 수 있도록 지원하는 동시에, 이들이 모국에 대해 애착과 유대관계를 강화할 수 있는 방안을 모색하는 방향으로 정립되어야 한다. 그리고 초국가적 환경에서 한민족공동체의 조건은 동일한 공간과 혈통적 동질성이 아니고 네트워크와 한민족으로서의 심리적 동일시이다. 열린 민족주의에 기반을 둔 포용적인 한민족 정체성과 개방적이고 유연한 네트워크를 구축한 미래지향적인 한민족공동체를 발전시키는 것이 필요하다.

찾아보기

_ㄷ

_ㄹ

_ㅁ

_ㅂ

_ㅅ

_ㅇ

_ㅈ

_ㅊ

_ㅋ

연구참여자

김영희 | 연세대학교 국학연구원 연구교수
김동노 | 연세대학교 사회학과 교수
신명직 | 구마모토가쿠엔 대학 동아시아학과 교수
윤인진 | 고려대학교 사회학과 교수
김경미 | 독립기념관 교육문화부장
정용화 | 연세대학교 국학연구원 연구교수
공임순 | 서강대학교 강사

연세국학총서 104 분단체제하 남북한의 사회변동과 민족통일의 전망 3

민족과 국민, 정체성의 재구성

김영희 · 김동노 · 신명직 · 윤인진 · 김경미 · 정용화 · 공임순 공저

2009년 12월 30일 초판 1쇄 발행

펴낸이 · 오일주
펴낸곳 · 도서출판 혜안
등록번호 · 제22-471호
등록일자 · 1993년 7월 30일

㊒ 121-836 서울시 마포구 서교동 326-26번지 102호
전화 · 3141-3711~2 / 팩시밀리 · 3141-3710
E-Mail hyeanpub@hanmail.net

ISBN 978-89-8494-373-5 93910

값 24,000 원